# 若槻菊枝 女の一生

新潟、新宿ノアノアから水俣へ

奥田みのり

熊本日日新聞社

**「祈り」　若槻菊枝・画**

水彩絵の具で描かれたこの作品は、石牟礼道子が「たいそう好きだ」と選んだ作品である。その絵に「自由な世界」を感じ取った石牟礼は、「生きるということへのおそれを抱いた都会の女たちが、それでも表情いっぱいに愛らしさをたたえているのに向きあっていると、それはそのまんま、若槻菊枝という女性の一代記であることに気づかされる」と述べている。（本文272ページより）

# はじめに

世の中には、どうしてこんなことができたのだろう、と驚かずにはいられないほど、勇気ある大胆な行動をとる人がいる。私にとって若槻菊枝《わかつききくえ》さんとはまさにそういう人物である。

何がすごいのか。若槻菊枝さんは新宿にバーをはじめとする店を五軒持っていた凄腕の経営者で、一九七〇年代、かなりの金額のカンパを水俣病患者支援にしていた。これだけ聞くと、お金持ちがする寄付のことかと思うかもしれないが、そうではない。カンパは彼女一人のサイフから出てきたのではなく、店の客からもあったのだ。その集め方が大胆である。客が支払いをするときに「あなたは百円ね、学生さんは十円で」とカンパ代を上乗せして請求していたというのである。これとは別に、店に置いたカンパ箱に、客が「多いほうがいいんでしょ」と釣り銭を入れてくれたり、バイトの大学生が踊りながらカンパ箱を持ってテーブルを巡回することもあった。菊枝さん自身はカンパの呼びかけに先立ち、百万円を出している。

菊枝さんが取った行動は、これだけではない。水俣から上京してくる患者さんたちが長期滞在できる部屋を探していると聞けば、家を借り上げ宿舎として提供し、これとは別に、自宅の半分も患者さんたちに開放してしまう。そのうちの一部屋は、作家・石牟礼道子さんに書斎として使ってもらっていたというのだ。

ここまで行動できる若槻菊枝さんという人が、一体何者なのか知りたいと思った。それはすなわち、菊枝さんの生い立ちを紐解くことだった。

調べてみると、菊枝さんは、生まれながらのお金持ちではなく、新潟の貧しい小作百姓の家の出身であった。小作争議に忙しくしている父親を側で感じながら育ち、古本売りの親戚が持ってきてくれる売れ残りの外国本を読んでは、まだ見ぬ世界への強い好奇心を膨らませ、一人上京したのだった。田舎者で器量に自信のなかった菊枝さんは、東京ではコンプレックスの塊だったという。

人に何か言われると恋人に助けを求めていたような人物が、後に人をハッとさせる強さと行動力を発揮して、水俣病患者を支えていたのだから、人間という生き物は興味深い。

本書が、一人の人間が行動することの意義を、深く考えるきっかけになることを願っている。

若槻菊枝　女の一生

目次

# 表記について

本書の表記は、次のようにした。

・本文中の敬称は省略した。

・引用資料の抜粋箇所は〈　〉で示し、筆者が補った箇所は〔　〕あるいは（　＝筆者注）で示した。

・今日では使われない言葉や表現は、作品の書かれた時代を考慮し、原文尊重の方針に従って原則そのままにした。

・引用資料に、差別的なことば遣いが含まれる箇所については、当時の時代背景を伝えるため、そのまま掲載した。

# プロローグ

## 新宿の夜──一九七〇年代

一瞬、チンピラが手にしている金串が光った。地下一階のスナック店内。足を投げ出すように座っている男たちの一人が、先ほどから磨いている金串だった。あからさまにチンピラたちと目を合わせる客はいない。金串の鋭利な先端を想像してか、誰一人として、目立った言動を見せる者はいなかった。

息苦しい雰囲気の店内から逃げ出すには、投げ出されている足を数本、またがなくてはならないが、それができる勇気のある客はいなかった。下手に動けば一触即発の事態になりかねない。

重い空気が充満するなか大理石のフロアに、コツコツコツと足音が鳴り響いた。パンプスの足音は、チンピラの投げ出している足の先まで来るとピタッと止まった。

「ちょっと、あんたがた、何しているの？」

落ち着いた声が、金串男の頭上で発せられて、男は初めて顔を上げた。

「どういうつもりなの？」

ビア樽のような体型にロングドレスをまとった女が男の顔を直視して立っていた。大正から昭和にかけて活躍した小説家・岡本かの子のようなオカッパヘアの中年の女性──。店のオーナーである若槻菊枝だった。

「あんたたちだって、自分の店でこんなことされたら黙っていないでしょ？　あんたたちみたいな柄の悪いのが出入りしたら、店が潰れるじゃない」

なんだこのババア──。チンピラたちは、平然と登場した女の存在に戸惑っていた。たたみかけるように、菊枝は続けた。

「このままで済むと思っているの？　馬鹿ね、あんたたちは。怪我をしないうちに出て行きなさい。私を誰だと思っているの」

チンピラたちは目を合わせ、これはマズい展開だ、一刻も早く退散するしかないと互いに目くばせをすると、投げ出していた脚をスッとたたんで立ち上がった。出口へ向かうチンピラたちの背中に向けて、酒代の請求も忘れない。

「勘定を払っていきなさいよ。ちゃんと」

目の前で起こっている展開に、言葉もなく立ち尽くしていたバイトのボーイの肩に手を置いて、

「この人たちから勘定もらって」

と、指示を出すと、ボーイの背中をチンピラたちのほうへ押した。菊枝は男たちのうつむき気味な横顔をしっかり見ながら、

「まだ払っていないんでしょ、あんたたち」

と、詰め寄った。その気迫にやられてか、チンピラたちは勘定を払い、おとなしく店を出て行った。

新宿で店を五軒も切り盛りしていれば、しかも飲み屋とくれば、やっかいな客は必ずいた。入れ墨をチラつかせる威圧的な客もしかり、短刀を忍ばせて来る客もいた。

こんなこともあった。朝四時、店の閉店時間に数人の「やくざ」がやって来た。「閉店だから帰ってくれ」と言っても、「ビールを飲ませろ」と引き下がらない。そこで菊枝は、他の客はみんな帰った後だし、「やくざ」の話も聞いてみたいという好奇心からビールを出した。他の客にしているように、先にお代をもらうやり方で。「やくざ」だからといって特別扱いはしなかった。

ところが、店の従業員が目を離した隙に、菊枝の姿は、やくざとともに店から消えた。焦った従業員は近所を

探しまわったが、菊枝の姿はどこにもなかった。

数時間後、心配して店に残っていた従業員の前に現れた菊枝は、何事もなかったかのような口調で「お寿司ごちそうになっちゃった」と一言告げた。

店の前まで送ってもらった際、一番若い下っ端の若者が菊枝のところに来て「うちの兄貴にたてついた人を初めて見た」と小声で伝えてきたのだという。

このとき菊枝に親近感を覚えたらしいやくざの兄貴分の男は、この一件の後も飲みに来るようになった。子分を連れて飲みに来ては、きちんと前払いで代金を払い、いつも礼儀正しかった。兄貴分の男は子分たちに、「この店では変なことするんじゃない」と教えた。よほど菊枝のことを頼りにしていたようで、一人で身上相談に来ることもあったくらいだ。

その男が歌舞伎町に店を出すことになったとき「開店祝いの花が欲しい」と頼まれた菊枝は、これを丁重に断っている。

「自分の店を自分で守れないようなら商売はしない」と決めていた菊枝は、相手が誰であれ動じなかった。それができたのは、菊枝が父親の背中――農民争議の闘士――を見て育ったからかもしれない。

「ママは、あんな風にしてて、よく殺されなかったね。危

昭和の雰囲気が残るノアノア東大久保店の外観。手前の切り絵は菊枝作＝2013年撮影

なかったよ、はらはらして見ていたよ」というのが、当時の客や同業者の声である。

ネオン輝く新宿の夜の世界。作家や俳優も入り浸っていたという菊枝の店。歌い踊る人たちの生気がみなぎる店内の片隅には、「苦海浄土基金」と書かれた木箱がポツンと置かれていた。それは、水俣病患者を支えるカンパ箱だった。

# 第一章　新潟　出生〜出奔

## 松崎

辞書で「潟」をひいてみると、「砂州または沿岸州によって海と切り離されてできた湖や沼。狭い水路で海に通ずるものもある[1]」とある。新潟は、その漢字が示すように、「潟」と呼ばれる沼や湖が無数に点在している土地だった。

無数の潟ができたのは、西の信濃川、東の阿賀野川から流れてくる土砂が、日本海沿岸に砂丘を形成し、海に流れ出ようとする川の流れを堰《せ》き止めてしまったからである。行き場を失った川の水は潟となり、これが新潟平野（蒲原平野、越後平野とも呼ばれる）にひしめき合うように誕生していった。

このとき日本海に流れ出る水路を失った阿賀野川の水流はどうしたかというと、信濃川に合流して、日本海に流れ出ていくしかなかった。現在のように、二つの川が交わらなくなったのは、江戸時代中期の享保十六年（一七三一）のこと。阿賀野川のわずかな水量だけを日本海に排出していた掘割という装置が雪解け水によって決壊したことで、このとき一気に日本海に押し出された川の流れが、我々が目にしている今日の阿賀野川の姿になったのである。

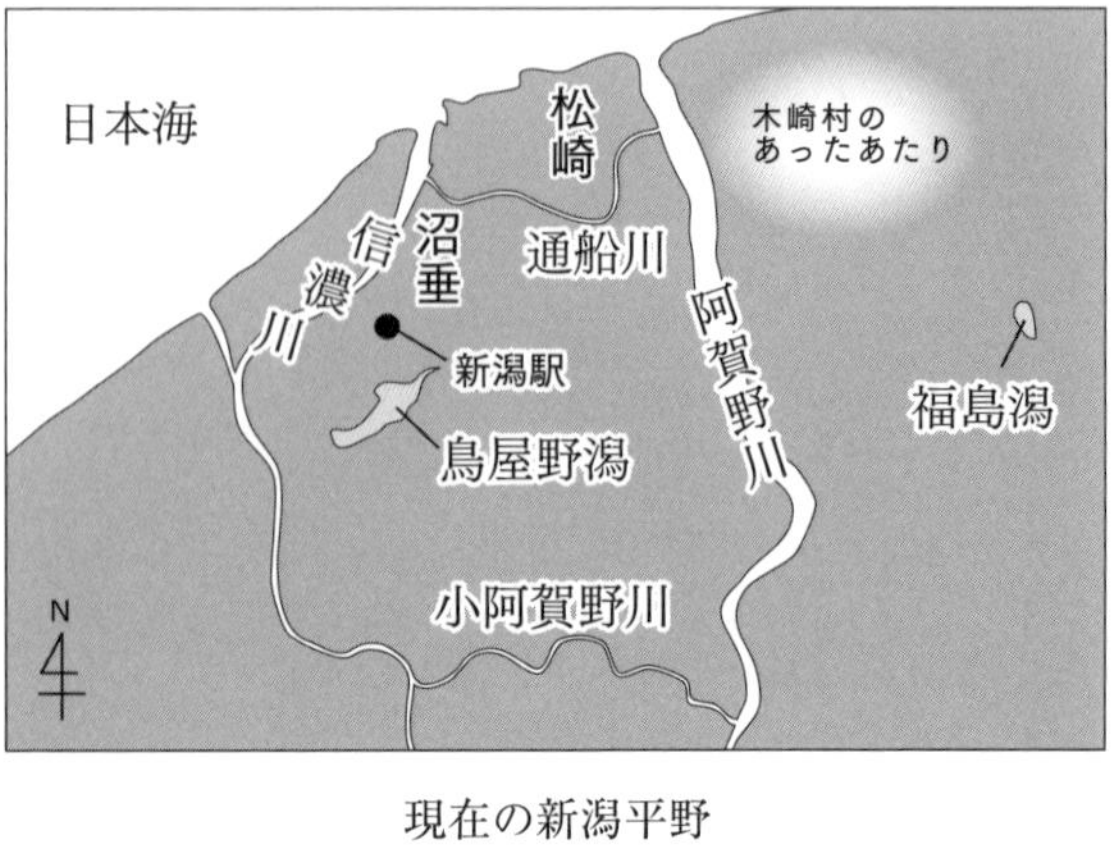

現在の新潟平野

若槻菊枝が生まれた新潟県中蒲原郡大形村松崎（現在の新潟市東区松崎）は、阿賀野川が直接日本海に流れ込むよう流路を変えたことで、旧流路となった「通船川」沿いにある集落だった。

小作農民の若槻清作《せいさく》と、キヨノの間に長女として菊枝が生まれたのは、戸籍上は大正五年（一九一六）一月二日となっているが、実際は、五日前の十二月二十八日生まれである[2]。

兄と五人の弟のほかに、一歳を迎える前に亡くなった末っ子の妹がいたことから、菊枝の自伝『太陽がいっぱい』には「八人兄弟の二番目としてわたしは生まれた」と書かれている[3]。

自伝によれば、父方の祖父の己作は土地持ちの自作農家だったが、博打で土地を失い、一家には借金と五反の土地だけが残ったとある。そんな没落した一家の暮らしを、地主の家から嫁いだ祖母ハツは懸命に支えたようで、菊枝は祖母に対して、「苦境にありながらも、育ちの良さを感じさせる美人」だったと書いている。このような家庭環境で育った父親については、「感じやすい少年時代に、家の没落をまのあたりにみて、後年の農民運動に夢中になる父がつくられたのであろう」と分析している[4]。

菊枝は幼少時代のほとんどを松崎で過ごしたが、父方の祖母が松崎の家で病気療養中だった五歳の一時期だけ、木崎村の母親の実家に預けられている。母親の実家の周囲には、小川や果樹園があり、菊枝が好きな木登りに打ってつけの大きな木まで揃っていて、遊びに事欠くことはなかったようだ。母方の祖父・須藤八蔵は、元小学校教師で、好奇心旺盛な菊枝の質問には何でも答えてくれる物知りだったことも、菊枝を飽きさせなかった。

菊枝が、とろろ芋は何でできているのかと聞けば、

「とろろ芋はな、村じゅうの子どもの鼻ボコ（鼻汁）をあつめてつくるんだ」

と教える。菊枝が長い間、とろろ芋を食べることができなかったのは、祖父の話を信じていたからだった。あるときはバナナをみせて、「キッコ、これはな、鬼の指なんだぞ」と言ってみたり、「氷砂糖はカネコオリ（つらら）でつくるんだ」とすました顔で言ったりする。祖父は菊枝にとって、ひょうきんで面白い大人だった。

まだ熟していない渋いサツキグミを菊枝がこっそり食べて腹をこわしたときなど、生垣から細い枝をパチンと折ってきて、その枝を使って菊枝の突き出した尻からグミの種を一つずつ引っかきおとしてくれるのも祖父だっ

た。「もうグミ食うな、わかったか」と教える祖父の言葉に、そのときだけは大きくうなずく菊枝だったが、すっかり元気になると、再びグミに手を出してしまうのだった。

菊枝の木崎村での暮らしは松崎の祖母が亡くなると終わった。祖父に会えるのは盆と正月だけになったが、その度に菊枝は、祖父が詩を書いたり、絵を描いて過ごしている姿を見て、「私も絵を描いてみたいな」と、祖父の暮らしぶりにあこがれた[5]。後年、菊枝は二科展の常連になるほど絵に情熱を注ぐようになるのだが、菊枝に絵心を植え付けたのは、この頃に見た木崎村の祖父が絵を描いている姿だった。

菊枝の両親はよく働いた。まだ薄暗い朝方から田畑へ出かけていき、帰ってくるのは、作業をする手元が見えなくなる日没の頃だった。

両親は野良仕事には菊枝を連れていかない。だが、菊枝は一緒に行きたがる。「おらもいぐ、おらもいぐ」と泣きじゃくる菊枝を柿の木に縛り付けてから畑に出かけるのだが、しばらくすると、決まって隣のおばあさんが、菊枝の身体に巻き付けられている縄をほどいてくれた。すでに両親は通船川の向こう岸を、田んぼに向かって歩いている。菊枝は両親が向かっている方向に、川をはさんで併走しながら、「おらもいぐてば、おらもいぐてば」と必死に叫ぶ。だが、父も母も振り返ることなく行ってしまうのだった。

それでも、泣きながら、見えなくなるほど小さくなった両親の後ろ姿を追って土手を歩き続けていると、遠くから舟に乗った母が菊枝を迎えにきてくれるのだった。げんこつでコツンと頭を叩かれても、菊枝は両親のそばにいられるという願いが叶ったことが嬉しかった。

両親が野良仕事をしている間、菊枝は土手のレンゲ草をつんだり、カエルを捕ったりして一人で遊んだ。同じ年頃の遊び仲間ができると、両親について行くことも少なくなり、陣取り遊びや鬼ごっこに夢中になった。

一枚の着物を毎日着るしかない暮らしの中で、母親が縫ってくれた赤い腰巻の存在は特別だった。大人になってから故郷の思い出話をするときには、この赤い腰巻だけを身につけて、川へ遊びに行った日のことがよく語られた。汚さないようにと、腰巻を外して真っ裸で川遊びに没頭していた日のこと。土手に干していた腰巻は帰るときにはなくなっていた。背中に夕日を浴びながら全裸で帰ってきた菊枝を見て母キヨノは、菊枝の尻をパチンと叩いた、というのが菊枝の思い出話である。

川や海といった自然は、菊枝の遊び相手だった。川魚を網で獲ったり、ご飯茶わんくらい大きなカラス貝や、石貝を籠いっぱいにして持ち帰ると、家族は喜んだ。秋のキノコ採りや、海岸近くでのグミの実採り。自然のもたらす恵みを籠に集めるのは、遊びでありながら、食べるものに苦労していた家族の食糧の足しになった。

菊枝には五人の弟がいるとすでに書いたが、小学校に通う頃には、三歳になる保と、生後間もない大吉郎の二人の弟がいた。お腹がすいてくる夕暮れどきになると、野良仕事から帰ってこない両親を迎えに、大吉郎を背負い、保の手を引いて、近くの通船川まで両親を迎えに行った。

〈夕ぐれどき稲刈から帰ってくる父母たちを、川岸で待っていると、背中におぶった弟が、お腹をすかせて声〈の〉かぎりに泣く、もう一人の弟は、わたしの手をしっかりにぎりべそをかいていた。

弓張ちょうちんを、あかあかと照らしながら舟は川を流れるように、こちらにむかってくる。その舟の上から声がかかる。「おや、おや、泣いているわ、泣いているわ、どうしらばな、お前のとこの衆はもうじっきもどるわや、ほんに可哀そうにな」といって、よそのおかかたちは慰めてくれる。

わたしは舟がそばにくるまで、家のものとおもって期待していた。しかしくる舟、くる舟は、よその親たちの舟であった。

ようやく、父母の舟が刈ったばかりの稲を、まんさいして、すべるように岸に着いたとき背中の弟は、涙とヨダレで、くしゃ、くしゃにした顔を、ふりふり泣いていた。

わたしはわたしで泣きたくなっていた。母は岸にあがり、稲もそのまんま、いたいほど張った乳房を弟の口に、ふくませていた。

ごくんごくん、とのどをならしながら、夢中でのんでいる。母はほっとして、弟の涙にぬれた顔やあたまを、あせくさい手ぬぐいでふいていた。しゃくりあげながら、乳房をくわえていた弟はそのまんま眠ってしまった[6]〉

両親が田畑へ通うために使っていた通船川は、早くから栄えた新潟港に接続していたことから、有名な紀行文にも登場する。

例えば、江戸時代の医師橘南谿《たちばななんけい》のベストセラー『東西遊記』や、明治時代に日本を旅した英国人作家、イザベラ・バードの『日本奥地紀行』などには、陸路が今ほど発達していない時代、通船川は人々にとって道であったことが描かれている。

そんな通船川は、子どもにとっては遊びの場であり、大人にとっては、農地に必要な水の供給源でもあった。

菊枝は、通船川の水は、自分の家の大根畑の油虫対策に欠かせなかったと書いている。

菊枝によると、大根畑というのは、夏に種をまいて十月に収穫をするのだが、苗が十センチくらいのときに雨が降らないと油虫にやられてしまうらしく、乾季である夏の間の水やりは欠かせなかったそうだ。

子どもが両親の手伝いをしなければ、生活が成り立たなかった時代。十歳の菊枝にとって、川から五百メートルも離れた大根畑までの水運びは重労働だった。天秤棒の左右に重くのしかかる樽の水を運ぶのは容易ではない。右肩、左肩と、代わるがわる天秤棒を置き換えながら、何度も川と大根畑を往復した。つらい仕事が我慢できたのは、自分の働きが、家族のために役だっていると実感していたからだった。

こうして育てた大根は、秋のうちに地中に埋めておき、冬の間の食糧になる。積もった雪をかき分けて、地中から掘り出した大根を千切りにし、米と麦を混ぜて「カテメシ」を炊いた。カテメシは、十分な米のない家の主食で、大根からでてくる水分と、米を炊く時の水加減の調整が難しく、菊枝にとって、あまり好きではない仕事だった。たいていの家では夕食後にカテメシづくりが行われるので、夜、道を歩いていると、大根を包丁で切っている「トントン」「ザクザク」という音が聞こえてきたという。地元の人たちはその音を「カテハヤシ」と呼んだ[7]。

通船川の水を引いている農業用水路が凍る季節には、用水路の水面に穴を開け、そこに網をしかけてハゼ獲りをした。弟をおんぶしながら木の棒で氷の表面を叩き、ハゼを網に追い込むのが菊枝の役目だった。網でハゼを捕まえるのは兄の清衛《きよえい》の役目。村の誰もが貧しかった時代、バケツいっぱいのハゼを持ち帰る兄は菊枝の目に誇らしげに見えた。ハゼの卵が、魚の口まであふれでるほどのものもあった。ごはんのおかずにハゼがでると、「こげんにころころして太っているすけ、うまいだろうな」と父親は喜んだという[8]。

自分の家が貧しいことを、菊枝は子どもながらに感じとっていた。

母親は、「藁でも、醤油と砂糖で味をつければ旨いもんだ」とよく口にしていた。他人の畑に捨ててあるキャベツの葉を見つけると、前掛けいっぱいにかき集めながら、「このキャベツだって油で炒めればうまいがね。こげんにいっぱいこと（原文ママ）ぶちゃって（「捨てちゃって」という意味か＝筆者注）、もったいない、もったいない」といっていたという[9]。だが、そういいながら集めてきたキャベツの葉の味付けに、醤油や砂糖が使われることはめったになく、たいていは味噌だけの味付けだった。醤油や砂糖はぜいたく品だと菊枝は思っていた。

そんな母親を見ていたからだろうか。菊枝は、どんなに家事が嫌いでも、自分に任された仕事はやるのが当たり前だと思っていた。仕事を手伝うと両親が喜んでくれることが何よりも嬉しかったからだ。

菊枝の両親が通船川沿いにもっていた小さな田畑は、川底の泥土を、土手沿いに何度も繰り返し積み上げることでできたもので、わずかな農地を少しでも広げるための苦肉の策だった。川底の泥土は積み上げても、積み上げても、なかなか地上に姿を見せるほどの山にならない。この気の遠くなるような作業は、潟の多かった蒲原平野の人たちにとって珍しいことではなかった。誰もが農地を増やすために、ありとあらゆることに必死に取り組んでいたのである。

こうしてやっとつくりあげた田畑で野菜や米をつくりながらも、つくり手である自分たちの口には、ほんのわずかな食べ物しか入らないというおかしな現実に、菊枝は気付いていた。

〈百姓は自分で作った米も食べることができず、作った作物(米)は地主にほとんどとられていた。親たちの(略)つぶやきを時々耳にした。

「どうして自分の作った米もくえないで、こげんなカテ飯ばかりくわねばなんねだろうな」

子供心にわたしも矛盾を感じた[10]〉

そのわずかな田畑で、菊枝が父親と肩を並べて草取りをしていたときのことだった。

〈夏の暑い日、父と田んぼに行くと稲は五十センチくらいにのびていて、根元の草を引っかくと小さい葉が泥水に浮いてくる。なんとも云えない美しさで、エメラルド・グリーンである。草を取りながら見とれていると、父が「何をボヤボヤしているんだキコや」と云う[11]〉

こんなところから、菊枝の色彩感覚は培われていたのかもしれない。泥水を指先で引っかくようにして草取りをするおかげで、夏の間は、両手の爪を切る必要がないほど、菊枝の爪は常に擦り切れていた。

父親と肩を並べて働くことが増えるにつれ、「トト、おれ大きゅうなったら家を建ててやるすけんね。いっぱいこと働いてトトやカカを楽させてやするけ」という思いが菊枝の中で強くなっていった。あるとき菊枝が父親にそう告げると、清作は、嬉しそうな顔をして「そうか」とうなずいた。「親孝行」という言葉は知らなくても、菊枝は両親を喜ばせたかった。

通船川沿いの田畑で野良仕事を手伝っていると、子どもたちの遊ぶ声が聞こえてくることがあった。そんなとき菊枝は、川遊びをしていた幼い頃の自分を思い出した。

竹籠を使って捕ったエビは、川の近くにある精米所の発動機の上に並べておくと、おいしそうな真っ赤な色に焼けた。近くの畑から採ってきたカブを川の水で洗っては、爪で皮をむいて食べた。近所の子どもたちと水門の上に腰かけて、足をブラブラさせながら日光浴をしたり、川面に映る自分たちの姿を見ながら、おしゃべりに夢中になった。

川につかりっぱなしで遊んでいた男の子たちの唇は、水の冷たさで紫色に変色し、おちんちんは、ぎゅうっと縮んでいたっけ、と菊枝は書き残している。

大型の蒸気船が通船川を通過すると、子どもたちは喜びもせず、険しい視線を蒸気船にむけたという。その理由は、蒸気船につかまろうと泳ぎ近づく子どもたちを、船の上の大人たちが、先端にカギのついた長い棒で追い払うからだった。

実のところ、弟大吉郎の死の原因をつくったのも、この蒸気船だった。二歳の大吉郎の子守は菊枝の役目だったが、その日に限って、兄の清衛が大吉郎を連れて通船川に遊びに行っていた。

川に潜っては顔を出す清衛を、大吉郎は浅瀬から夢中になって眺めていた。清衛は水面下に消えたかと思うと、顔をパッと出して大吉郎を笑わせていた。そこに、蒸気船が近づいてきた。船が水面につくりだす大きな波のうねりは浅瀬までやってきて、大吉郎はその波に足をさらわれてしまったのである。だが、子守を忘れて水遊びに夢中になっていた清衛は、大吉郎の異変には気付かなかった。

大吉郎が死んだという知らせが、家にいた菊枝の耳に入ると、その途端、菊枝は泣き崩れた。なんとか通船川に走っていくと、近所の人たちが道の中央で輪になるようにして集まっていた。その輪の中心、人々の足元には、すでに動かなくなった大吉郎の小さな身体が横たわっていた。水を吐かせようとする人、人工呼吸を試みる人の努力もむなしく、大吉郎はぴくともしなかった。

忙しい母親に代わって、大吉郎に米の粉と豆乳を煮たものを冷まして飲ませていたのは菊枝だった。愛おしい弟が、目の前で死んでいる――。

大吉郎が生き返らないことがはっきりすると、菊枝は清衛に向かって、「大吉郎を返せ、大吉郎を返せ」と泣き叫んだ。いくら兄に泣き叫んでも、弟が生き返らないことはわかっていた。

弟を失った悲しみは、菊枝がコントロールできる類の感情ではなかった。兄が弟をしっかり見ていたら――。自分が子守をしていれば、こんなことにはならなかったのに。行き場のない悔しさを、自分一人の胸に収めておくには菊枝は幼すぎた。菊枝に責められた清衛は、涙をいっぱいにためて、ずっと下を向いたまま、その場に立ち尽くすことしかできずにいた。

田んぼで草取りをしていた両親の耳にも、大吉郎が死んだという知らせは届いた。遅れて川辺に走ってきたキヨノは、すぐさま大吉郎を抱きしめ、まだ母乳の出る乳首を、大吉郎の唇や頬にこすりつけた。上半身の着物を脱いで、直接自分の背中に大吉郎を背負い、冷たくなった大吉郎の身体を自分の体温で暖めようとしたり、藁を燃やして炎に近づけたりしたが、息を吹き返すことはなかった。

大吉郎の死を田んぼで聞かされたときのキヨノは、驚くほど冷静だったという。これから起こりうることを察知して、怒りっぽい清作に真っ先にこう告げた。

「トト、清衛のこと叱らんでくれっせ、死んだもんは仕方がねいすけ。叱ればこんどは清衛が死ぬすけ」

〈母は気丈な人だったと云うより、愛児の死で胸のはりさけそうな気持ちを堪えながら、死んだものはあきらめて、まだ子供である長男の清衛の心を思ってのことだった。父は子供のように無邪気なところと、常日頃からの短気さで子供たちにさえからかわれる程であったが、おこる元気もなく「オー」と答えた[12]〉


大吉郎との思い出を飲み込んでしまった通船川は、朝市で売る野菜を山積みにした小舟や、畑仕事に向かう百姓たちの舟が行き交うだけでなく、村では見かけることのない紡績工場の女工など、さまざまな職業の人たちを、新潟の街から定期船で運んでいた。

あるとき、菊枝が川べりの畑で草取りをしている最中、ふと顔をあげると、ちょうど定期船が通りかかった。船上の女工たちは、菊枝の顔を見ると、

「ワアッ、なんてくろいんだろう」

「まっくろだワー」

と驚きの声をあげた。その声は、はっきりと菊枝に届いた。

〈わたしの口惜しさは、強烈であった。わたしは草取りの手を休めて、舟をにらみつけていた。そのうち急に色が白くなりたくなった[13]〉

日焼けした菊枝の黒い肌の色は、その日からコンプレックスになり、白い顔になることが、菊枝の一番の関心事となった。米びつの粉で白くなった手を顔に塗りつけてみたが、顔は白くならない。菊枝がたどり着いた解決策は、白い顔をした女工たちのように、自分も女工になることだった。「女工になれば白くなれる」と信じて疑わない菊枝は、十三歳になっていた。

その後菊枝は、本当に女工として働き出すことになるのだが、その前に、菊枝の小学校時代の話をしておく。

菊枝は地元の大形村尋常小学校に入学するも、三年生のときに通うのをやめてしまっていた。通わなくなった理由は、弟大吉郎の子守をしながら学校に通う菊枝に対して、教師の理解がなかったからだった。授業中、大吉郎が泣き出すと、教師は容赦なく教室から出ていくよう菊枝に命じたのである。

両親が野良仕事をしている間、幼い弟を一人にするわけにはいかず、菊枝は大吉郎をおんぶして小学校に行くしかなかった。菊枝のような境遇の児童はこのころは何人もいた。背中の子どもが泣き出すと、「運動場へいっていれや」と教師にいわれ、学校に行っても一時間くらいで早退するという体験は、小作の娘の間では珍しくなかった[14]。

大声で泣きわめく大吉郎を背に、教室を出ていかなければならないときの気持ちを、菊枝は次のように記している。

〈わたしは、泣きたいのを必死でこらえて運動場へでる。教室の窓からは、先生の太い声や同級生の声が聞こえてくる。わたしは広い運動場を横切って、家へ帰ってしまう。学校は、わたしにとって、けっして楽しいところ

ではなかった。わたしは、学校をきらうようになった[15]〉

教師の多くは、中小地主の家の出身者だった。このころ地主と小作人の間では、小作料をめぐる争いが続いていた。菊枝の場合、小作人の娘であるだけでなく、父親は小作組合の幹部であったから、菊枝に対する教師の感情が、地主の子に対する感情と寸分も違わなかったと言い切ることは難しい。

だが、就学年齢に達していないころから、兄にくっついて小学校に通っていた菊枝は、学ぶことが好きだったに違いない。だからこそ、どうにかして弟の子守をせずに、一人で学校に行きたかった。こっそり家を出ようと試みたこともあったが、結局は母親に見つかり、大吉郎を背負って登校するよう言われてしまうばかり。母親は菊枝に学校に行ってほしいと考えていたが、それは、「弟の子守をしながら」であった。

娘が学校に行かなくなったことを心配したキヨノが、「たまにはキコを学校にやってくらせや」と清作に助けを求めても、「この忙しいときに、学校なんてやっていられるか、バカメ」と取り合わなかった。このことについて菊枝は、〈女の子を軽んじる古い考え方の親たちの責任でもあったが、それ以上に農民たちの貧しさのためでもあった〉と自伝で回顧している。菊枝のような長期欠席の子どもは、村には他にもいたという。

学校に行かずに家にいても子守はしなければならず、菊枝は弟をおんぶしながら読書にあけくれた。夜店で古本を売っている親戚が、売れ残った本を箱に詰めて持ってきてくれたので、読む本に事欠くことはなかった。難しい漢字にはフリガナがふってあるので難なく読めた。学校から離れてしまっても、新しいことを吸収したり、外の世界について知りたいという欲求は菊枝の中にくすぶっていたのである。

夜店で売れ残る本の多くは、外国の翻訳作品が多かった。その中には、モーパッサンやトルストイの本もあった[16]。ビクトル・ユーゴの『レ・ミゼラブル』を読んでからは、子守や野良仕事がつらいと、ジャンバルジャンのように、どこかにいる「本当の」両親が、目の前に現れるのではないかと空想することを楽しんだ。学校にも行かず、一日を子守りや家の手伝いをして過ごす菊枝にとって、読書は現実世界とは別の世界を空想する楽しみを与えてくれるものだった。

## 小作争議

菊枝が小学校に通い始めた大正十一年（一九二二）、北蒲原郡木崎村（現在の新潟市北区）で「木崎争議」と呼ばれる小作争議が始まった。

元々沼地だった蒲原平野は、享保年間（一七一六～三五年）に新発田藩が開拓に着手し、明治時代には地主の領土になっていたが、沼地を立派な田畑に育てあげたのは小作人と呼ばれる土着の百姓だった。彼らはこうした土地に「永小作権」という、先祖代々、土地を耕作できる権利を持っていた。

ところが木崎村では、小作権を維持するためには、地主の家の農作業や家事労働などを、決まった日数無償で提供しなければならなかったのである。さらに、これは木崎村に限ったことではないが、小作人が地主に米を納めるときには、輸送の途中でこぼれおちる米の補てん分として「継米《つぎまい》」を上乗せしなければならず、収穫の半分以上が小作料に取られてしまうこともあった。そのため、凶作の年などは手元に残る米もなく、永小作権を売らざるを得ないほど窮状に陥ることもあった[17]。

輸送中の米の損失を防ぐため、二重包装対策が取られると、継米が必要な理由はなくなった。しかし、地主は継米を要求し続けていた[18]。

木崎争議の発端は、この継米を納めることを拒否する要求だった。小作人たちは地主に対して、小作料は払うが、不当な継米は納めないと「不納同盟宣言」をし、この要求を地主に懇願した。ほとんどの地主は受け入れたが、ただ一人、真島桂次郎だけはこれを拒否し、法廷に闘争を持ち込んだのである。

越後の一地方の村で始まった小作争議は、次第に全国的な農民組織の援助を受けながら勢いを増していき、作家をはじめとする文化人が小作側を支援することを表明していくにつれ、東京でも大きく報道され、注目を集めるようになっていった。

木崎村は、菊枝たちの住んでいた村とは隣接していなかったが、菊枝の父、清作は、木崎村小作争議に深く関わるようになっていった。三十代後半だった清作は、地元の二十、三十代の青年らと「松崎小作組合」の活動を始めたところだったが、木崎村の不納同盟宣言を聞くと、同じ小作人の窮地を救おうと動き出したのである。

争議が始まると、それまで子どもたちが使っていた寺や分校は、大人たちの会合の場所に取って代わっていった。村がだんだんと殺気だってくるのは、菊枝のような子どもでも実感できた。清作は、あちらこちらで開かれる会合に参加し、朝早くから夜遅くまで、家を留守にするようになった。こうなると、一家の野良仕事の重荷はキヨノが引き受けるしかなかったのだが、不思議とキヨノが愚痴る姿を、菊枝は見たことがなかった。

女たちは、小作組合の婦人部に加わり、男たちを支えた。キヨノも炊き出しの準備に駆り出されるなど、以前にも増して忙しくしていた。組合活動でほとんど家にいない父。両親は、食べ盛りの子どもたちを育てるのに、どんなに苦労したことか。家の庭で採れた梨を、祭りの夜店で売って、争議のカンパに充てたこともあった。

大人たちの話し合いのため、家に続々と人が集まってくる夜は、「なにが始まるんだろう」と菊枝は興奮せずにはいられなかった。話し声は、菊枝のところにも漏れ聞こえてくるのだった。

「…イヌが村にはいりこんできた…地主に…わび状をいれたのが…いる」

「イヌ」は警察を指す隠語である。地主に盾突く小作人を懐柔するため、警察は村に入りこみ、小作人を説得していた。その結果、地主に頭を下げた小作人もいるという内容である。金も発言力もない小作人にとって、仲間を失うことは大きかった。切迫した声には、どこか菊枝を寄せ付けない緊張感があったと、菊枝はその夜のことを記している。

詰襟の白い麻の服に麦藁帽子。これが菊枝の記憶にある当時の清作や組合員の服装だった。冬は詰襟の服に鳥打帽姿で各地を演説してまわる。小作人の窮状を訴え、状況改善のために団結を強めるよう呼びかけるのが清作の役目で、仲間からは「若清」と呼ばれ慕われていた。

菊枝は大人たちの演説会にもぐりこんでは、壇上で演説をする父親の姿を幾度となく見た。その様子は、自伝に鮮明に記されている。

〈演説会場にみなぎる興奮をわたしは子どもなりに感じとった。それは都会の人がばくぜんと考えるかもしれない、お百姓さんのイメージとは違う、小作人たちの緊張した顔の集まりだった。

演説が激してくると、会場の興奮と緊張は殺気にまで高まる。

「弁士！　注意」

臨検席（弁士の発言を監視するための席＝筆者注）にいる巡査から声がかかる。演説はやまない。わたしはからだの震える思いで壇上の父を遠くから見あげている。（略）父の声とそれに応じる聴衆の激励の怒号がわたしの耳を打つ。

「若清！　がんばれ」

「そうだ！」

「弁士！　中止」

巡査の低い声。喧噪《けんそう》が一転して、はりつめた沈黙へ――制止の声も、ものかは、父は演説をつづける。次にくるものがなにか、父には覚悟ができていたのだ。わたしの握りしめた手は汗ばんでいた。

「検束！」

三度目の巡査のかん高い声がひびいた。待ちかまえた二、三人の巡査があらあらしく演壇に駆けのぼっていく。

「トト、しっかり」

わたしは声に出さないまでも、心のなかで叫びつづけていた。巡査は父を壇上から引きずりおろす。そして引き立てていこうとする。と、父は振り返りざま、演説でかすれた声をいちだんとはりあげて、わめくのだった。

「諸君、この暴力をみろ！　政府は、われわれ貧乏人を、このようにして迫害しているのだ。警察は金持ちのイヌだ」

表に出ると、警察は父に編み笠をかぶせようとする。父はそれをことわった。「わるいこともしないのに、なんで編み笠なんかかぶるもんか」

父の消えたあとも、父の絶叫は聴衆の耳のなかでがんがん鳴っていただろう。

わたしは涙でいっぱいの目をみひらいて、父の消えた演壇の光景を網膜に感じていた。このような検束はいくども繰り返された。

父はわたしの心の中の英雄であった〈19〉

演説会で熱弁をふるう清作の姿と同じくらい菊枝の記憶に深く刻まれているのは、清作が警察に収監された日のことだった。この日地主は、小作人の耕作地を立入禁止にしようと目論んでいた。これに対して清作ら小作人は、これを阻止しようと、明け方に集合をかけていたのである。

〈父はその朝早く、緊張した顔つきで家を出た。もう先刻から家のまえには、近所の人たちが四、五人集まっていた。彼らはやはり緊張したようすで、いちように青白い顔をしていた。なかには、とぎすまされたカマを手にしたひともあった。カマの先が不気味に光るのを、わたしは父のそばでみていた。せっぱつまった空気があたりに満ちているのが、わたしにもわかるのであった。

みんなはひとかたまりになってでていった。わらじに野良着を着た父をまんなかに、みなは黙ったまま歩いていった。その日、(小作人が借りている＝筆者注) 地主真島桂次郎の土地には、執達吏《しったつり》が立ち入り禁止の制札を立てにくるというのである。その作業を阻止しようと、全蒲原郡の農民たちのほとんどが集まったということであった。その日から六カ月半、父は家に帰らなかった。警察官の挑発に乗った農民と警察官との乱闘にまきこまれて、逮捕、収監されてしまったのである[20]〉

地主から借りている土地に「立入禁止」の札が建てられるということは、耕作する土地を失うことを意味した。これを阻止するため、清作をはじめとする小作人は結集したのだが、その先で、警察官との乱闘に巻き込まれ、清作は収監されたのだと、菊枝は父親の逮捕について理解した。

父親の入獄中、キヨノは流産をしている。急に産気づいたキヨノが、長男の清衛を四キロ離れた町まで走らせると、医者と看護婦が車で駆けつけた。あっという間に消毒薬のツンとした臭いが部屋に広がり、キヨノのうめき声が部屋中にひびきわたった。フスマ一枚へだてた部屋から聞こえてくる苦しそうな声を菊枝は聞いて、「カカはこのまま死んでしまうのじゃないか」と思うほど、母の死をすぐそばに感じていた。

「わしはな、トトが監獄へはいったおかげで、うぶ声をあげないおまえの弟を生んだだよ」

キヨノは一命をとりとめた。

菊枝の自伝によれば、清作が釈放されたのは、収監から約半年後のことだったという。父親が帰って来るという夜、婦人会の女たちは菊枝の家に集まり、炊き出しの準備をしながら、まだかまだかと清作の帰りを心待ちにしていた。

夜の早い菊枝が蚊帳の中でうとうとしていたところ、兄が焦った顔をして起こしに来たときのことを菊枝は自伝に書いている。その文面からは、菊枝が父親の帰りを喜んだだけでなく、尊敬の念をもって記憶していることがわかる。このとき見た父親の姿が、菊枝の人格形成に大きな影響を与えることになる。少し長いが引用する。

〈「キコ、起きれ。トトが帰ってきたが。はよ迎えにいこ」

兄がわたしをゆりおこしていた。

「トトが帰ってきたね――よかったね――」

わたしは、ねむい目をこすりながら兄に手を引かれてそとへでた。

そとはもう日が暮れ、遠くにおおぜいの人のざわめきが聞こえる。

「トトが帰ってきたね――」

「よかったね――」

わたしたちは、手をつないで土手道へでた。

暗闇の向こうに、ポーッといくつもの火が揺れている。兄妹はしっかり手を握りあって、その火の帯にむかってかけた。新潟から帰る父を迎える提灯行列だ！　わたしたちは駈けた。

「トトが帰ってきた――」

兄が呼吸をはずませていった。

「トトが帰ってきた――」

わたしも兄の口まねをした。

わたしたちは、行列の最後に追いついた。

そのころには整然とした列もくずれ、静止した先頭にむかってひとびとは走っていった。かけ声がひとびとの口からもれた。

わ〔た〕したちが、やっとの思いで先頭までくると――といっても、もう列は完全に崩れて、ただ道幅のせまい土手の道にそって密集したひと混みがあっただけではあったが――ひとびとにもみくちゃにされながら、つぎつぎに差し出される手を握っているイガグリ頭の男がみえた。父だ！　しかし、なんという変わりようだったろう。病後のように青白い顔をしている。ひどくやせてしまった。以前の健康な、陽に焼かれた男らしい顔つきが、まるで変わってしまっている。目だけが異様に大きかった。そしてその目は濡れていた。泣いているのだ、父が！

まわりのひとびとの顔も濡れてくしゃくしゃになっている。

「若槻君、よくやってくれた！」

「ご苦労さま、ご苦労さま」

父をとりかこんだたくさんの人たちが、いくども、いくども父の手を握った。どの顔も涙で濡れている。

「新潟県の英雄、若槻清作君、ばんざい」

突然わきあがった声が、うなりとなって土手におきた。熱気が土手いっぱいをおおった。もう興奮のるつぼである。提灯の火が高くなり、ひくくなった。そのたびに「ばんざい！」の声があがった。

わたしは、兄の手をしっかりと握った。兄もまた指先に力をこめた。なんといったらいいのだろう。熱い血が身体のなかを踊りながら流れるような、そんな気持ちでわたしは、深く根をはったように堂々とした父をみていた。

父を包みこむようにして、どよめきが動き出した。父は歩きながら肩をたたかれたり、手を握られたりした。行列は興奮を暗闇に発散させながら進み、長い火の帯となってうねるように土手をくだった。

行列が家の庭にはいると、たき出しをしていた婦人部の人たちが、拍手で迎えた。その中央に母の小さな姿が、やはり手をたたいていた。

また「ばんざい」がわきあがった。だれかの持ちだしたきゃたつに、父が登った。庭を埋め、道路にまであふれたひとの波が、静まった。その緊張した静けさに、父の声がしみこんでいった。はじめはおだやかに、やがて熱烈に、父の演説が続いた。

その父の声がやむと、ものすごい拍手の音が父を包んだ。そして、その音がいつか歌声にかわっていた。農民たちの大合唱だった。「嗚呼玉杯に……」のふしである。

農に生まれて　農に生き
土にしたしみ　土に死す
土の香りに　いだかれつ
汗と涙に　生くるなる
わが生活は　悲壮なれ
わが生命は　腕と足[21]〉

喜びと歓声に迎えられた翌朝、菊枝は奇妙な風景を目にしている。昨夜のうちに掃除をすませておいた家の庭から、煙草の吸殻と、地下足袋の跡が見つかったのだ。誰かが夜中のうちに庭に入ったことは確かだった。同じことは何日か続くことになる。

この不審な出来事について菊枝は、警察の仕業だと自伝に書いている。小作組合の幹部で、村会議員だった父親のことを警察は監視していたのだろうと。小作組合の支部長だった清作は、大正十五年一月十九日から四期にわたり、大形村の村会議員を務め、新潟市と合併してからは、新潟市議会議員を一期務めている。

だが、一家の暮らしは楽にはならなかったようだ。

〈小作争議の敗北で、地主に田畑をとりあげられてしまうと、家の収入はまるでなくなってしまった。残ったのは、ほんのわずかの松林にある畑と、通船川の土手を切り開いてつくった、猫の額ほどの畑と水田だけであった。その水田も大雨がふったあとには、川水が増して水にのまれてしまう。父母は、交互にカーバイト〔ド〕工場のトロッコ押しに出かけるようになった[22]〉

弁当を届けに両親の働く工場に行ったときに菊枝が見たのは、石灰の粉で、頭の先から足の先まで真っ白になって働いている二人の姿だった。手ぬぐいを頭にかぶり、目だけが見えている姿は、その目をよく見なければ、自分の両親かどうかわからないほどだったという。

菊枝には、父よりも母のほうが働いているように見えた。

〈(母は＝筆者注)トロッコ押しをしたり、石炭運びをしたり、ともするとなまけ勝ち（原文ママ）の父のおしりをたたくように、力仕事に汗を流していた。

カーバイド工場へわたしが母のお弁当をもっていくと、陽気に鼻歌を唱いながら、真っ白に石灰の粉をかぶって働く母の、力強い生命力をみたものだ[23]〉

キヨノは工場の仕事に加えて、埠頭で荷卸しをする仕事もしていた。

〈埠頭の舟に渡した板の上を登ると、その板はしなって、母は最初こわかったらしい。川に落ちると命がないから。母はなかなかな人で、仕事の苦しさなど一度も泣き言をいわなかった。（略）苦労などは気にかけない母だった[24]〉

辛い仕事のことを、決して表情に出さない母。キヨノの存在があってこそ、父は小作争議に没頭することができたのだと菊枝は見ていた。

〈父の一生は、農民運動に賭けられ、それによって家の生活を犠牲にしたともいえた。わがままな暴君をかげから支え、支援した母の明るさ、力強い生命力こそ、父のもっとも頼りになるものであったろう。この苦労が七十三歳（七十歳＝筆者注）まで生きた父と、四十七歳で死去した母の違いになったのであろう[25]〉

争議の最盛期には、争議を支援する者、見物に来る者が全国から集まった。そのとき彼らが目にしたものの一つは、

〈みごとに生長したイネの穂先だった。男たちが、争議に明け暮れていても、女たちはガッチリと田を守った[26]〉

木崎争議は、昭和五年（一九三〇）に東京控訴院で和解し、小作人の全面敗訴で終わりを迎えた。清作のように工場労働者にならざるを得なかった者もいれば、土地を一部取り上げられた者もいた。

そしてその年、十四歳になった菊枝は、紡績工場の女工として寄宿舎で暮らし始めることになる。そのきっかけは、女工のなり手を探している勧誘の女性が菊枝の村にやってきたことだった。

## 女工哀歌

紡績工場が働き手を探していることを聞きつけたのは、隣の家に住む同い年のアキエだった。「キーコ、紡績いっしょにいかないか」とアキエが誘ってきたときのことを、菊枝は「ふってわいたようなこの吉報に（？）《（原文ママ）》小躍りしながら、父の許しを受けにいった」と自伝に書いている。菊枝にとって紡績工場で働くことは、「今の生活から抜け出す絶好の機会」だった。この頃は女工になって顔が白くなりたいという気持ちよりも、学校にも行かず、野良仕事を手伝う退屈な生活から逃げ出すことのほうに関心があったようだ。

だが、毎日が退屈だから女工になりたいとは父親には言えない。そもそも、百姓こそ神聖な仕事だと考えている父と兄は、いくら菊枝が女工になりたいと言ってみても、紡績工場で働けば肺病になって死んでしまうと、反対するばかりだった。

村の大人たちは、菊枝のような年頃の娘たちを女工に誘う「口だけは達者なおばさん」の話に「嘘」が含まれていることを知っていた。だが、貧しい小作人の親たちには、女工に憧れる世間知らずの娘の行動を本気で止めることはできなかった。「おいしい話」をちらつかせてまで女工のなり手を探すのは、女工の労働環境がひどいからである。大人たちは、そんなにうまい話があるわけないと知っていながらも、貧しさから、子どもを女工にさせてしまうのだった。

〈父が、怒りながらもわたしの決心を変えさせることができなかった原因も、そこにあったのだ[27]〉

こうして、晴れて家族と暮らした家を出て、新潟市山の下にある紡績工場の寄宿舎で暮らし始めるのだが、そこでの生活は、「野放図に育ったわたしをおじけづかせる厳格な規則と、質素さでなりたっていた」という。

工場の機械は、二十四時間止まることなく動き続け、女工たちは、甲組と乙組に分かれて、十二時間ずつ交代で働いた。朝五時の起床から、布団の上げ下げ、掃除、朝食までの張り詰めた緊張感は、菊枝にとって、まるで刑務所で寝起きしているかのような生活だった。

朝六時に工場の機械の前に立ってから、午後六時に別の組と交代するまで、緊張感は菊枝たちを支配した。昼食は五分で済ませた。というのも、昼飯を食べている間も動き続けている機械が、「糸切れ」（切れた糸が丸まり綿に戻ってしまうこと）を起こすと、ひどく叱られるからだった。

すぐに女工になれるわけではなく、まずは養成工として働くことから始めなければならなかった。養成工が身に着ける白い帽子や、紺サージの元禄そでとハカマ、白足袋、麻裏の草履、キャラコの前かけは、すべて自腹。月給八円から天引きされる。それでも、初めて着るあこがれの制服に、菊枝は興奮した。養成工として一カ月から二カ月働いた後、女工になれるのだった。

女工になった菊枝の給料は食費や寮費の天引後十五円だったが、米一俵が八円だった当時（昭和六、七年）、「私の給料は小作人には貴重な収入で家計は助かっていた」と、菊枝は語っている[28]。

夏であれば、工場の仕事が終わる午後六時を過ぎてもあたりは明るい。そんなとき仕事から解放された女工たちは、工場と寄宿舎の間につくられた美しく立派な庭を歩き、ひとときの開放感を身体いっぱいにすいこんでから、寄宿舎に戻って行った。大きな鯉のいる池、藤棚のあるベンチ、色鮮やかな花壇など、きめ細やかに整備されたすべてのものは、「女工たちの労働条件の悪さとくらべ想像できないほど立派」だった。お茶やお花の会といった文化活動も含めて、後に菊枝は「十二時間の重労働を低賃金で働かせるという暗黒面をカムフラージュするためのもの」だったと回想している。

もっと単純に、一年を二枚の着物だけで過ごしてきた農村の娘たちにとって、女工が着るセーラー服は、それが自己負担であっても、彼女たちをうっとりさせるだけの魅力を持っていた。立派な庭でくつろいだり、生け花教室や慰安旅行へ参加できることも、村では経験できない刺激的な出来事だったに違いない。

それでも、糸の摩擦でできてしまう彼女たちの指先の切り傷、ひび割れは、劣悪な労働環境の中にいる現実として消えることはなかった。

〈貧しいとはいえ、あたたかい父母や兄弟のそばから離れて、工場の宿舎住まいは死ぬほどつらかった。夕暮れになると、わたしは松崎村の家が恋しくって、よく泣いたものだった[29]〉

綿ぼこりにつつまれた工場で一年も働き続けると、指先だけではなく、菊枝の体にも異変が見え始めた。鼻をかむと、鼻や目から綿くずがでてくるのだ。まるで自分は「綿の木」じゃないかと思えるほどだったという。

女工として働いて二年、すっかり身体を壊してしまった菊枝は、紡績工場を辞めて実家に戻った。生気の失せた自分の顔を鏡で見て、菊枝は女工の顔が白い理由を理解した。母に看病される生活が始まった。

〈母の愛情を感じながらもわたしは、神経がいらだってくるのをどうすることもできなかった。わたしの心のなかには、どこへ投げつけていいのかわからない怒りが渦巻いていた。少女期から女への移り目の、女性にとっていちばん不安定な時期にわたしはいたのだ。

わたしは身体と神経を休めるために、新発田近くの五十公野《いずみの》の知人の家に身を寄せた。一ヶ月ほどのんびり過ごすと、ようやく元気をとりもどした。そのあいだにわたしは初潮を迎えた。

しかし家に帰るとわたしは、ことごとにいらだつ自分にもどっていた。おとなになった身体と、精神の幼さとのアンバランスが、あらゆることに嫌悪の情を抱かせるのであった。両親を含めたおとなへの底意地の悪い反抗は、おとなの世界へ足をふみ入れながらも、子どもの世界にとどまっていたい思いとの戦いの現われであったのだろう[30]〉

「反抗期」――。「産んでくれなければよかった」と両親に言い放ってしまう自分自身の言動を後悔する菊枝だったが、暴言を吐かずにはいられなかった。そして、自分を恨めしく思うばかりだった。

死のうと思って、殺鼠剤《さっそざい》「猫いらず」をこっそり舐めてみたこともあった。それが死に至らなかったのは、夜中に目にした猫いらずが、青く光ってみえる様が怖くて、手にしていられなかったからだった。

この時期菊枝は、自分という人間がとにかく嫌で仕方なかった。大好きだった兄にも弟にも反抗してしまう自分の振る舞いに嫌悪感を抱いていた。むしゃくしゃした気持ちから解放されたい――。菊枝は、自由になれる出口を探し始めた。

## カーバイド工場

兄が勤めているカーバイド工場で菊枝が働こうと思ったのは、それが自己嫌悪から自分を遠ざける逃げ口になってくれそうに思えたからだった。

港町新潟の運河のほとりにあったカーバイド工場は、トタン屋根の掘立小屋のような工場で、五十人ほどの人が働いていた。七キロはある工場までの道のりを、菊枝は毎日走るような速さで歩いて通ったという。菊枝いわく、早歩きは、山登りと同じくらい、誰にも負けない自分の特技だったというのだが、七キロもの道のりを、ひたすら早足で歩き続けたというのはどういう心境の表れであろうか。

自分に対する嫌悪感について考えると心は沈む。であれば、不安な気持ちにさせる全ての原因を頭から追い払えたらと考えて、無我夢中で取り組めること――工場で働くこと、職場まで早足で行くこと――を始めたのではないだろうか。こうすることで、余計なことを考えずに済むという、菊枝なりの身の守り方だったのではないだろうか。

カーバイド工場では、農家の女や子ども、男たちが、炎天下で肉体労働に明け暮れていた。男たちの中には、つらい仕事を乗り切るため、下品な冗談を言い合って気分を紛らわせる者もいたが、菊枝にとって、それはたいしたことではなかった。閉鎖的だった紡績工場とは違い、「明るい陽の下での、肉体労働のもつ健康」的な雰囲気を、菊枝は好意的に見ていた。

菊枝の仕事は、カーバイドの原料である水気をおびた石炭やコークスを、天秤棒の先につけた大きなザルに入れて、百メートルほど先の広い庭まで、朝夕三十回ずつ運び、乾かす作業だった。また、工場で生産されたカーバイドのかたまりを、大きな鉄のハンマーでくだき、小さくしたものを、石油缶に入れていくのも仕事だった。

このときの肉体労働が、その後の自分の体型に影響を及ぼすことなど当時の菊枝は知る術もなかった。カーバイド工場で鍛えた腕は、菊枝がバーのマダムになったときには、「腕相撲がめっぽう強いマダム」という評判をよび、本人も気に入っていたようだが、六十歳を過ぎて、右肩と首の付け根あたりの筋肉が妙に目立つようになってくると、悩みの種でしかなかった。もちろん、十代の菊枝には考えも及ばぬことだった。

熱いカーバイドのかたまりを石油缶に入れる作業は、ボロ布を三重四重にした手袋をして作業をする。しゃがんでその作業をしていると、同じ作業をしていた三十過ぎの男の手が、菊枝の下腹部あたりに伸びてきたことがあった。驚いた菊枝は、手袋をした手でカーバイドの塊をつかんで、男の左頬に押し当てるという反撃に出た。菊枝自身も、自分のとっさの行動に驚いたのだが、男のほうもびっくりして、「何するんだ！」と、菊枝を捕まえようと襲いかかってきた。菊枝が同じ工場で働いている兄のいるモーター室に逃げ込むと、男はあきらめて仕事場に戻って行った。

菊枝の反撃を受けた男の頬は大事に至ることなく、また、男の行為は、軽い冗談でしかないかのように、笑って済まされてしまった。この一件で菊枝につけられた卑猥なあだ名「石オ××コ」（処女という意味）について菊枝は、その理由を「わたしの処女性、野蛮な環境になじめぬ、かたくなな気持ち、あるいは本に熱中しているわたしのいくらか高踏的な態度[31]」によるものだと察した。新しい職場の開放的なところは嫌いではなかったが、かといって、職場の雰囲気に溶け込むこともせず、たんたんと仕事をこなし、空いた時間は読書にふけるという過ごし方をしていたのである。

兄の清衛は、妹のことを常に気にかけ、菊枝にちょっかいを出してくるのが年上の男でも、躊躇《ちゅうちょ》せず抗議をし、ふさぎがちな菊枝のことを元気づけてくれた。清衛が働いているモーター室からは、菊枝の仕事場がよく見えた。モーターの音やカーバイドを砕く音がうるさくて、菊枝と清衛は、よくジェスチャーで会話をしていたが、次第に菊枝を相手にした清衛のジェスチャーは、同じ職場の「芳野さん」という女性に向けられるようになっていった。それは清衛の芳野に対する恋心の表れであり、やがて清衛は、芳野と結婚することになるのだが、菊枝はそんな兄の恋心については気づいていなかったようだ。何よりも妹を気づかう兄の存在は、どれほどの安心感を菊枝に与えていたことか。

カーバイドの出す熱で工場は冬でも四十度近くの室温があり、汗が噴き出た。肉体労働に耐えられないと弱音を吐く菊枝に、母と兄は、「愚痴をこぼすな、偉い人間というのは、愚痴をこぼさない人間だぞ」と教えた。この言葉を真剣に受け止めた菊枝は「偉い人」になりたいと思った。

小さいときから聞かされてきた「偉い人」という言葉。心の中で「偉い人になる」とつぶやくと、大人たちが自分へ向けている期待を感じて、菊枝は自分が孤独ではないと考えることができた。偉い人――。兄に言わせれば、それは、人のできないことをする人であり、そのためには勇気が必要だという。兄の言葉は菊枝の身にしみた。菊枝は愚痴をこぼすことをやめた。

工場の仕事に慣れてくると、寝る時間を割いてまで読書にふけるようになり、睡眠不足のままカーバイド工場に通うことが多くなっていった。黒炭をすりつぶすローラーの機械を目で追っていると、だんだんと瞼が重くなっていく。いつものように眠い目をこすりながら、黒炭が穴につまらないように短い鉄の棒でつついていた――そのとき、一瞬の睡魔に襲われて、菊枝の右手の薬指の先端は、ローラーにちぎり取られてしまった。痛みはなかった。ただ驚くばかりだった。失われた指先からこぼれおちる血を見て、菊枝は大声で泣いた。

## 恋人・小田

カーバイド工場で菊枝は、六歳年上の「小田」という青年と知り合い、結婚するのだが、結婚相手の本当の名前は明らかにされていない。「小田」以外にも、菊枝の自伝に出てくる交際相手の名前はすべて仮名になっているが、その理由は述べられていない。菊枝の書いた自伝を普通に読めば、交際相手の名前が仮名であることに気が付く人はほとんどいないのではないだろうか。

筆者が恋人の名前が実名でないと気が付いた糸口は、菊枝の最期を看取った若槻登美雄の口から、聞いたことのない名前が出てきたことが発端だった。それは誰のことかと質問したところ、自伝に出てくるあの人ですよ──と言われ、恋人の苗字がすべて仮名に置き換えられていることを知らされたのである。交際相手を仮名にした理由は、登美雄も知らなかった。「おそらく、交際相手のほうも、自分のことが彼女の自伝に書かれていることは知らないんじゃないかな」とも。

このような事情を踏まえた上で、菊枝の最初の結婚相手となる「小田」の話に戻るが、小田という人物は、仕事中に菊枝にちょっかいを出したり、色目で見てくるようなタイプではなく、礼儀正しい背の高い好青年だったと菊枝は記している。

交際のきっかけは、小田が菊枝のロッカーに忍ばせたラブレターだった。「帰りを一緒にしませんか」と書かれた手紙に菊枝は驚いた。「一緒に帰ろう」という具体的な誘いは、これから菊枝自身の身に起こるだろうロマンスを大いに期待させるのに十分だった。家の方向が同じ二人が一緒に帰るようになると、菊枝は小田と急速に親しくなっていったのである。

工場からの帰り道、通船川の北側にある物見山砂丘が、二人が立ち寄るデートコースだった。菊枝が砂の上に木の枝で美しい女性の顔を描くと、小田も砂の上に軍人の絵を描いた。描き終えた小田が顔を上げたとき、菊枝は小田の瞳の奥から、何か特別なものが自分の心の中に入り込んで魅了していることに気付いたと書いている。砂の上に描いた絵を「あんたにあげる」と小田に言うと、小田も自分の絵を菊枝にあげるといった――そんな会話をしたのは夏だったはず、と菊枝は記憶していた。

初めての口づけは、小田の部屋だった。小田に身体を抱き寄せられ、二人の唇が触れた瞬間、菊枝は自分の体を小田からそらせた。そのときを待っていたかのように障子が開き、小田の父親が「うまくやってるね」と笑顔で一言告げて、障子を閉めた。翌日、小田の父親は、菊枝の両親に結婚の申し込みにやってきた。

菊枝にとって小田は、安らぎを与えてくれる存在だった。

〈幼いころから家の貧しさを背負わされてきたわたしであった。悲しみや苦しみから逃れるために、わたしは読書の世界に没入した。傷つけられることを極端におそれ、現実の生活に背を向けていたわたしを、小田は静かなやさしい愛情で包んでくれた。わたしは、ほのぼのとした安らいだ気持ちで毎日をおくった。こり固まった気持ちが、小田の愛情ですこしずつほぐされ、本来のわたしにかえった。わたしたちは、紡績工場の近くに借りた新居で、短い結婚生活を送った[32]〉

「短い結婚生活」とあるように、小田との結婚生活は長くは続かなかった。これについては後で述べるとして、二人の新婚生活が始まり、初めて身体を重ねる夜については、

〈身体の中心に感じた痛みに、わたしは部屋じゅうを逃げまわった。そして二日目の夜、わたしは彼の妻になった[33]〉

と記している。決して返ってこない人生のある時期に別れを告げるのだと思うと、感傷の涙がこぼれたという。

小田との結婚生活は、「人生の前半における休息」だったと菊枝は位置付けている。結婚したことで菊枝は親の束縛から自由になることができた。だが、心安らぐ日々は長くは続かなかった。「妻としての家庭のなかでの生活、それがどんなに単調で平凡なものであるか」痛感し始めたからである。考えることといえば、どうしたらこの退屈な生活から抜け出せるのか——そればかり。その問いは、いつしか、どうしたら夫から自由になれるのか、という問いに変わっていった。小田に問題があるわけではなかった。

〈田舎の青年としては紳士的で男性的だし、好感ももてた。身を焦がすような恋ではないにせよ、愛情が生まれて結婚したのだが、いま考えてみると、少女期の一時的な衝動、あるいは感傷だった。そこにはそのときにしかあり得ない一回かぎりの真実な態度があったし、清純な美しさもあったといえよう。

淡い想いからプラトニックな結婚へ。はじめて知らされた性生活には、特別な興味も嫌悪も感じなかった。しかし妻としての家庭のなかでの生活、それがどんなに単調で平凡なものであるかを、わたしに（わたしは＝筆者注）その中に身を置いてはじめて味わった。小田には何の罪もないことだったが、いつ〔し〕か結婚生活に倦怠を覚え始めていた[34]〉

〝このまま結婚生活を続けるのは嫌だ——〟

そんな菊枝に東京行きを吹き込んだのは、新聞の勧誘に来た長身の青年だった。東京生まれの青年は、夫の帰りを家で待つ退屈した菊枝を玄関先でつかまえると、東京の生活をあれこれ話して聞かせた。

「東京には沼垂《ぬったり》にある活動写真館より数倍も大きなのがずらりと並んでいるよ」

「デパートにはエレベーターというものがあって、エレベーターガールがハンドルを回すだけで、上がったり下がったりするんだ。君もなれるかもよ」

「本屋ばかりが十丁も軒を並べているところがあって、立ち読みを何時間しても怒られないんだよ」

漠然としたイメージしかなかった遠くの「東京」が、少しずつ、菊枝の頭のなかで鮮明になっていく。単調な結婚生活を打ち切るには、東京へ行くしかない。菊枝はこれこそが解決策だと考えるようになっていった。

小田は、菊枝が望むほとんどのことには応じてくれたが、東京に行くことについては、首を縦に振らなかった。小田が言うには、自分には東京で生きていく才能もなく、年老いた父もいるから、父を残して行くことはできないというものだった。父親を思いやる小田の気持ちを、菊枝は知らないわけではない。だが、東京に行きたいという気持ちに応えてくれない小田に対して、菊枝の気持ちは冷めていくばかりだった。

ある晩、小田が夜勤で家にいない日を見計らって、菊枝は黙って東京へ向かった。沼垂駅から上野行きの汽車に乗り込んでからも、小田を裏切ってしまった罪悪感が心を重くしていた。それでも、東京で出世をする自分を想像して、成功したら小田を呼び寄せてやればいいと考えると気持ちは楽になった。

すでに汽車は走り出している。夢にまでみた東京に、今、自分は向かっているのだと思うと後悔はなかった。菊枝は背筋を伸ばして汽車の椅子に座り直し、窓の外に流れていく故郷の景色を見送った。

# 第二章　東京　新宿に店を持つ

## 出奔

上京して向かったのは深川に住んでいる親戚の家だった。ここに世話になりながら仕事を探し、上野駅から浅草方面に行ったあたり（下谷稲荷町）にある『太陽』という飲食店（ミルクホール）の住み込みのウェイトレスとして働き出した。

東京は驚きの連続だった。例えば、スプーンをみがくのに、みがき砂（クレンザー）を使うこと。当時、菊枝の村では炭を使っていたからだ。

「東京はいいな。こんな便利なものがあるなんて」

便利なものを見つけるたびに、東京で暮らしたい理由を菊枝は増やしていった。

ミルクホールの仕事にも慣れ、東京暮らしも半月を過ぎた頃、深川の親戚から菊枝の居所を聞いた新潟の叔父が店に現れた。菊枝を連れ戻しに来たのだ。夜の汽車で菊枝を新潟に連れて帰るという叔父は、せめて給料をもらってから帰らせてほしいという菊枝の言い分を聞き入れなかった。その日のうちに新潟に連れ戻された菊枝は、翌日、夫である小田の親戚を集めた家族会議に引っ張り出されることになる。

あくる日菊枝は、親戚の目の前で父親にものすごい剣幕でどなりつけられたが、父親の怒りの理由についてはピンときていなかった。

小田は、「まあ、そうあんまり怒らずに、かんべんしてやってください。わたしもまんざら知らなかったわけじゃないんですから」と、自分も同罪であるかのように、菊枝をかばった。それでも怒りが収まらない清作が火箸で

20代の菊枝

菊枝の頭をたたくと、菊枝は裸足のまま庭に飛び出した。菊枝を追ってきた小田は、「俺が一緒に東京へ行けば、こんなことにならなかったんだ……」と、菊枝を責めようとしない。こんな状況になっても変わらずに自分に優しくしてくれる小田に対して、菊枝はこのとき初めて、黙って上京したことを反省した。

小田は父親と兄夫婦と暮らしていた。父親と兄夫婦の仲はうまくいっていなかった。もし小田が菊枝と東京に行ってしまうと、残された父親は居場所がなくなってしまう。そのような事情から、小田は東京行きを躊躇していたのである。小田は菊枝に「東京へ行ってみて、やっぱり東京がいいと思ったかい」とたずねた。菊枝は「うん、そりゃもう、とてもすきよ。わたし、やっぱり東京に住みたい。わたしって、そういうふうにできている女なのかもしれない」と、迷わずに答えた。

菊枝が東京に行きたいと言うのなら、そうさせてあげたい。小田は考えた末、今すぐ自分は東京に行けないけど、そのうち行くから先に東京に行ったらどうかと提案した。小田にしてみれば、自分にできる最善策であったのだが、菊枝は小田の言葉に納得がいかなかった。

「そんなこといって、あなたがいつまでも来てくれないと、また今度みたいに連れ戻されちゃうわ……あなたも男なら、わたしと一緒に行くか、行かないか、今ここではっきりしてくれなきゃ」

と、その場で決断を迫ったのである。素直に思っていることを小田にぶつけた菊枝だったが、その言葉を聞いた小田が、声を押し殺して泣いているのがわかると、菊枝は初めて、自分の投げかけた言葉が小田を苦しめていることに気付いた。

〈わたしは驚いた。男が泣くという話を聞いたことがない。まして、男の泣く姿はみたことがなかった。しかしいま、人なみすぐれた男らしい肉体をもった小田が、その広い肩をふるわせ、声をだして、子どものように泣きだしたのである。

わたしは、複雑な気持ちにとらわれた。不憫な小田を急いでわたしの胸に抱きしめてやりたい気にもなり、反対に、女々しい小田を突き飛ばしてやりたい気にもなった。しかし現実のわたしはただ、痙攣する小田の肩を見つめるばかりだった[35]〉

小田の泣き声がやんだとき、菊枝の心は決まっていた。

〈もう一度東京にでてやろう。こんどこそはほんとうに一人っきりで東京に出てやろう〉

小田に対して済まない気持ちを抱えながらも、東京に行きたいという気持ちを菊枝は抑えることができなかった。

菊枝は小田と離婚した。


二度目の上京は、明らかに前回とは覚悟が違っていた。以前なら、困ったことがあれば新潟にいる夫に頼るという逃げ道もあった。しかし、離婚をした今、郷里の両親のところに出戻ることもできない。東京でがんばるしか自分には道がないのだ。菊枝は仕事を探し始める前から、すでに追いつめられていた。そんなとき思い出すのは、母親がよく言っていた言葉だった。

〈人間というものは一生懸命に働きさえすれば、食べられないことなどないのだ。どんなに困ったときでも、生きようと思えば生きられるのだ。世のなかというものは、そういうふうにできている[36]〉

意気込んで上京したものの、見つけた仕事は、茨城県鹿島郡神栖町（現在の神栖市）にある別荘兼事務所の雑用係だった。東京・駒込にある事務所で面接をして採用されると、職場は茨城だと言われ、翌日には東京から移動した。

茨城の仕事が嫌なら断ることもできたのだが、すでにいくつかの面接で採用を断られていた菊枝に、その選択肢はなかった。上野駅近くの薄暗い「口入れ屋」では、田舎娘を相手に、「かんばしくない職業」を斡旋されそうになって逃げ出していたし、池之端の何軒かの喫茶店では、面接で全身をくまなくジロジロと見られた後で、「じつは決まりかけている人がいるんで」と断られていた。こんなことが五軒も六軒も続いた後で、やっと見つけた働き口が、茨城の別荘の仕事だったというわけだ。断ることは到底できなかったのである。

白い壁に赤い煉瓦の屋根。黄色い窓枠の二階建ての洋館。それが、菊枝が約十カ月過ごすことになる職場だった。別荘には管理人の中年夫婦が住んでいて、菊枝の仕事は、この夫婦の家事支援だったが、一通り仕事を覚えてしまうと、退屈な時間をもてあますようになった。

だが、それも一転。近くの松林でキノコが採れると知ると、菊枝はキノコ採りに夢中になった。毎日、松林を歩いては、秋ならハツタケ、ババゴケ、ハリタケ。春になると松露《しょうろ》をせっせと採った。歌を口ずさみながら松林を歩き、故郷のことや、幼い頃の思い出に浸ることもあった。自分の意志で故郷を離れたのに、松林の中に一人でいると、ふと淋しさから涙がこぼれてくることもあった。

松林を散歩中、野生の豚が目の前を横切ったときには、「あの豚を捕まえて、新潟の家族に送ってあげたい」と思った次の瞬間には豚を追いかけていた。逃げ回る豚の尻を見ながら、菊枝の頭に浮かぶのは、実家の薄暗い部屋で食べていた無言の夕食の風景だった。鼻水で袖がピカピカになった着物しか持っていない弟たち。暗い農村の生活から一人逃げ出してきた菊枝は、どこかで家族のための罪滅ぼしがしたかった。

豚に飛びかかっては、逃げられ、また追いかける。何度も飛びかかっているうちに、豚を羽交い絞めにすることに成功すると、すぐに豚の贈り物を喜ぶ家族の顔が頭に浮かんだ。早く送ってあげたい、と急ぎ足で別荘に豚を持ち帰ると、逃げた豚を探しているという人が現れた。先ほどまで菊枝を包んでいた高揚した気持ちは、一気にしぼんだ。故郷に豚を送ることはできなかった。

給料の支払いが遅れがちだった別荘の仕事は、菊枝と中年夫婦を不安にした。金がないのだから、食べる物にも困るようになる。採ってきたキノコや、近くの池で釣ったフナやコイで数日はしのげても、このままの状態がズルズルと続くのは、雇われて働いているのだからおかしいと思って間違いない。

そこで、菊枝は思い切った行動に出た。茨城の事務所の家財道具をすべて売り払ってしまったのである。しかし、その売却金は、菊枝と中年夫婦の上京の旅費をまかなえる程度にしかならなかった。

菊枝からの電話で事態を知った社長が、お抱え運転手とともに血相を変えて翌日やって来ると、菊枝はひるむことなく言い返した。

「なに言っているのですか。二カ月ものあいだ一銭の給料もくれなかったじゃないですか。いったいどっちが悪いんです？」

反論してくる菊枝に驚いた社長は、警察へ行くぞと脅してきた。警察——。警察と聞いて菊枝は一瞬たじろいだ。父親の小作争議で、嫌というほど警察の怖さを見てきた菊枝である。だが、すぐに父親が警察に連行されたときの、堂々とした態度を思い出した。そして、今、自分がしていることは間違っていないという信念が恐怖を打ち負かした。菊枝は社長とともに警察へ向かった。

被害者のつもりで警察に乗り込んだ社長だったが、取り調べが進むにつれて、これまでの悪事が次々と明らかになっていった。社長は、金持ちから金を騙し取っていたのである。騙された人は、損をしても訴えなかった。文句を言ってくる人には、適当な返事をしておけば、相手が泣き寝入りをして終わりになる——ということを繰り返していた常習犯だった。

社長は菊枝たちに一カ月分の給料を払うことを受け入れ、この件はこれで解決となった。となると、もはや茨城に残る理由はない。菊枝は給料を受け取るとその足で東京へ向かった。
利根川を横断する波崎の船着場に着いた頃には、すっかり夕暮れどきになっていた。突然、一カ月分の給料だけで、東京でやり直せるのか、不安な気持ちが迫ってきた。

〈これからどうなるだろう。東京では落ちぶれ、夢破れた少女の落ち込む奈落が口を開けている。わたしもそこへ落ちてゆくだろうか。いけない。自分の力で自分の足で地を踏みしめて陽をいっぱいに浴びて生きて行こう。しかしわたしにそれだけの力があるだろうか[37]〉

利根川を横断した先の銚子（千葉県）に到着すると、菊枝は「なにか力強く躍動するものが見た」くなり、犬吠崎へ向かった。夜の犬吠崎灯台からは、荒々しい波のうねりが見えた。体をたたきつけるような強風にさらされながら、風に吹き飛ばされないよう足元に力を込めた。
最終バスに駆け込み、その晩は銚子の町で一泊することにした。東京で一人生きていくことへの不安は尽きなかったが、眠りにつく頃には踏ん切りがついていた。

**編集者・宮田**

銚子で宿屋の女中やカフェの女給、押し売りの仕事などを転々としてから、東京でも何軒かのカフェの仕事を渡り歩き、最終的には文京区小石川にある音楽喫茶「モンパルナス」の女給の仕事に落ち着いた。自伝には、神田川がカーブした大曲の付近にモンパルナスはあったとある。

モンパルナスの制服は、緑のセーターに、同じ色のビロードのスカート、黒のハイヒールというスタイルで、とりわけビロードのスカートをはくことは、菊枝の昔からの夢だった。というのも、新潟での幼少期、ビロードのスカートをはいていたのは同級生の医者の娘だけだったからだ。その子が動くたびに優雅にゆれるビロードのスカートの美しさを、当時菊枝は遠くから見ているだけだった。それを、ついに自分も手にすることができるという喜び。モンパルナスの制服は、それだけで菊枝の気持ちを高鳴らせた。

カフェの女給というのは、ウェイトレスとは違い、客の話し相手をすることも仕事だった。「宮田」という菊枝より十歳年上の常連客は、雑誌社に勤める編集者だった。菊枝に声をかけようと機会をうかがっていた宮田は、こんなふうに話しかけてきた。

「これ、テストなんだがね。ある港があって船がきたとする。その港に一番さきに着くのはなあに？」

いきなりテスト問題を出題された菊枝は、怪しむことなく真面目に答えを考えてみた。少し考えてから、「帆先が一番さきに着くんじゃない」と答えた。宮田は回答を聞きながらニヤニヤして、「ふうん」と言うと、菊枝の顔をじっと見つめて、「きみの目はじつに美しいね」とささやいた。

器量に自信のなかった菊枝にとって、宮田の褒め言葉は一大事だった。宮田の甘いささやきに心を揺さぶられた菊枝は、トイレに駆け込み、心を落ち着けようとした。鏡に映る自分の顔を見つめると、驚いたことに美しくみえてくる。〈つね日ごろ、色の黒いことや、変な話だがオッパイの大きすぎること、鼻のひくすぎることなどにたいするコンプレックスが一どきに解消したように思えた[38]〉宮田の一言でここまで自分の外見に対する見方が変わってしまうなんて。菊枝は魔法にかけられたみたいだと思った。宮田は「女の子の前でスキー帽をいじってイキガルほど、無邪気な青年で」、この若さと無邪気さが、菊枝を宮田と結婚する気にさせたのだという。

そんな宮田のプロポーズは変わっていた。店を出ていこうと扉のところまで行きながら、意味ありげに立ち止まり、菊枝に「あの…ぼく…いま、結婚のはなしがあるんだけど……」と自分に結婚話がもちあがっていることを伝えてきたのである。

菊枝にしてみれば宮田は、自分のことを美しいと言ってくれた男性であり、淡い憧れの対象であった。だが、相手はカフェの客でもある。菊枝は「残念ね」とだけ告げた。すると宮田は「ほんとうに残念なの？」と、その言葉の真偽を探るように菊枝の顔を覗き込み、こう続けた。

「結婚してくれる？　ぼくその女をことわっちゃいますよ」

そう言い終えると、宮田は店の外に消えた。

プロポーズを受けて、菊枝はますます宮田のことが気になるようになった。自分が単純な性格であることは知っていたが、それでも自分にプロポーズをしてきた相手のことを、意識せずにはいられなかった。どう振舞えばいいのかわからない菊枝は、職場の同僚にアドバイスを求めた。

「ひとりぼっちでいると、悪い男にだまされたりするものよ。東京って、恐ろしいところだから」と、長崎なまりの彼女は言う。確かに、同僚の言う通り、菊枝は上京してから何度か危険な目に遭っていた。銚子の旅館では、あやうく売春の相手をさせられそうになったし、トイレの場所を教えてくれた男性が急に抱きついてきたこともあった。

田舎者で器量に自信のない菊枝は劣等感のかたまりで、何につけても自尊心を失いがちだった。このまま一人でいたら、周囲に流されるまま、自分を見失ってしまうのではないか――。吸いこまれるように入った上野の松坂屋で、高価なスカートとセーターを万引きして捕まった日のことが脳裏をよぎった。

自分の境遇について考えれば、このままでいいわけがない。同僚の指摘は的を射ていると菊枝は思った。であれば、宮田のプロポーズに応えることで、菊枝の人生はいい方向に変わっていくのではないか。そう考えると、菊枝の気持ちは晴れ晴れとした。救いを求めるような気持で、菊枝は宮田との結婚を受け入れることにしたのだった。

宮田に言われるまま、モンパルナスの仕事をやめて、彼が下宿している小石川の家に引っ越した。宮田はこれまで通り、友人と同じ部屋に住み続け、菊枝は同じ下宿に別の部屋を借りて暮らし始めた。それでも、結婚を前提とした交際の始まりであることは確かだった。菊枝にとってこの時期は、「愛情を見つけ、貯《たくわ》える」期間だった。

朝は雑誌社に出勤する宮田を見送り、夜は下宿に帰ってくる宮田を待った。しかし、宮田が帰る部屋は菊枝の部屋ではなく友人の部屋。プラトニックな関係が続いた。

そんな菊枝の密かな楽しみは、桜貝のように美しい宮田の爪を見ることだった。その桜貝の指先が、菊枝の肩を抱いたのは、ある日のデートの帰り道、下宿の門前だった。黙りがちだった宮田は突然、菊枝の肩を抱き、唇を重ねてきた。菊枝はされるがままに、宮田との初めての口づけを受け入れた。宮田と自分の関係がハッキリした瞬間だった。

宮田は、菊枝の子どもじみた一面を責めなかった。夜中に一人で共同トイレに行くのを怖がる菊枝が、一緒について来てほしいと駄々をこねると「じゃあ、そこにしろ」と宮田が言う。これを真に受けて本当に布団の上に小便をしてしまっても、宮田は怒ることもなく、ただ心配そうに見つめるだけ。自分がしたことが恥ずかしくて、顔を上げられない菊枝がようやく宮田の顔が見えるまで顔を上げると、二人の目と目が合い、思わず吹きだしてしまう——そんな関係だった。

このトイレの一件があった頃、菊枝たちは小石川の下宿を出て、新宿角筈《つのはず》一丁目の「ＣＫハウス」というアパートで暮らしていたと書いている。

〈昭和十年頃だったと思うが、その頃わたしは新宿の角筈のアパートに住んでいた。お隣には岡田海軍大将の屋敷があり、大将の家に出入りする海軍の服装をした若い将校が、その白い短い上着に、すらりとのびたやはり白いズボンで、腰に短剣をさげたその姿が、あまり凛〔々〕しいので近所の人の目を引いた。わたしも垣根越しに見とれていたものだった[39]〉

ここに出てくる「岡田海軍大将」とは、海軍大臣を経て、第三十一代総理大臣になった岡田啓介のことだと思われる。『岡田啓介回顧録[40]』にも角筈の自宅のことがでてくる。菊枝が角筈のアパートに住んでいた昭和十年（一九三五）頃という時期が正しければ、岡田は当時、総理大臣だったことになる。総理になる直前まで岡田は海軍大臣だったことから、海軍将校が岡田邸に出入りしていたのだろう。

昭和十一年（一九三六）に二・二六事件が起きたとき、火中の人物であった岡田は、高橋是清や斎藤実が殺害される中、官邸を脱出し、三月三日には角筈の自宅に戻っている。岡田は回顧録で「わたしが生存していたということは、二十九日午後四時、内閣から発表されて国民に意外の感を与えたようだった」と記している。それから三カ月の間、岡田は警官に護衛される中、角筈の自宅で謹慎の日々を送った。菊枝が岡田邸の隣のアパートにこのときも住んでいたのであれば、警護の関係上、隣人である菊枝の生活にも何らかの影響があったと思うのだが、菊枝は二・二六事件について何も書き残していない。

岡田は、東京大空襲で屋敷が焼けてしまった昭和二十年（一九四五）四月に角筈を離れている。菊枝は高円寺のアパートで空襲に遭遇しているので、岡田よりも早い時期に角筈を離れていたようだ。

菊枝と宮田はその後、千駄ヶ谷、代々木上原、高円寺へと転居を繰り返している。というのも菊枝が引っ越しに取り憑かれていたからで、朝、宮田が仕事に行くと、引っ越し先を捜し、宮田が帰ってくるころには、新しい部屋に引っ越している、といったことを繰り返していたからだった。

小学校すら卒業していない菊枝を相手に宮田は、生きていく上で最低限必要なことを教えた。出勤前には計算問題や、ローマ字の書き方の問題を菊枝に出していき、仕事から帰ってくると答え合わせをした。菊枝は宮田にとってかわいい生徒だった。

ローマ字が覚えられない菊枝のことを宮田は、「トンチキ」と呼び、「おめえ、なに書いているんだ」と言って、丸めて筒にした新聞紙で菊枝の頭をポンと叩いた。宮田のいう「トンチキ」は、「とんまにして知己《ちき》なるもの」という意味だった。出来の悪い菊枝を相手に、「トンチキ、ローマ字には母音と子音があるんだよ」と、辛抱強く教えてくれる宮田を、菊枝はこのころ神様のように尊敬していた。

この時期は菊枝にとって「二回目の子ども時代」だった。幼少のころに思う存分遊べなかった分を取り戻すかのように、近所の子どもたちを集めては、虫取りや魚釣りに連れて行った。新婚早々で金がなかったこともあり、近所の田んぼで、どじょうやはぜ、えびを捕ってきては、食事の足しにしていたのである。

また、親分肌の菊枝は、子ども同士のケンカの仲裁もよくした。子どもたちと遊びまわっている菊枝のことを、近所の人たちが「宮田さんの奥さんはどこかおかしいんじゃないかしら」と噂するようになると菊枝はその言葉に傷つき、仕事から帰ってきた宮田に泣きついた。その度に宮田は「おまえはつまらんことは知らなくてもいいんだよ。今のままのほうが好きなんだから」と言って、ありのままの菊枝を受け入れた。そして、周囲が何と言おうと、「おまえは利口でなくても美人でなくてもいいんだ」「世界一チャーミングなんだから」と教えた。自分に自信のない菊枝は、宮田のこの言葉によって、ありのままの自分を受け入れられるようになっていくのだった。

二人がどのタイミングで「夫婦」になったのかは定かではないが、菊枝が二十前後のころに二人は結婚した。

上手くいっているかに見えた宮田との結婚生活に異変が起きたのは、息子の嫁の顔が見たいと、佐賀から両親が上京してからだった。宮田の両親は、菊枝を一目見るなり、「色の黒い田舎者」「料理もろくにつくれない」と厳しい言葉を突き付け、菊枝に息子と別れるよう迫ったのである。

菊枝が外出から戻ると、宮田は部屋の隅で顔を下に向けたまま母親のヒソヒソ話を聞かされながら泣いていた。全く反論のできない宮田の前で、義母は「うちの息子とあなたは別れることになったから。私も若い時に追い出されたから、あんたも別れなさい」と、半ば、命令じみた言い方で宮田と別れるよう迫ってくる。そんな義母に、菊枝は「お義母さんもその時は辛かったんでしょう。わたしも辛いのです。だから、わたしに別れなさいと云わないでください」と必死に言ってみたものの、「菊枝さん、別れのそばを頼んできてくれ」と言われると、菊枝はそば屋まで走るしかなかった。

〈わたしは立〔ち〕上〔が〕ろうとしたが、膝がガクガクして立てなかった。そして、どうしたことか気が狂ったように笑い出した。自分では泣いているのに笑っているのだ。生まれて初めての体験であった。あんまり悲しいとおかしくもないのに、心とは反対に生理的に笑うのだ。絶望も究極の時には、こんな風になるのだと知った。そば屋まではひと走りなのだが、ちゃんとは歩けないのだ。膝がふるえていた。わたしは、「気をつけろ」と怒鳴られた。タクシーとすれすれだったのだ[41]〉

宮田と住んでいる家を出る日が来た。庭先に咲いている菊枝が育てていた沈丁花が目に止まる。二人の暮らしをつくりあげていたすべてを捨てて、菊枝は宮田の元を離れなければならない。「ざんこくな季節」と菊枝が三月と四月を呼び始めたのは、このときからだった。

宮田と別れて、新しい下宿先に引っ越すと、菊枝は、自分の心も身体も、宮田を中心に回っていたことに気付いた。〈わたしはただ息をして生きているだけのように感じた。たべものの味もわからない。足が地についていて歩いているのかどうか、宙に浮いているような気がする[42]〉

宮田を失った喪失感は大きかったようで、菊枝は宮田と暮らすことができないのなら、〈せめてこの痛みをやわらげる方法はないだろうか。気をまぎらわせる最良の方法は、つきつめていくなら死であった[43]〉というほど思いつめていた。

ところが一転、宮田の両親が佐賀に帰ってしまうと、宮田は菊枝の新しい下宿先に毎日やって来ては、夜半には帰っていくようになった。世間体を気にする宮田は、人目を避けて、菊枝との逢引きを続けたのである。

〈そのたびに、わたしは新たな傷を受けた。忘れようとすることで、ほんのわずかでもいやされる傷あとが、宮田の顔を見ることによって、かさぶたがはぎとられ、また血をふき出す。そのくせ、宮田の腕のなかにいるあいだ、わたしは安心する。わたしの頼りたいその宮田は、わたしを愛していながらも、父母への気がねからわたしを追い出したのだ。いくつもの矛盾が、わたしのからだのなかで渦巻き、その渦にわたしはのまれてしまう。帰りかける宮田に「もうこないで」とわたしは頼んだ[44]〉

宮田以外の男を好きになってしまえたら、どんなに楽だろうか。そう考えた菊枝は、同じアパートに住む男の誘いに、本心を殺して応じてみた。しかし、新しい男に心動くこともなく、宮田との逢引きは続いた。

宮田は、連日のように「愛している」と速達を送ってきた。だが、その宮田の愛も、両親の前では、おとなしくなってしまう。〈それでもわたしは宮田に頼りたい。頼らなければ生きてゆけないのだ[45]〉宮田への未練を断ち切ることができない菊枝は、再び死ぬことを考えるようになった。そして新潟で労働組合青年部の役員をしている兄・清衛に、死を決意した手紙を書いた。

清衛は速達で返事を書いてよこした。その手紙は、戦時中に焼失してしまうのだが、菊枝の記憶には、「たったひとりの可愛い妹よ」という書き出しで始まる手紙の文面が刻まれていた。

「およそ次のようなものであった」と菊枝は前置きをして、手紙の文面を紹介している。

〈たったひとりの可愛い妹よ。

おまえの手紙を読んだ。世のなかには、苦しいことはたくさんある。おまえが直面したようなこともいくらでもあることだ。妹よ。そんな苦しさに負けてはいけない。おまえには、その苦しさを踏みこえてゆく強さがあるはずだ。

どうかやけにならないでくれ。「死」なぞは考えずに強く生きておくれ。おまえには、その強さがあるはずだ。墜落しないでおくれ。人間、一度自分を見失ったら、落ちるところまで落ちてしまうものだ。そして、そこからはなかなかはいあがることができなくなる。どうか、やけにならないでおくれ。苦しさを踏みこえて、強くなっておくれ。たったひとりの妹よ。おまえには、その力があるはずだ。自分を見失わないで、強く強く生きておくれ。

兄より[46]〉

兄の手紙が菊枝の自殺願望をいかに食い止めたのか、菊枝は記していないが、死ぬことを思いとどめる説得力はあったようだ。

少しでも気分を紛らわそうと、宮田以外の男とのデートを繰り返したが、菊枝が相手に惚れない限り、出会う男はすべて宮田の引き立て役になってしまうわけで、「やっぱり宮田じゃなきゃダメ」という思いは、一層強固になってしまう。自分を騙して、デート相手と楽しくやっていると思い込まなければ、落ちるところまで落ちてしまう——という張りつめた精神状態が続いた。

そんなギリギリのところで一日一日を過ごしていたある日、睡眠薬の広告が目にとまった。「カルモチン」という睡眠薬で、芥川龍之介が自殺に使った薬と噂されていたものである。迷うことなく「カルモチン」を買い求めた菊枝は、宮田の部屋で、宮田の目の前で、一箱を一気に飲み込んだ。宮田の顔が、薄れていった。

菊枝が意識を回復したのは、宮田の腕の中だった。病院へ菊枝を連れていった宮田の判断が少しでも遅かったら、菊枝の命は助からなかったかもしれない。目覚めた菊枝の頬に宮田の涙がポタポタと落ちてくると、菊枝はウワァと泣き出し、宮田の背に手を伸ばして、ぎゅうっと抱きしめた。菊枝の自殺未遂を知った宮田の両親は、息子と菊枝のよりが戻ったことを認めざるを得なかった。だが、「宮田のこれまでの学費を返済しろ」という条件が両親から提示された。

学費返済は、菊枝に課されたものなのか、宮田に課されたものなのか、また返済することができたのかどうかは記録がなくてわからないが、確かなことは、これを機に、菊枝がデパートの販売員として働き出したことである（勤続

デパートで働いていたころの菊枝（左）＝昭和13年（1938）ごろ

期間は不明）。銀座松屋デパートの婦人靴下の売り子の職を得ることができたのは、菊枝の細くてきれいな脚を、採用担当の女性が見逃さなかったからだった。

## 開戦　兄の出征

昭和十六年（一九四一）十二月八日午前七時、臨時ニュースは日本軍による真珠湾攻撃を「帝国陸海軍ハ本日未明、西太平洋ニオイテ、米英軍ト戦闘状態ニ入レリ」と報道し、五時間後の正午のニュースは、日本が米国と英国を相手に宣戦布告をしたことを報じた。新聞の号外で開戦を知った菊枝は、「からだがぶるっとした」と自伝に書いている。後に「第二次世界大戦」と呼ばれる戦争が始まった。

菊枝の生活にも、防空壕を掘ったり、バケツリレーの訓練にかり出されることが増えてきた。それでも菊枝は、比較的自分のペースで生活を続けていたようで、物質的にも精神的にも戦時下の苦しさについてはこれといった記述を残していない。引っ越しを頻繁に繰り返していた菊枝は、当時の出来事を、住んでいた場所とともに記憶している。

宣戦布告の号外を見たのは、新宿のアパートに住んでいたときで、戦況が悪化してきたのは代々木上原のアパートに越したころだった。同じアパートに住んでいる学生たちを集めて、トランプで盛り上がっている菊枝に対して、「トンチ、国が戦争をしているときに、トランプばかりしていちゃいかんぞ」と宮田が干渉するようになったのも、代々木上原のアパートだった。

高円寺一丁目（現在の東高円寺駅付近と思われる）に住んでいたころは、菊枝たちの借家の周囲は疎開で東京を離れた人たちの空き家ばかりで、誰のものだかわからない土地だらけだった。菊枝は、こうした持ち主不明の土地を畑にし、ナスやトマトを育てた。菊枝の作る野菜はどれもおいしかったようで、宮田は「植物博士のお前

にはかなわないなあトンチキや、なにしろ百姓出身のお前だからな」と菊枝を褒めた。
食糧不足を少しでも補うため、政府は家庭菜園を奨励し、「何がなんでもカボチャを作れ」と書かれた東京都のチラシが回覧板で回ってくるような時代だった。菊枝のように空き地で野菜を作っている人は珍しくなかった。

新潟にいる菊枝の兄・清衛がフィリピンに出征することを知ったのも、高円寺一丁目に住んでいる時期だった。日本を離れる前に横浜の駐屯地に立ち寄るという清衛のところに、菊枝は宮田を連れて会いに行っている。昭和十九年（一九四四）春ごろのことかと思われる。

清衛が滞在していたのは、横浜市中区花咲町だったことが、実家のある新潟松崎に宛てたハガキからわかっている。ハガキに書かれていた清衛の所属は、比島派遣威第一〇六八一部隊星野隊で、野戦自動車廠《しょう》という自動車等の整備に携わる部隊の一員だったようだ。

元兵士たちの証言集『比島に散った野戦自動車廠の記録[47]』からは、フィリピンに出航するまで、横浜で待機していた兵士たちの生活をうかがい知ることができる。同書によると、桜木町駅から紅葉坂を上る右手にあった料亭「紅葉閣」が、兵士の宿舎に使われていて、兵士たちは「待機部隊の活用」ということで、横浜にある日産自動車工場などへ配置されていたということだった。

一般人の戦争体験を集めた『孫たちへの証言』には、「日産自動車の寮の紅葉坂にあった紅葉閣」（原文ママ）に、陸軍と海軍の兵隊が多数いたとある[48]。清衛の所属部隊が自動車廠だったことを考えると、清衛もこの一人だった可能性は高い。

清衛が横浜から妻・芳野に宛てた手紙には、工場に配属になったことは書かれていないが、横浜に着いてすぐに出航すると思っていたところ、しばらくはここ（横浜）に滞在できる見通しであること、自分の部隊は危険の

ない部隊だから心配するな、といったことが書かれている。清衛は、いつ日本を離れるのかわからない日々を横浜で過ごしていた。

菊枝が清衛と面会をするために横浜に行くときは、ある「親切な人の家」に差し入れの食べ物を持って行き、その家の人に清衛を呼んできてもらうやり方をとっていた。おそらく、こうした方法で清衛に会うほうが、都合のよい理由があったのだろう。面会の仲介役になってくれた人のみならず、菊枝の目に映った横浜の人というのは、先の短い兵士たちに同情的で、親切にしてくれる人が多かったという。

何回目かの面会で、清衛が「今晩、部隊が発つらしい」と諦めきった表情で菊枝に告げた日、清衛は宮田を真っすぐ見据えて、「宮田さん、きかん坊の妹です。どうかよろしくお願いします」と何度も繰り返し告げたという。自分は戦地から戻ってこられないだろうから、妹のことを自分の代わりによろしく頼むというのだった。実家に宛てたハガキには、自分の所属部隊は危険ではないと書いていた清衛も、本心では、生きて帰ってくることはないと察していたことがうかがえる。

菊枝が差し入れた白いご飯の詰まった飯盒を受け取った清衛は、一旦部隊に戻ると、白いご飯の代わりに、コーリャンのご飯を飯盒につめて戻ってきた。コーリャンのご飯しか食べていない清衛の頬は、痩せこけてしまっていたと菊枝は記している。

「キッコ、俺にできるのはこれくらいのことだ。俺はもう、おそらく帰ってはこられない。宮田さんにかわいがってもらえよ」

そう言うと、清衛はその場にいつまでも留まることもできず、部隊に戻って行った。菊枝と宮田は、清衛の後ろ姿を見えなくなるまで見送った。

菊枝と宮田が東京行きの電車を桜木町駅で待っていると、駅に向かってくる兵隊の一群が見えた。兵士たちは

ホームに次々と腰を下ろして座り始めた。菊枝はその中に兄の姿を見つけた。だが、菊枝たちが乗る電車は、すでにホームに入ってきている。今度こそ兄との今生の別れだと覚悟し、菊枝は清衛のところに駆け寄り、分厚い兄の手を握った。「からだに気をつけてね」と言うと、清衛は、背のうから一束のチリ紙をだして「へんな形見だけど、今の俺にはこれくらいのことしかできない」と、菊枝にチリ紙を手渡した。

東京行きの電車に飛び乗った菊枝は、先ほどまで兄の手の中にあったチリ紙を抱きしめて、必死で、兄のぬくもりを逃がすまいと力を込めた。そんな情景が浮かび上がる、清衛との別れだった。

七月になってフィリピンに到着した清衛から新潟の家族に届いたハガキには、「蒲原祭りも終わり、白山祭りも近づきましたね」と書いてあり、故郷の夏祭りを懐かしんでいることがうかがえた。このハガキの後に届いた、お盆過ぎに書かれただろうと思われる手紙が、家族が清衛から受け取った最後の便りとなった。菊枝が再び兄の姿を目にすることはなかった。

## 空襲

東京で空襲が始まると、比較的マイペースな生活を送っていた菊枝の生活にも緊張感が走った。菊枝たちが暮らしていた高円寺一丁目は当時も現在も杉並区だが、杉並区で空襲被害を受けた地域は、ほとんどが中野区と接している地域で、菊枝の住まいは中野区に近いところにあった。

中野区の記録によると、真珠湾攻撃のあった昭和十六年（一九四一）十二月八日から、終戦の年、昭和二十年（一九四五）八月まで、同区内ではおよそ千二百回におよぶ警戒警報のサイレンが鳴り響いている。

空爆で焼けた家々を目の当たりにして、菊枝はこのころ知り合いの台湾人青年、林《りん》の名前で、少し離れた場所に別にアパートを借りていた。空襲を避けるためであったが、このとき家財道具は、家の近くの防空壕に移動さ

せただけだった。

林は少し前から、菊枝と宮田の部屋に同居し始めた外語学校の学生だった。菊枝と満員電車で知り合った林は、当時手に入りにくくなっていた物資の入手ルートにツテがあるようで、長い吸い差しの煙草を持ってきてくれる。そんな林は、ヘビースモーカーの宮田にとってありがたい存在だった。中には赤い口紅の跡がついた煙草もあったが、キセルで吸う宮田は気にしなかった。

ある晩、三人は遠くの夜空が空襲で色を変えていく美しさに見とれていた。熱風が肌を包み込もうとしているとき、すでに火の手は近くまで迫っていた。三人は急に怖くなり、慌てて防空ずきんをかぶり防空壕に逃げ込んだ。防空壕に飛び込むと、頭上の地面に何かが落ちたような音が聞こえた。「ここは危ない。逃げよう」と宮田が言うのと同時に、菊枝たちは壕を飛び出し、後ろを振り向くことなく逃げ走った。走って、走って、林の名で借りていたアパートにたどり着くと、朝までぐっすり眠った。翌日、家に戻ってみると、建物のあった場所は焼け野原になっていた。防空壕の中の家財道具は燃えてしまっていた。

中野における空襲被害の記録を見てみると、最も家屋が被害を受けたのは昭和二十年（一九四五）五月二十五日の「山の手空襲」と呼ばれるもので、身元の判明した死者は四百十八人、負傷者は千六百人、全焼家屋は約二万戸だった。次に被害が大きかったのは、四月十三日から十四日にかけての空襲で、死者二人、被害家屋は七百八十三戸を記録している。

山の手空襲が最も被害が大きかったが、菊枝たちが遭遇したのはその前年の空襲だったようだ。三十九歳の宮田に赤紙が届いたのは、この空襲の五、六日後のことだったという。赤紙は、どこか他人事のように感じていた戦争の非道な現実を菊枝に叩きつけ、菊枝は宮田を失う不安から連日泣いた。

宮田が九州の駐屯地へ行ってしまうと、菊枝は東京の空襲を避けるため、林を連れて新潟の実家に疎開した。戦後の東京都の調査でわかったことだが、空襲や戦災で東京都民の約三分の二が東京を離れている。家を焼失した者は二人に一人の割合だった。

空襲を逃れて新潟の実家へ行ってみたものの、新潟も空襲が多かった。特に菊枝の実家は飛行場から近く、空襲のたびに家はガタガタと揺れた。食料不足は新潟も同じで、菊枝が林を連れて帰ったことを父親は快く思っていなかったが、宮田からの手紙に、林を頼むと書いてあるのを読んでからは文句を言わなくなった。

実家での生活は、のんびりしたものだったが、戦況が思わしくないことが聞こえてくると、明るい将来は考えられず、菊枝は再び死にたいと考えるようになっていた。ただし、今度は、宮田と一緒に死にたかった。夫婦で死ぬには、宮田のいる九州に行かなくてはならない。菊枝は父親に九州行きの汽車の切符をせがんだ。

「キコや、親を捨てて夫に会いに行くのか。行ったら帰ってこられなくなるぞ」と言う父親に対して、菊枝は、「だってお父さんは親だもの、結婚すれば夫について行くのは当たり前よ、私は宮田と一緒に死ぬのよ」と躊躇《ちゅうちょ》することなく言い返したという。後年菊枝は、「親の心も知らずに、いけしゃあしゃあとして言ったもんだ。なんという冷たいことを言っていたのだろう」と後悔の念を抱くのだが、このときの菊枝にとって生きることとは、すなわち、宮田と一緒にいることだった。

**終戦**

昭和二十年（一九四五）八月、菊枝は宮田がいる宮崎・田野の駐屯地を目指した。列車が空襲の標的になることも度々あり、その都度、乗客は列車から離れて避難したり、駅で一夜を明かすこともあったという。八月の上旬に宮崎に向かった菊枝が、広島の原爆に遭遇せずに済んだのは、山陽線は危ないと聞いて、山陰線で移動をしたからかもしれないと記している[49]。

一週間と幾日からの移動を経て、やっと宮崎に着いたときのことは、次のように述べている。

〈宮崎は燃えていた。燃え残りの木片で、飯盒でご飯を炊いた。人々は、日本は駄目だあ、滅茶苦茶だあと話していた。広島の話も、そこで聞いたように思う[50]〉

田野駅から駐屯地までは、トラックの運転手に送ってもらっている。このとき大いに役に立ったのが、父親が集めてくれた煙草だった。煙草は、満席の列車で座る場所を譲ってもらうのにも役立った。

宮田との再会は予期せぬものだった。三十分ほどトラックで走ったところで降ろされた菊枝は、両側を青々とした野菜畑に囲まれた一本道を進んでいった。なだらかな丘に続く道は、最も高くなったところで空とつながり、その先は下り坂になっているように見える。菊枝は、空と道が交わるところを見つめながら進んでいった。すると、その空と道とが交わる部分に、戦闘帽が現れた。

〈次には男の顔が。だんだんに上半身から下半身が。そして一人の兵隊が全身を現わした。彼は前方にわたしの姿を認めたにちがいないのに、それらしい気配もみせずにゆっくりといままでの歩調を変えずにやってくる[51]〉

その兵士に部隊の場所を聞こうと思って近づいていくと、兵士の顔がはっきり見えた。それは、痩せて目ばかりが異様に大きい宮田本人だったのである。

「どうしたの？　足から血が出てるじゃないの」

あれほど会いたかった夫を目の前にして、菊枝の口からでてきた言葉は、情熱的な言葉とは程遠い一言だった。

〈なんということだろう。いっしょに死ぬつもりで必死の長い旅をしてきたのに、わたしの最初の言葉は、こんなありふれたものだった。まるできのうまで、いっしょにくらしていたひとへの言葉のようではないか、もっとも、これが夫婦というものなのだろうか[52]〉

数日後に戦争が終わることなど知るすべもない二人は、宮田がこっそり妻と会ったことがバレてしまうと夫婦ともども銃殺されるという軍紀を怖れて、近くの農家に菊枝をかくまってもらうことにした。その農家は、かつて、宮田の部隊が駐屯した比較的大きな農家だった。

〈その夜、夫はこっそりと、わたしの泊っている百姓家に会いに来た。永いこと会わなかったわたしたちは抱き合った。しばらくぶりのキッスは煙草とほし草の味がした。野の匂い、つまり野生的な? そのような味だった。以前の甘美なセクシーな味などは全く無かった。これが最後の別れだという、何か切羽つまった、そんなものであった。わたしは夫がいとしかった。そしてわたしは泣いた。一生の別れだと覚悟を決めて泣いた。死というものが当り前の時代だったのである[53]〉

八月十五日、菊枝は田野で玉音放送を聞いた。

田野の村人たちは、米軍にひどいことをされるのではないかと怖れ、村の女たちを山にある洞穴に隠したと菊枝は書いている。菊枝も洞穴に隠されたが、身を潜めていることがバカバカしく思えてきて、翌日には宮田の所属する部隊を訪ねている。だが、軍隊は、宮田をすぐに自由にしなかった。菊枝は宮田を連れて帰ることができないと知った。

落胆した二人は、陸橋の上から真下の線路を走ってくる機関車を見ながら、死ぬことを考えていた。宮田が一緒に死のうと告げると、菊枝は「死にましょう。わたしたち、いい夫婦だったわね」と迷うことなく宮田との死を受け入れた――のだが、宮田は菊枝の顔を見て、ゆっくりうなずくと、「よそう。戦争が終わったんだ。もう一度生きてみよう」と言ってきたのだという。

菊枝にとっては、死ぬのも生きるのも、宮田がそう決めたのならどちらでもよかった。なぜなら、これまでずっと、二人のことについては宮田が決断してきたからだった。こうして二人は、死ぬことをあっさりと諦めたのである。戦争が終わり、また昔のように戻れるのなら、「生きてみよう」という夫の言葉に従うのもいい気がしたからだった。

宮田に言われた通り、菊枝は一足先に新潟に帰り、夫の帰りを待つことにした。

〈わたしは嬉しかった。この熕烈（熾烈《しれつ》か＝筆者注）な戦争は終ったのだ。ただ単純にバンザイを叫びたかった[54]〉

## 闇商売

新潟で宮田を待つ生活は菊枝にとって気楽なものだったが、父親の具合が悪くなると、藁にもすがる思いで一日一日を過ごすようになった。弱っていく父親の姿を見ると気が動転し、冷静でいられなかった。食べ物の入手には苦労していたが、一緒に東京から疎開していた林が果物や栄養食品を差し入れてくれたので、父親の容態は次第に回復していった。

林は闇商売をしていた。東京に行ったり、神戸に行ったり、新潟にもちょくちょく来ては、菊枝の父親の見舞いに顔を出した。林は菊枝に、

「軽蔑しないでください。闇商売はやりはじめるとけっこう面白い。確実にもうかるんです。もうかるということは、闇屋を社会が必要としているんです」

と力説し、菊枝にも闇商売を始めることを勧めた。宮田を待っている間、何もしないよりは仕事をしたほうがいいかもしれないと考えた菊枝は、林の誘いに乗ることにした。

闇屋ビジネスは、四日間で、新潟、東京、神戸を行き来するサイクルで動いていた。新潟で品物を仕入れて、東京でさばく。その売り上げをもって神戸へ向かう。汽車で一泊して神戸の闇市で品物を入手する。長靴に雨がっぱ、マッチ、煙草などの必需品を丼勘定で仕入れていく。何をどれだけ仕入れるのか、値段の交渉から全て、自分で考えてやる。


〈このような商売では、数字できっちりと計算して実行することなどとても出来ず、もっぱら何となく勘として、これ位でよかろうという、丼勘定でやっていた（略）わたしは、たぶん親から、こういう時〔の〕というか商売の勘の良さというものを財産としてもらって生れてきたのだろう[55]。〉


自分の裁量で商売をする面白さにのめり込んでいく菊枝は、このときはまだ、闇商売を始めたことで、自分の人生が大きく変わっていくことには気付いていなかった。

終戦から二カ月が過ぎたころ、宮田が新潟に帰ってきた。すっかり魂を抜かれて無気力な人間になっていた宮田は、午前中は散歩、午後は煙草をふかしながらの読書三昧で、「ぶらぶらとその日その日を送って」いるよう

に菊枝には見えた。待ち焦がれていた夫が帰ってきた喜びは、すっかり生気を抜き取られてしまった宮田の前で、しぼんでしまったのか、菊枝はひたすら闇屋の仕事に励み、新潟、東京、神戸を行き来した。

〈戦前までのわたしたちの生活――夫が働き、妻としてのわたしは家事に終日をついやす、世間なみの夫婦生活とはまるっきり立場を逆にしたのである[56]〉

宮田の東京での職場復帰が決まると、二人は東京に戻った。菊枝は東京をベースにして、闇屋の仕事を続けることにした。菊枝は三十歳になろうとしていた。

〈宮田のサラリーだけでは食べてゆけないというのではなく、わたしは、わたしの次のプログラムがあったからだ。お金を蓄えてさらに大きな商売をしようと思ったのだ。その商売が何であるかは、まだわたしにもわからなかった。しかし、自分の力でたって、自分の足で歩くことができる。それだけの自信は闇屋稼業のなかでわたしはつかみとっていた[57]〉

東京に戻ると台湾出身の元小学校教師の許《きょ》という男と共同経営で、「中日物産公司」という物産会社を立ち上げ、闇商売を続けた。これまでの闇屋の仕事と違うのは、買い取る量が大口になり、製造元から直接、貨車を使って仕入れるという点で、警察や運送会社の買収もした。食料品を中心にして仕入れたものを新宿駅西口の店で売った。

空襲で焼け野原になった新宿には、闇市や露店、仮設市場が次々と生まれていた。『新宿学』によると、「敗戦の翌日から新宿駅周辺に闇市が立ち、露店が現れた。生存と最低限の生活に欠かせない食糧、衣料、家庭用雑貨のこまごまとしたあらゆるものが、路上にトタンや風呂敷を敷いて並べられた。干魚、佃煮、飴、下着、履き物、針やカナヅチと、瓦礫の中から拾ってきたようなもの、外地・戦地から復員した兵隊がリュックから取り出した品々もあった」という[58]。

　商売をしているのは素人がほとんどで、戦地から引き揚げてきた人や、朝鮮半島や台湾の旧植民地の人たち、失業者や戦争未亡人もいた。売っているものもさまざまで、中には、「金魚酒」とよばれる金魚が泳げるほどアルコールの入っていない酒や、「三味線うどん」という、お椀に三本しか麺が入っていないうどんも売られているほどだった[59]。

　闇市で販売されていた商品の価格は、国が定めた公定価格よりも高い「ヤミ値」だったが、食糧品の配給が遅れたり、配給自体が止まってしまうことも珍しくないなか、闇市は、人々が生きていく上で欠かせない存在だったのである。

　鉄道は、人だけでなく物資も運んでくることから、新宿駅周辺の公道や私有地に、闇市や露店が広がっていったことは合理的なことだった。戦後復興のためには、とにかく市場が活発になることが優先され、行政や警察は、商売人による土地や道路の不法占拠を黙認していた[60]。

　菊枝たちの物産会社のあった新宿駅西口には、皇族出身で戦後、首相になった東久邇宮稔彦王《ひがしくにのみやなるひこおう》の食料品店や古物屋もあった[61]。ついこの前まで首相だった皇族が、素人の商売人と肩を並べて働いている。生きるためには何でもするといった活気が、当時の新宿にはあふれていた。元皇族の店はその象徴だった。

　菊枝も元皇族の店が西口の線路沿いにあることは知っていたが、それだけでは終わらなかった。なんと、菊枝の店に来て、商売についてあれこれ質問をしたというのである。

〈あるとき、わたしの店にその品のよい老人が、「ちょっとお聞きしますが」と、もじもじしながら来て云った。「お宅では玉子一個いくらで売っていますか？　あづきはいくら、豆はいくら」とメモに付けているのである[62]〉

その店は二年ほど続いたが赤字続きで、いつの間にか西口から姿を消した。後に新興宗教の教祖になったり、世間を騒がせたこの人物について菊枝は、「失敗しても、新しいことをやろう、やってみようとしたのは男らしい」と、受け止めていた。

そのころの菊枝は、「新宿西口の闇屋街を肩で風切って歩いている」と周囲から噂されるほど、自信に満ち溢れ、仕事に打ち込んでいる。味噌や醤油、米やパン、缶詰などを新潟で仕入れて、ヤミ値で新宿で売る商売は、四人の従業員を抱えるほどになっていた。

商売はうまくいっていたが、共同経営者である許とは、ビジネスのやり方の違いで、常に衝突していた。どんなところに相違が生じていたのか。その理由を菊枝は、カセットテープに次のように残している。

「許さんは品物を仕入れるときに正面から値切るんです。そば粉を買うときなんか、今はグラムだけど、当時は一貫、二貫といっていて、量るときに粉を山盛りにしないと受け取らない。米も山盛りにしないと納得しない。だけど私は担ぎ屋（闇屋商売）をやっていたときにつらい思いをしているから、山盛りの要求をしたら、ここまで粉を担いできた人がかわいそうじゃないって反対するわけ。そこで許さんとは意見があわないわけ。

それから、私はなんでも賑やかなのが好きなんで、人一倍安く売れば、必ず店に人が並ぶにきまっているんで、安くしてあげるんですね。復員した兵隊さんには、お国のために苦労されましたねって、気の毒に思って半値で

分けてあげたりすると、許さんが、商売ってそういうもんじゃないって怒ってしまうの[63]」（菊枝）

利益を常に考え、大胆なことをやろうとしない手堅い許と、片や、安く売ることで店の前に人だかりをつくって賑やかに商売をしたい菊枝。二人が共同で経営する物産会社は、解散することになった。

## 更科の菊や

いっときは、許との共同経営でそば屋をやっていたが、何かにつけて意見が合わない許とは別れて、菊枝は独立して店をやることにした。そば屋「菊や」を始めたとき、菊枝は三十二歳になっていた。店の開店資金は、夫の宮田がひと肌脱いでくれた。といっても、宮田が金を出したのではなく、宮田の学生時代の友人である作家の角田喜久雄に、女房が商売をするからといって金を借りたのである。そのときのことを、菊枝はこう語っている。

「当時、角田喜久雄さんといったら、探偵もの小説で売れっ子作家だったんです。角田さんに、いくら必要なのって聞かれて、まあ十万か二十万かなと主人がいったら、十五万円貸してくれて。当時の十五万円は大きかったです[64]」

店のあった場所は、新宿駅西口、小田急百貨店の正面にあった地下鉄乗り場に下りる階段付近だった。

菊枝によると、当時のそば屋が出すそばというのは「うどん的そば」で、そば粉はほんの少ししか使われておらず、鰹節の調達が難しかったので、だしはこんぶや煮干でとるしかなく、砂糖の代わりに、アメリカ産の「モンサント・サッカリン」が使われていたような状態だったという。深刻な物不足の時代ではあったが、物産会社をやっていたツテのある菊枝は、なにもかも本物を調達することができた。

食材にこだわり、調理の仕方にもこだわった。そばのゆで方がいまいちだと、必ず職人にやり直しをさせた。

客の中には、そのままでいいという人もいたが、「折角美味しいのを食べにいらしたんでしょう、待ってくださいよ」と言って、こだわりのそばを提供する徹底ぶりだった。

店にそばを食べに来た人には新聞を無料で配り、「更科の菊や」の判子を押して宣伝することも忘れなかった。このサービスは客に受けた。当時、新聞を買うには売店に並ばなければならなかったが、更科の菊やに来れば、おいしいそばに新聞がついてくる。客はこのサービスに飛びついた。新聞は、売店に並べられる前に菊枝が交渉して大量に購入していたが、これについては菊枝も「けしからん話だが」と前置きして、「売場に並べる前に横流しみたいに大量に購入するのである」と、同人誌に書いている[65]。ズル賢い点は承知の上でのことだった。それでも、新聞の売子にしてみれば、一度に大量の新聞が確実にさばけるわけで、売り子は喜んで菊枝に新聞を持って来たという。

店の前に行列ができると、それを見た人が、なんだなんだと興味を持ち、さらに列に加わっていく。菊枝好みの賑やかさが、更科の菊やにはあった。

〈わたしのそば屋はひのき造りのこった趣向で、おもては竹など植えて水がほそぼそと流れ、箱庭（坪庭のこと＝筆者注）をだしていた。障子の丸窓があり、中に入ると左手は畳が何畳かしかれてあった。右手にはひのき造りのテーブルがいくつか置かれ、それをいつも真白にしておくためには、店員が毎朝カセイソーダで力一杯みがくのだった[66]〉

テーブルの奥が調理場で、店の壁には菊枝が好きな絵画が飾られていた。店の隣は下駄屋で、その隣は、現在も新宿駅西口で営業をしている居酒屋「ボルガ」だった。

「うちの店が繁盛してグラスが足りなくなるとボルガに走っていって、グラスを借りる。私の店の真裏には共同トイレがあって、ものすごくおっかないトイレなんだけど、そこを通って隣の隣の店に行くと、そこがボルガの高島茂さんの店。
ところがボルガも素人の店で、グラスが足りなくなると、店の裏からグラス貸してくださいって、うちに来るんですよ。あの近所はみんな、素人ばかりで仲良くて、打ち解けるんですよ[67]」（菊枝）
西口の線路沿いにはロシア人の店や、饅頭屋《まんじゅうや》があった。
「饅頭は、今の饅頭より三倍くらい大きいのを売ってました。米をつかった大福で、あんこはズルチン（人工甘味料）つかったやつだったかな。商売している人は素人ばかりで、たいてい私みたいなの[68]」（菊枝）
更科の菊やには著名人も食べに来た。ＮＨＫ会長の阿部真之助、女優の夏川静江、岸旗江、角梨枝子、新劇の滝沢修、作家の栗原一登、児童文学作家の石川光男、駒沢大学の山縣敏夫といった名前を、菊枝は当時の客として挙げている。
「あの時分はインテリ揃いの店になっていたわけです。私は版画が好きだったんで、広重の絵なんかを額縁にいれて、店に飾っていたら、お客がそれを見ながら、ここのおかみさんは趣味がいいねって褒めてくれて[69]」

店が終わると、従業員をぞろぞろつれて歌舞伎湯（歌舞伎町にあった銭湯）に行くのが日課だった。石鹸は今のように手軽に買えるものではなかったから、みんなで一つの石鹸を使い回した。女湯と男湯の間で、「池田君、石鹸投げるわよ～」「は～い」「僕、そろそろあがりますよ」「はいはい」といったやりとりをして、従業員みんなが風呂から出てくるのを待って、一緒に帰るのだった。

「あのころは、みんなアットホームでね。お金がなくても、人の心が信じあえた。よかったですね。従業員はかわいかったですし。

私は自分に教養がなくて、それで不便したから、みんなにはそうなってほしくなくてね。雨が降ると、店員をかわるがわる休ませて、人生勉強だといって映画を観にやらせるんです。

それから、お茶とかお花の先生を頼んで、週に一回、教えてもらってね。私も生徒に交じって、一緒に習ってね。他の店では、従業員を辞めさせないために、お茶とかお花とかをやるらしいですけど。

夜は私がそば屋の二階で文学の話をするわけです。連中は何も知らないから、私が、恥ずかしげもなく講義をするのを、おとなしく聞いているわけです。当時、シャルドンヌ（フランスの小説家）なんて、相手がわけわからないからいい気になって教えていたんですけれど[70]」

戦後、新宿駅周辺に生まれた闇市や露店は、いくつかのテキヤによって地域ごとに取り仕切られていた。菊枝のそば屋があった西口のバラック商店街は、テキヤの安田組がまとめていた。そこの子分の一人、タケが、菊枝の店の女性従業員にラブレターを渡した日に事件は起きた。

タケからのラブレターを読んだ女性従業員が、客のいる前で笑い出してしまったのである。そのラブレターの書き始めは、「手前、生国は関東でござんす。関東、関東といっても広うござんす。関東は……」というヤクザの仁義をそのまま文字にしたものだったからだ。他の客と一緒にゲラゲラ笑っていたところ、いつの間にかタケが呼んできた威勢のいい兄貴分のチンピラが、店に入って来るなり女性従業員に向かって、「てめえ、よくも俺の舎弟を馬鹿にしてくれたな」と怒鳴りながら、手にした包丁を畳にブスっと刺した。

驚きと恐怖のあまり凍りつく客と従業員だったが、ただ一人、菊枝は、チンピラの前に歩み出てこう言った。

「お兄さん、この手紙がおもしろいから笑ったように見えたのかもしれないけど、馬鹿にして笑ったんじゃないのよ」

あまりにも堂々と話す菊枝の態度に圧倒されたのか、チンピラは納得して、すんなり店から出て行ってしまった。夫の宮田は、仕事にのめり込んでいく菊枝の変貌っぷりを「猫だと思っていたのが、急に虎になってしまった」と驚いていた。近所の人に悪口を言われたぐらいで、自分に泣きついてきた菊枝が、勇ましいほどに、一人で何でもやりぬいてしまう生活力を身に着けていたからである。

そば屋の仕事が中心に回り始めると、菊枝は家に帰らず、店の二階で寝泊まりするようになった。というのも、店が閉店してから歌舞伎町の銭湯に行って、それから家に帰るとなると、ただでさえ短い睡眠時間は、さらに少なくなる。そば屋の朝は早い。少しでも寝る時間を確保するためには、家に帰る時間を惜しんで店の二階を寝床にするのは合理的なことだった。

線路に近い店の二階には、真夜中でも貨物列車の音が聞こえてくる。だが、ひとたび列車の音に慣れてしまえば、それも心地よい。店に寝泊まりする生活が、当たり前のようになっていった。このころから宮田への愛情は揺らぎはじめていたのかもしれない。

そんな菊枝の話し相手は、このころに飼い始めた小型犬の「ラブリー」だった。ラブリーは、先日のラブレター事件のタケが、菊枝に買ってくれと連れてきたみすぼらしい犬だったが、菊枝が飼い始めると、見ちがえるほど「上品なレディ」に生まれ変わり、菊枝はラブリーを溺愛した。何日も宮田に会っていなくても、淋しいと思うことはなかった。

「お前は、自分が必要となればどんなことでもして僕に尽すが、いらなくなれば僕を古草履の如く捨てるんだなあ」

夫よりも仕事やラブリーを愛するようになっていく菊枝の変貌は、宮田の目にも明らかだった。

別れを切り出したのは菊枝だった。その前兆は、宮田が復員して、二人が再会したときに菊枝が持った違和感から始まる。菊枝は、その気持ちを「夫が復員したころを境にして、二人の愛は終わってしまっていたのだ」とだけ書き記しているが、それはこういうことではないだろうか。

宮田が軍隊にいた時期、菊枝は闇商売を通じて、経済的に自立することを覚えた。すべてが自分の裁量に任される商売の面白さ。自分の足で立つという快感は、菊枝の才能を開花させていった。菊枝は闇商売を通じて、自分の人生の舵取りを自分ですることに生きがいを感じ始めていたのではないだろうか。菊枝の内面が変われば、恋人に求めるものも変わって当然であろう。

さらに、宮田が菊枝の店の従業員の一人と、親密な関係にあることを知ったことも大きかった。菊枝よりもずっと若い浮気相手と宮田が一緒になれば、二人は子どもを持つことができるだろうし、二人が一緒になれば、菊枝は自由になり、好きな仕事だけに熱中できるようになる――。そんな展開が頭の中に広がると、宮田と別れることへの迷いはなくなっていた。

ラブリーを抱く菊枝

かつて菊枝が「神の如く仕え、尊敬していた」宮田との十三年間にわたる結婚生活は、菊枝のイニシアティブで終わりを迎えた。別れを悲しむ宮田に菊枝は「これからは親戚になりましょう」と提案し、別れた後も宮田とは険悪になることなく、適度な距離は取りつつ、困ったときには助け合えるような気持ちを二人は持ち続けたのである。

宮田は菊枝と別れると、例の彼女と結婚し、二児の父親になった。そう聞いて菊枝は、宮田との離婚は「賢明なこと」だったと確信したのだった。

三十年ほどの月日が経ち、宮田が亡くなると、菊枝は宮田の妻と一晩、昔のことをあれこれ語り明かしたという。宮田の妻から、夫は家庭では良き父親だったと聞くと、菊枝は自分が経験することのなかった、「親として」の幸せな人生を宮田が送ることができたことに心から安堵した。

菊枝はよほど宮田には感謝していたようで、一九九三年、菊枝が七十七歳のときに同人誌に書いた随筆では、両親への感謝と同列に、次のような言葉を宮田に送っている。(宮田のことは「M」と書いている)

〈わずか十三年間の結婚生活ではあったが、山あり谷ありで想い出の残る生活であった。わたしのような、わがままな女を、よく教えさとしてくれた事を、やさしくしてくれた事を、今思うに父母に対する感謝と、このMの恩は一生涯忘れることはないだろう[71]〉

## 乗っ取り

離婚をして一人になると、仕事に没頭していても、誰からも文句を言われなくなった。そば屋の経営は順調だった。菊枝が思い描いていた生活が始まり出そうとしていた。

ところが、それから間もなくして、菊枝の店は乗っ取られてしまったのである。乗っ取りを企てたのは、菊枝に店舗を貸していた家主だった。

家主は店に来るなり一気に二階に駆け上がり、畳に短刀を刺して「出ていけ」と菊枝を脅した。いきなりの不意打ちに、度胸のいい菊枝も、このときばかりは素直に従うしかなく、羽根布団やら何やら、全てを置いたまま店から逃げ出してしまったのである。

〈さんざんにおどかされたわたしは、取るものもとりあえず逃げ出した。それは向うの思うつぼにはまってしまったわけで、（略）あまりにも店が繁盛していたので、（家主は＝筆者注）自分で経営したくなったのである。しかし、そう簡単に追い出せるか、どうかは分らなかった筈なのだが、わたしが逃げ出したので、そこから次々と先手を打たれてしまった[72]〉

一瞬のうちに店を奪われた菊枝は、弁護士の布施辰治に相談した。布施は、菊枝の父親が農民運動で世話になった弁護士だった。しかし、店を取り返すことはできなかった。全てにおいて家主に先手を取られていたのである。そばや開店から二年が経ったころ、菊枝は店を失うことになった。

## ハモニカ横丁

そば屋の乗っ取り事件がなかったら、菊枝が「ノアノアのママ」として後に水俣病患者支援に奮闘することはなかったもしれない。

そば屋を失った菊枝が、次にやろうとしたことは、小さなバーを始めることだった。日中はひたすら、そば屋時代に付き合いのあった取引先に通い詰めて、開業資金集めに奔走したが、思うように資金は集まらなかった。疲れ果てた菊枝を救ってくれたのは、菊枝が以前ある人に貸した金の返済分として、品川に譲りうけていた一軒屋だった。三畳半と六畳二部屋のこの家を担保にすると、五万円を借りることができたのである。

五万円から生活費の借金を返すと、手元には一万八千円しか残らなかったが、このうちの一万円をバーの前家賃にあて、残る八千円で、大工に店の内装を頼んだ。店の場所は、新宿駅東口、今はなきハモニカ横丁。ここにバー「ノアノア」が開店したのは、昭和二十五年（一九五〇）六月のことだった。

「ノアノア」という店の名前は、新宿・紀伊國屋書店で目にとまったポール・ゴーギャンの『ノアノア―タヒチ紀行』から拝借した。「ノアノアなんて言葉があるんだ」という珍しさから手にした本だったが、ゴーギャンの描くタヒチのゆったりとした時間のながれに魅せられたことも後押しして、菊枝は店の名前に迷いなく決めた。「香《かぐわ》しい」とか「芳《かんば》しい」ことを、タヒチ語で「ノアノア」と言うのだという。

〈この言葉とこの本が気に入ってしまったのである。ゴーギャンの絵も大好きで、彼ゴーギャンにとっては、愛人テフラという娘や、花、果物等々がすべてノアノアである。喫茶ガールの頃、何となく夢をみていた〝わたしの店〟を持つことと、この本のノアノアが、ひとつに重なった。喫茶店ではなくて、思いがけない小さなバーではあったが[73]〉

ノアノアのあるハモニカ横丁は野原組のテリトリーだった。

それほど道幅の広くない路地に、間口が一間（約一・八メートル）、奥行きが二間の小さな店が並んでいた。それはまるで、ハーモニカのようだったから「ハモニカ横丁」と呼ばれるようになったといわれている。

菊枝の店はハモニカ横丁の手前から二軒目で、ドレミの音階でいうと「レ」の位置だった。『新宿ゴールデン街』に掲載されている昭和二十五年（一九五〇）ごろの地図では、「ド」は菓子屋で、「レ」がノアノアで、「ミ」は「みち草」という飲み屋になっている。この地図は、「みち草、ノアノア、ナルシスのママさんたちの記憶」を頼りに作られたとあり、ナルシスは、「シ」にあたる。

当初ノアノアは「ド」の位置にあったのだが、事情があって「レ」に移動して、そこに落ち着いたようだ。詩人の草野心平が書いたものに、「ノアノアは電車通りに一番近いハモニカのドに当っていた」とあるのは、ハモニカ横丁にノアノアがオープンした当初のことであろう[74]。

草野は同じころ、和田組の仕切る場所で「火の車」という飲み屋をやっていた。ノアノアの客が支払を済ませて、二軒目はどこにしようかと話していると、「どうせ他所の店に行くんでしょ。だったら『火の車』にも行ってよ」と、菊枝は草野の店へ客を連れて行くこともあった。草野の妻が切り盛りする店は、飲み物の注文と同時に代金を先に払わせるやり方だった。客から代金を受け取ると、そのお金をもって酒屋へ行き、買ってきた酒を店の客に出すというものである。〈仕入れをするお金が無かったらしい。まさに、「火の車」は、ぴったりの屋号である[75]〉と、草野の店について菊枝は書いているが、菊枝の店も変わりはなかった。

ノアノアでは客から注文を受けると、近くの高野（現在の高野フルーツパーラー）からビールやウイスキーを「騙したようだったがとにかく持ってこさせ」お客に売ってから、高野に払うやり方だった。

焼酎をライムジュースで割ったカクテルを「ノアノア・ウオッカ」として一杯五十円で売ったのは、児童文学者・石川光男のアイディアだったという。

店内は七人も入ると満席になってしまう狭さで、そば屋時代の常連客は、あまりにもみすぼらしい菊枝の店に同情して、店につける電灯をカンパしてくれるほどだった。

店には水道もガスもなく、水を汲みに行ったり、七輪の火を起こしたりしなければならなかったのだが、菊枝が「ナイト」と呼んでいた開店前から店にやって来る学生や若い会社員たちが、せっせと手伝ってくれた。

両隣の店とはベニア板一枚で区切られているだけで、カウンターに座った客が寄りかかっている背中のベニア板ごしに、隣の店の客の背中が感じられるほどの密着度だった。カウンターが満席になると、常連客は競ってカウンターの内側に入り、店のスタッフのような顔をして、「どうぞどうぞ」と客に席を譲った。

〈こんな風だから、初めて見えたお客様は、さっきまで神妙にジンフィズをこしらえていた若いバーテンが「そろそろ俺をお客にしてくれよ、交替だ」と、カウンターから出てくるのをみれば面くらってしまうわけである[76]〉

ハモニカ横丁時代のノアノアと菊枝（左から２人目）

店に来る東大の学生は、「カチューシャ」や「インターナショナル」といったロシアの歌やシャンソンを歌った。飲んで歌うことにかけては、ハモニカ横丁時代のノアノアは、歌声酒場の草分けだったと菊枝は記憶している。

当時の新宿は、雑誌編集者や作家、新聞記者、芸術家、大学教授といった人たちが、夜な夜な飲み屋を求めて集まるホットな場所だった。菊枝の店の常連客にも、「今をときめく作家やアーティスト」が多かったが、

〈店はいつでも満員だったが、開店から閉店までお客様は変わらない。そして帰る時には兵隊さんよろしく敬礼してでてゆく。その敬礼は勘定はあとでね、と言うあいさつであった。店を閉めて帰る時のわたしは絶望的になった[77]〉

店は繁盛しても、飲み代をくれとはなかなか言いだせなかった。ツケで飲む客が多く、金はたまらない。家に帰る電車賃に困ったときは、新宿駅改札口付近に落ちている五円玉や十円玉を拾い集めて切符代にしたという。今では考えられないが、菊枝が毎晩家に帰ることができたのは、こうした小銭が落ちていたからだった。

## 大学生・黒田

七人も腰かければ満席になってしまう狭い店内の片隅に、じっと菊枝を見つめている青年の姿があった。名前は「黒田」。東大で中国文学を専攻している学生で、菊枝とは一回りほど年齢が違った。黒田との出会いは、菊枝がハモニカ横丁に店を開く前までさかのぼる。宮田と離婚をし、そば屋を失い、先が見えず孤独の中にいたときに知り合ったのが黒田だった。

新宿からさほど遠くない下高井戸にある黒田の実家に同居するよう勧められて、菊枝は品川に持っていた自分の家に引っ越す予定を先伸ばしにすることにした。黒田の所で一カ月ほどゆっくり過ごすと、そば屋を乗っ取られた悲しみは薄れ、落ち着いた気持ちで品川の家に引っ越すことができた。だが、このとき恋人でも何でもなかった黒田がついて来て同棲が始まってしまったのは、菊枝にとって予想外の出来事だった。

小説家志望の黒田が、夜な夜な原稿用紙に向かう後ろ姿を見ているうちに、菊枝は「ひとが夢に向かっているときほど、美しくみえるときはない」と惹かれていった。そして黒田を一人前の小説家にするため、最も少ない資本金で始められるバーの経営に踏み切ることにしたのだった。

ノアノアの開店準備をしていたころの黒田は、店内のペンキ塗りや開店を知らせる案内状づくりを手伝ったりと協力的だった。だが、ひとたび店が開店すると、店の片隅で菊枝の接客ぶりを「監視」せずにはいられない深い嫉妬心を見せ始めた。静かだった二人の同棲生活は、変わり始めていった。

黒田の一日は、まず大学へ行くことから始まる。授業が終わると、菊枝が仕事に行くのに連れ立って店に同行し、店のカウンターの隅に座り、菊枝と客のやりとりに目を光らせるというものだった。客と親しげに話す菊枝に嫉妬すると、黒田の怒りの矛先は菊枝に向けられる。店の外に菊枝を呼び出すと、黒田は拳固で菊枝を殴るのだった。

黒田の嫉妬は家に帰ってからも収まらず、時にはすれ違っただけの男にも嫉妬し、「浮気したんじゃないか！」と怒鳴りながら、菊枝を殴り、髪をつかんで部屋中を引きずりまわすという暴力を伴うものだった。

二人の生活費だけでなく、黒田の学費も菊枝は工面していた。そんな黒田にとって、暴力を振るっているときに見せる菊枝の怯えた表情は、黒田に征服感と、自分が菊枝の恋人であるという事実を実感させた。

ところが翌朝になると、黒田は別人のように畳に両手をついて、涙を流しながら昨夜のことはすまなかった、許してくれと謝ってくる。菊枝は黒田を許しつつも、再び暴力が振るわれるだろうことを十分わかっていた。「それはまたそれで真実の姿であるのだが。また夜になれば裏切られることも事実なのだ[78]」

一度、黒田の大学の教授に黒田を叱ってもらったが、黒田の執拗な嫉妬と暴力はなくならなかった。暴力、謝罪、反省、嫉妬の袋小路のサイクルの中で、菊枝と黒田の同棲は続いた。

それでも、二人が気の合う恋人同士であることも、また一つの真実だった。店の営業を終えて、二人して品川の家に帰るころには終バスは走っていない。タクシーに乗るお金もない二人は、目黒駅から自宅まで歩いて四十分の道を、歌を口ずさみながら帰るのが常だった。途中、権之助坂を下ったところには、仕事帰りの会社員を待っているかのように、ラーメンのおいしい匂いをただよわせている屋台があったが、お金に余裕のない二人は、一度も食べたことがなかった。屋台の前を素通りしながらも、二人で歌を歌いながらの帰り道は、菊枝にとって楽しいひと時であった。

嫉妬や暴力のないときの黒田との時間は幸せだった。だが、それはそれ。菊枝は自分と黒田の関係が、暴力の悪循環の中にあることから目を背けることはしなかった。

〈異常な嫉妬と暴力と拷問、そして人を責める一方では、友人の家に泊まるという口実で、ぬけぬけと浮気もする――こんな黒田といっしょにいたのではめちゃめちゃにされてしまう。わたしは、黒田と別れる決心をしていた[79]〉

確実に別れるために菊枝がとった行動は、「自分が本当に浮気をする」ことだった。そして、「別れるための浮気」を実行する日はふいにやってきた。この日、黒田は店に来なかった。常連客の一人が閉店準備をしている菊枝をお茶に誘うと、菊枝はこの客と、ホテルで一晩を過ごしたのである。

「お茶だと思ってついていったら、旅館に行きませんかって誘われて。私は旅館なんてそれはちょっと…、って思ったけど、黒田と別れるには、思い切ったことをするほうがいいと思って、覚悟して旅館に入った。朝が来て目が覚めると、名前も知らないその人は、もう部屋を出た後だった。これで完全に黒田との関係は切れたと思った。自分の体を汚して、名も知らぬ男性と一線を越えてしまったのだから[80]」

翌日、店を開けるために新宿に向かった菊枝を、黒田は先回りして待ちぶせていた。菊枝が都電新宿駅で下車すると、目をらんらんと光らせた黒田が「お菊」と呼び留めた。黒田の目には怒りがありありと見えていた。ハモニカ横丁のほうに向かって歩きながら菊枝が「なあに?」と返事をすると、黒田は菊枝が昨夜、家に帰らなかったことを問いただしてきた。「いいじゃない、どうだって」とかわすと「どうして帰らなかったんだ」とさらに口調が暴力的に変わっていく。

「いつものあんたの理由と同じよ」

と、足を止めることなく言い返した菊枝の一言に、黒田は一瞬弱気になった。

「なんだって……」と、黒田がつぶやいたのとほとんど同じタイミングで、菊枝は店に到着し店内に消えた。扉が閉まる音に我に返った黒田は、店に入るなり菊枝をひっぱたいた。

「あんた、私のことを、そんなふうに言える立場にいるの!」

今度は菊枝が黒田を平手で叩いた。

店には開店準備のため一足先にアルバイトの女性が来ていた。ハーフのような顔だちをした若い彼女が見ている前で、菊枝と黒田はひっぱたきあいのけんかを始めたのだ。

黒田は菊枝を責め続けた。

「なんで君はそういうことをしたのか。君は僕を裏切ったんだ」

「裏切り? 裏切ったのはそっちじゃない。冗談じゃない。よくそういうこと言えるわね」

そう言い返した次の瞬間、黒田が振りかざした椅子が、菊枝の頭に向かって投げつけられた。菊枝は自分の意識が遠のいていくのがわかった。気がつくと、床に倒れた菊枝の体を、か弱そうにみえたアルバイトの女性が抱きかかえている。彼女は「乱暴はやめて」と必死に黒田をなだめようとしていた。菊枝の意識はぼんやりとしていたが、目の前に黒田がいることがわかると、めきめきと意識が戻り、「あんた、私が死んでもいいなら、もう一度やりなさいよ。そしたら私は死ぬわよ」と叫び返していた。黒田は何も言わず店を出て行った。

その日、店を終えて黒田の待つ自宅に帰ると、黒田は店で振るった暴力について反省するどころか、待ってましたとばかりに、菊枝の「裏切り」について追及してきた。

「本当にあいつとしたのか」

「当たり前じゃない」

「あいつ、誰だか知っているのか」

「知らないわよ」

「俺はあいつから聞いたよ。あいつがドレスデン（新宿にある飲み屋）にきて、得意げにノアノアのマダムと寝たって言ってたんだ」

「いいじゃない、本当なんだから。得意げに言うのはあんたに嫌がらせをしたんでしょ。もうあんたとはこれっきりよ。これで私とあんたの間は切れてしまったのよ、わかった？」

ここまで菊枝が言うと、黒田は畳に手をついて、「ごめんなさい。僕が悪かったよ。ここまで追い詰めてごめんなさい」と急に弱気になり泣き出した。「嘘だろう、嘘だろう」と聞き返してくる黒田に、菊枝はとどめの一言を差し向けた。

「本当よ。あなたがいつも私を疑っていたようにしてあげたの。あなたのお望みだったでしょ」

ここまで強気で別れ話を突き付けることができたのは、名も知らぬ男性と一線を越えてしまったという事実があったからだった。自分では消すことができない「浮気」の既成事実をつくらなければ、黒田と別れるという決意は揺らいでしまう。本当はまだ黒田への思いを断ち切れていなかった。菊枝は、後戻りできないように自分を追い込んでいたのである。

「あんたのそういう態度は毎度のこと。別れればあんたとは他人よ。結婚式をあげたわけでもあるまいし。あんたのこと、もう愛してなんかないわ」

黒田は子どものように「ごめんなさい」と謝り続けた。その声は、アパートの壁に吸い込まれていくばかりだった。


別れた後も黒田は菊枝を待ち伏せて、店から自宅まで送ろうとした。「別れたんだからこんなことするのはおかしいでしょ」と冷たく言っても、黒田は待ち伏せをやめようとはしない。しまいに菊枝は黒田を見ると恐怖のあまりガタガタと身震いするようになってしまった。「恋人」というつながりがなくなると、魔法が解けたかのように、黒田に対する愛情は消えて、強い拒絶の気持ちだけが残った。

黒田の暴力的で異常な執拗さに痛めつけられてきた菊枝は、しばらくの間、男への不信感に悩まされた。被害妄想もあるかもしれないが、菊枝はこの頃の自分の身に起こったタクシー運転手のつきまとい行為について、カセットテープに体験談を残している。

その語りによれば、事の始まりは、家の方向が同じ男性客と、タクシーに相乗りして帰った夜だったという。男性客はタクシーの中で突然、菊枝にプロポーズをしてきたのだという。妻に先立たれたその男性は、顔にあざのある娘と二人暮らしだった。男性は菊枝に
「ママも一人で暮らしているんじゃさびしいだろう。僕も女房が亡くなってから一人でね。僕のような年をとった人じゃ嫌かい?」

と迫ってきた。思いもよらぬプロポーズに返す言葉が見つからない菊枝を車内に残して、その男性は先にタク

シーを降りて行った。

タクシーの運転手と二人きりになると、「ママさん、今の人はやめたほうがいいですよ。今のままのほうが気楽でいいじゃないですか」と声をかけてきたのだが、このタクシーの運転手が、くせ者だった。菊枝の語りは次のように続く。

「そのタクシー運転手は、私の家の近くで客待ちをするようになってしまった。私がタクシーを拾うと、決まってその運転手だった。それが何度も続いて気持ち悪いので、乗ってからすぐにタクシーを降りようとしたこともあった。すると、『降りることないじゃありませんか。僕は何もしませんよ。お送りするだけです』なんて言ってくる。自宅から出かけるときだけではなく、新宿から帰るときも、その運転手だったことがあった。

それでも、あまりにも同じ運転手と顔を合わせることが続くので、ある日、いつもと違う場所でタクシーを拾おうとして、新宿駅の東口から西口に抜ける地下道を出たところでタクシーを呼び止めた。すると、また同じ運転手で、背筋がぞっとした[81]」

このタクシー運転手との話は、これだけではなかった。

「私が自宅にいたときのこと。外でタクシーが停まる音がして、耳をそばだてていたら、バタンとタクシーのドアが閉まる音が聞こえて。この近所にはタクシーで帰ってくるような人はいないのに、と思いつつ、さっきの車のドアが閉まるときの音が、例のタクシー運転手のドアの閉め方に似ているかもしれないと思っていたら、少しして、うちの玄関の戸がガラガラと開く音がした。

玄関に行ってみると、あのタクシー運転手がいて、私の家の中をじろじろ見ていて、『今一人か?』と聞いてくるので、当たり前よ。何しに来たのと聞くと、『いいじゃないか。つれないことというなって』。次に玄関に掛けていた私の紺のコートを見つけて、『これは男物か』と聞いてくるので、冗談じゃないわよ、私のコートよ、と言い返したら、『まさか浮気してるんじゃないだろうな』とまで言ってきたので、浮気してようとしてないと私の勝手じゃない、って徹底的に相手のことを拒否し続けたら、やっと帰って行ったこともあった[82]」

店では苦手な客の相手ができても、店以外の場所で、執拗に菊枝のことを追いまわす男の存在は、迷惑なだけでなく、菊枝をおびえさせていた。

「要するに、男が怖いって気持ちなんです。ぶるぶるって震えるんです」

菊枝の男性恐怖症は、このときピークに達していた。

男は怖い。だが、一人でいる孤独感は耐え難い。なんともいえない虚無感に押しつぶされそうな日々が続いた。酒を飲まない菊枝は、他のバーのママたちのように、閉店後に客と連れ立って別の店に飲みに行くような楽しみもない。ただ店と自宅を往復する毎日が続いていくばかり。心の隙間をうめてくれたのは、常連客とのたわいもないやりとりだった。

例えば、彫刻家の笠置季男が菊枝に話しかけてくる言葉は、冗談なのか文句なのかよくわからないもので、菊枝は最初、どう対応していいのかわからず困っていたが、それが笠置流のユーモアだとわかるようになると文句でさえも温かく、乾いた菊枝の心に染み入ってくるのだった。

馴染みの客が、店に来てくれるということ――。いつもと変わりなく接してくる常連客の存在は、黒田に傷つけられてきた菊枝にとって、この上なく人のぬくもりを感じられるものだった。菊枝はその日その日をどうにか生き抜くことができた。何かしていなければ生きていることが無意味だと思えてしまうほど、心にはすっぽり穴が開いていた。

## 絵描き・朝倉

寒い寒いと手をこすり合わせながら、芸術論で盛り上がっている客の話をカウンターの内側で菊枝は聞いていた。そのとき店にいたのは絵描きの「朝倉」と、朝倉の友人と菊枝の三人だけだった。店の暖房といえば、菊枝の脚元にある火鉢だけ。一番寒がっている朝倉に、火鉢のあるカウンターの内側に来たらと勧めると、朝倉は菊枝の隣に移動してきた。

ふと会話が途切れたとき、朝倉の手が菊枝の脚を素早くなでて、「いい脚してますね」と言ってきた。朝倉のアピールの始まりだった。

菊枝はこの言動にとりわけ驚かなかった。というのも、朝倉は、恋愛のテクニシャンには見えなかったし、菊枝より一回り以上も若い二十代の青年である。単に菊枝の脚が魅力的だと思ったから、素直にそう表現したまでのことだと考えていた。

二回目のアピールは、帰り際だった。「さようなら」「おやすみなさい」と言葉を交わしながら、朝倉は菊枝の手を握ると、そのまま握った手を柱に押し付けて、ウインクをしてきたのである。かわいい男の子とばかりに思っていた朝倉が、思った以上に積極的なことに驚いた。これがその場限りの驚きとして菊枝の心を通過していったのなら、単なるおふざけで終わった話である。しかし、それだけでは済まない領域にまで菊枝の気持ちが押し上げられていくのを、菊枝は感じ取っていた。この日から朝倉は、菊枝を家まで送るようになった。

恋人がほしいと思っていた菊枝には、このころ朝倉とは別に、もう一人の恋人候補がいて、二人をあれこれ比べていたのだが、ある日の帰り、菊枝を送り届けた朝倉が「ほんとうに積極的」になったことで、二人は付き合い始めることになる。菊枝は、二人の恋人候補のうち、積極的にアプローチをしてくるほうと付き合うつもりだったのだ。後からこのことを知った朝倉の反応が素直である。

「どっちでもよかったのか。ちぇっ、ばかにするな」

「ぼくのほうが好きだったんじゃないの。つまらない」

「さきに手をだしたほうが勝ちだったわけだな。よかったね、一緒になって、本当によかったね」

と、最初は唇をとがらせていた朝倉が、数分後には、自分が菊枝の恋人になれたことを、喜んでいる[83]。菊枝を思う朝倉の真っ直ぐな気持ちは、暴力的だった黒田の残した傷跡を癒していった。

〈朝倉の腕の温かみを感じるとき、わたしは幸せだと思った。黒田との生活がまるで遠くに感じられた。黒田は、わたしを踏みにじることでわたしへの愛を表わした。いま朝倉は、あるがままのわたしを認め、愛してくれる。わたしの望むことをすべて認めてくれる。幸せだ、とわたしは思った[84]〉

店を終えて帰って来る菊枝を、朝倉は「ごくろうさん、ごくろうさん」と言って笑顔で迎えてくれた。たいていの場合、料理は朝倉が作ってくれた。朝倉の与える安心感からか、菊枝の体重はこのころから急激に増えていく。朝倉は公募展に何回か出展したことのある駆け出しの画家だった。絵描きの朝倉の仕事ぶりをそばで見るようになって、菊枝はこの頃から絵を描き始めている。

菊枝の毎日は、ノアノアの仕事以外では、食べて、絵を描いて、食べて寝る。夜中に起きて、また食べて寝る――。こんな調子だった。どんどん肥えていく菊枝に朝倉は「どんなに太ってもいいよ。キッ子の世話ならどんなことでもしてあげるからね」と言ってくれる。実際に朝倉は、風呂では、菊枝の体のすみずみまで丁寧に洗ってくれるし、菊枝があまりにも太り過ぎて、自分で靴下が履けなくなると、ひざまずいて靴下を履かせてくれるのだった。

ただ一つ、朝倉が決して応じなかったのは、菊枝に絵を教えることだった。絵は、「苦労すればするほど上達するもの」と考える朝倉は、放任主義を通した。

「あなたぐらい描けるようになるのに、何年かかる？」

「そうだな、七、八年だな」

朝倉の「七年、八年」という言葉を菊枝は聞き逃さなかった。七、八年間、絵を描き続ければ、朝倉のように描けるようになれるかもしれない——。菊枝は一日の大半を絵を描くことに費やすようになっていった。

三人姉弟の末っ子である朝倉の子どもっぽい部分はチャームポイントではあったが、子どものように後先考えず、金と酒にルーズな点は菊枝を困らせた。

友人と看板屋を始めるといって菊枝からもらった軍資金をすべて飲み代に使ってしまったり、上野公園のベンチ塗りの仕事で得た一週間分の報酬を、一晩で飲み代に使ってしまったりした。

朝倉の知り合いで、同郷の広島出身の作家・梶山季之の経営していた阿佐ヶ谷のバー「ダベル」でバーテンダーをしても、親しい友達にはタダ酒を飲ませるし、出勤時間もルーズである。こんな朝倉を雇ってくれるのはノアノアしかないね、ということで、ノアノアで働き始めると、菊枝が風邪で店を休んだ日、売り上げはノアノアの女性従業員との飲み代に消えていた。

どうしようもないほど金にはルーズ。それでも、「菊枝ばかりに働かせているのは嫌だ。自分で稼いで車を買って、菊枝を乗せたいんだ」とかわいいことも言う。そんなけなげな朝倉の気持ちが菊枝には愛おしかった。

だが、二人の間に起こった一連の出来事は、二人の行く末を暗示していたように展開していった。

交際が五年目に差し掛かるころ、朝倉は菊枝の経済的な支援を受けて米国に留学した。これは菊枝の計画の第一段階だった。まずは朝倉を米国に送り出す。次に、菊枝も渡米して合流し、二人で働きながら絵を描いて暮らすというのが計画の第二段階だった。六日に一度のペースで朝倉からはエアメールが届き、菊枝は毎月、美術雑誌などを朝倉のいるニューヨークへ送り続けた。

朝倉は、早く米国《こっち》に来いという内容の手紙をよこしてきたが、菊枝は店の経営で手一杯で渡米どころではなかった。そのうち朝倉の手紙のトーンは変わっていき、「英語を話せないと困るから、こっちに来るのは急がなくてもいい」と、米国で合流することに消極的な気持ちの揺れが見えるようになっていった。続いて、肝臓の病気で寝込んでいるという手紙が届き、その後届いた手紙には、同じアパートに住む女性の世話になっていると書かれていた。

勘のいい菊枝は、手紙の文面から、朝倉が隠し事をしていると確信する。そして、二人の関係は終わりだと手紙に書いた。「もうこれっきり、手紙をあげません。あなたからの手紙も待ちません」と。自分から別れの啖呵《たんか》を切っておきながら、菊枝はキャンバスに向かいながら泣き崩れた。

〈どんなに努力して明るい絵を描こうとしても紫か黒の色彩しか描けなかった。心身共に健康な時には明るい絵が描けたが、肉体や精神の状態の悪い時は絵も暗くなるのが常だった。わたしの心は紫と黒の粘土をこねまわしたような状態だった[85]〉

朝倉の渡米から二年が経過したころ、梶山季之がノアノアに来て、「朝倉が、こんな手紙を僕によこしてさ……」と、日の丸のついた結婚の挨拶状が送られてきたことを、面白おかしく話題にした。これを聞いた菊枝は急に泣き出し、梶山を驚かせた。泣き崩れる菊枝を梶山は抱きしめて、「ママ、泣くな泣くな。あいつが羽田に帰ってきたら、俺が足をたたき折ってやる」と言って慰めてくれた。

恋人に渡米を勧めたのは菊枝だったし、渡米を機に、別れることになるかもしれないと分かっていながら、海外行きを支援したのも菊枝だった。向こうで世話になっている女性がいると聞いて、別れを切り出したのも菊枝である。朝倉が別の女性と結婚したとき、朝倉を拘束する理由は何一つ菊枝にはなかった。

それでも、朝倉を失った喪失感は否定できなかった。朝倉に対する未練と、結婚報告を真っ先に自分に知らせてくれなかった悔しさは、菊枝にとめどなく涙を流させた。

家でキャンバスに向かっても、明るい絵は描けない。泣き崩れている菊枝を「ママ、泣かないで。そのうちまた、いいこともあるわよ」と励ましたのは、同居していた店の女性従業員だった。

また、ポール・ロブソンの『ここに私は立つ』という自伝めいた本も、傷心していた菊枝を大いに慰めてくれた。米国生まれのロブソンは、歌手であり俳優であり、菊枝の言葉を引用すれば「黒人解放運動のもっとも強い闘士」である人物で、人種差別に対して黙ることなく、名声や保身よりも正義のために発言し行動をした人物である。菊枝の書き残したもののなかには、ロブソンと菊枝の父親の生き方を重ね合わせて考えていたような記述は見当たらないが、「名声や保身よりも正義のために発言し行動した」という記述は、菊枝が見ていた父親像と重なる。

国家や政府を相手に闘ったロブソンの生き方に触れると、朝倉のことで苦しんでいる自分の悩みが、たいしたことではないと思えてくるのだった。

もう私は大丈夫——と考えられるようになると、菊枝は再び、筆を手に、キャンバスに向かい始めた。

振り返れば、十七歳で新潟のカーバイド工場の同僚・小田と離婚してから、上京後は音楽喫茶モンパルナスで知り合った宮田と再婚し、その後学生の黒田、絵描きの朝倉と付き合ってきた菊枝である。恋人と別れるたびに「血のふきでるような苦しみもあるのだが、元をとるという言葉はおかしいのだが無意識のうちに彼らの知識を吸収」していたと、菊枝自身が振り返っているように、朝倉との交際では、絵を描く楽しさに目覚め、上手くなれるよう努力をしていく確たる気持ちを持つまでになっていた。

朝倉と別れても、黒田と別れたときのような虚無感がそれほどなかったのは、菊枝には情熱を注げる絵があったからではないだろうか。菊枝の人生の後半は、絵とともにあったといっていいほど、絵は、菊枝のなかに根付き始めていた。

## 歌舞伎町

歌舞伎町桜通りに「ノアノア」が移転したのは昭和三十一年（一九五六）の暮れだった。

戦後の混乱の中で生まれたハモニカ横丁はいずれ取り払いになることは菊枝の耳にも入っていたが、かといって、すぐに店の移転先を探すつもりはなかった。ところが思わぬ展開から、菊枝は早々と店の移転先を決めることになってしまったのである。

その日、菊枝はいつものように店の営業を終えてから、歌舞伎町にある銭湯の湯船につかりながら、行きがけに桜通りで見かけた「貸店舗」の張り紙のことを考えていた。これから完成するコマ劇場のこと、コマ劇場が完成して、ますます栄えていくだろう歌舞伎町の将来をぼんやりと想像すると、帰りに、もう一度、貸店舗の前を通って帰ろうと決めた。

「貸店舗」の張り紙のところまで来てみると、隣の店はまだ開いていた。何か情報があれば聞いておきたいという軽い気持ちで、店の人に声をかけてみると、その人が貸店舗の大家だった。ほんの情報収集のつもりで声をかけたのだが、思いがけず大家と対面してしまった菊枝は「お借りします」と口にしてしまったのである。これが、ノアノア歌舞伎町店の始まりだった。

コマ劇場からそれほど遠くない桜通りに移転したノアノアの番地は歌舞伎町十三番地。コマ劇場建設の掘削工事のドーン、ドーンという音が伝わってくる距離に店はあった。

ノアノア歌舞伎町店のことを「民芸風の、芸術的香気の漂っている店」と語ったのは紀伊國屋書店の創業者である田辺茂一だったが、実際、歌舞伎町店は二科会の画家や彫刻家が集う店だった。菊枝によれば、二科会のメンバーを店に連れてきたのは、水島治男（『改造』元編集長）だったという。水島は歌舞伎町の店舗を借りるとき、いろいろと菊枝の力になってくれた人物でもあった。

このころ水島に誘われて「あひる会」という絵の会に入った菊枝は、自分の描いた絵について会の仲間からアドバイスを受けたりしながら、絵を描けるという幸せをかみしめていた。

思い返せば新潟時代、菊枝が描く絵といえば、砂の地面に描いていたものばかり。幼馴染は、「キクエは地面に絵を描いて、これツルさんにあげる、これアキエさんにあげる」とよく言っていたと語っている[86]。食べていくことに必死だった松崎での暮らしの中、絵を描くために紙を使ったのは、おそらく数えるくらいしかなかったはずである。

その菊枝も、歌舞伎町に店を構えるころになると、キャンバスを買える経済的な余裕もできて、店に自分の絵を飾るまでになっていた。もし店の経営がうまくいっていなければ、菊枝は店のことにだけ集中して、絵を含めた他のことは後回しにしただろうと書いている。したがって、絵が続けられたのは、店の経営が順調だったことの証である。

店に来た若い売れっ子の男性作家が、菊枝の絵を見て、あれこれ文句をつけてくることがあった。ここの描き方が悪いといった類の批判ではなく、「こんな汚い絵が芸術か」「いい気になるなよ」といった菊枝を挑発するような言いっぷりだった。あまりの発言に菊枝も黙っていられず、客である作家に対して「馬鹿にするなこの野郎!」「悔しかったら芥川賞でも直木賞でも取ってみろ」と言い返す始末。作家は店で使っていた雑巾を菊枝の顔に投げつけてきた。もちろん、菊枝は雑巾を投げ返した。

作家に同伴していた出版社の人は、「ご免なさい。彼はよそでも時々やるんで困ってしまうんだよ」と菊枝に謝罪した。興奮気味の作家は担当者に促されて、一度店の外の空気を吸いに出て行った。しばらくして戻ってきた作家に担当者は、君のほうが悪いのだから、仲直りの謝罪をしろと迫った。謝ることに作家は納得していなかったが、しぶしぶと手を差し出し、小さな声で「ごめんなさい」と菊枝に謝った。

この話には驚かされる。なぜなら、出版社にとって売れている作家は大切にすべき人物である。作家に気を使い、機嫌を損ねないようにと、甘やかしてしまうことのほうが多いのではないだろうか。しかし、この出版社の人は、作家に謝罪をさせた。作家が若いということもあったのだろうが、ここにこの人の誠実さが見える。若い作家は、その後もノアノアに来たというから、後味もそれほど悪くない。

菊枝はこの一件についてこう書いている。

〈たとえ相手がバーの商売であっても、人間の心を、尊厳を傷つけることは許されないことだ。バーのマダムという職業は、(略)世の中では揉まれ揉まれて生きているから、人間的にも立派な人が何人もいる。もっともそういう人は、わたしのように喧嘩はしないだろうと思うが[87]〉

作家との一件でわかるように、菊枝は客と喧嘩をすることをいとわない性格だった（かといって、喧嘩好きというわけではない）。自分の家族や恋人には、感情を丸出しにできる人でも、赤の他人を相手に、しかも、公共の場で、衆人環視の中では、人の目が気になり、感情をストレートにぶつけることにためらいがあるのではないだろうか。だからこそ、菊枝のこの激しさが、筆者には魅力にすら見えてしまう。

ハモニカ横丁時代のノアノアの馴染み客の一人、ポーランド文学者の工藤幸雄は、ツケの支払いを催促されて以来ノアノアから離れていたが、歌舞伎町に移店したと聞いて、久しぶりに店に顔を出した日のことを、次のように語っている。

〈（歌舞伎町の店は＝筆者注）ハモニカ横丁の四倍はあった。六、七年ぶりだったろう。ほっそりとして、かわいらしかったオカッパ頭のママは、軀が一回り以上も大きくなっていた。再び足繁くなった。
彫刻の笠置先生、流先生、小説の梶山さん、作曲の亜星さんをよく見かけた。いつのころからかママは絵を描き、二科展に入選したりもしているらしかった。ママとは仲直り以上の仲良しになった[88]〉

店で歌う客も多く、工藤がノアノア歌舞伎町店で耳にした曲は、「ちいさな橋……」、「ママ、わたしのママ、叱らないで泣かないで……」、「オー・ホウェンザセンツ・ゴーマーチンイン……」等々。店に置いてある何本かのアコースティックギターの一つは、工藤が店に持ち込んだものだった[89]。

作家の戸板康二は、歌手の宮城まり子と歌舞伎町店に来たときのことを、次のように書いている。ノアノアの居心地の良さが伝わってくる。

〈まりちゃん（まり子さんでは感じが出ない。心やすだてに、こう書かせてもらう）は、そんなに飲むほうではないが、楽しそうにグラスを手の平で抱いて隅の卓にすわっている。ぼくのほかに、連れが二三人いた。

ギターを抱えた流しの青年がはいって来て、演奏する。適当に誰かが、歌ったりして、青年は出ていこうとしたが、ふとまりちゃんに気がつくと、そばへ寄ってきた。

「宮城さんでしょう、何か歌っていただけませんか」といった。

オフ・ステージで、こんな注文を出されるのは、さぞ迷惑だろうと推量したぼくは、「君、それは困るよ」といおうとした。

すると、まりちゃんが「歌っちゃおうかな」といった。これは、まりちゃん独特の云いまわしである。

まりちゃんは、店の真中に出て行って、十曲歌った。ぼくがおどろいたのは自分の持ち歌を歌わず、ひとの歌ばかり、歌ったことである。それで筋もちゃんと通っているわけだが、ふだんこの歌手から聞く機会のあるはずがない歌を聞いたというだけでも、ひとつの収穫だった。「人の気も知らないで」が、その曲の中にあったのを、おぼえている。

しまいに、卓に腰をかけてしまい、歌の中に没頭していたまりちゃんだが、歌い終わると、急にはずかしそうに、店の隅の卓に、小走りに帰った。

ノア・ノアには、学生たちが大ぜいいて、この時、熱狂的な拍手がおこった。おそらくそこにいた人たちは、宮城まり子のファンになったにちがいないと思う[90]〉

歌舞伎町店の入り口には、「酔っ払い天国」と名づけられた菊枝作のレリーフがかかげられていた。単純なデザインで描かれた四人の酔っ払いが、逆立ちしたり、踊ったりしている様は、菊枝が店で目にする陽気な酔っ払い客がモデルだったに違いない。菊枝は店の広告に使うロゴを自作の切り絵でデザインしていたが、今でもレリーフと切り絵は、ノアノア東大久保店（現在の新宿六丁目）の入り口で見ることができる。

このころの菊枝は、深夜に店を終えて帰宅すると、上着を脱ぐ時間も惜しかったらしく、外出着のまま、キャンバスに向かうほど絵を精力的に描いていた。

役者として舞台に立ったのもこのころだった。松川事件をテーマにした「劇団行動」の『現場を見た人』という作品で、黒人女性タイピストを演じた[91]。演出を担当した野尻知史が店の客だったと菊枝は書いているので、その縁で、菊枝にタイピストの役がまわってきたのかもしれない。

神田一橋講堂で上演された舞台では、顔に黒塗りの化粧をして、緑のブラウスに真っ赤なスカートといういでたちで登場し、「堂々たる演技をした」と、自らの度胸の良さを誇っている。しかも、自分の出番が一つ終わると、楽屋で昼寝をしてしまうので、「若槻さん、出番ですよ」と起こされる始末だったとも。初めて舞台に臨んだ新人俳優とは思えないほどの余裕っぷりだったようだ。

ところが、芝居が終わった後の出演者全員による舞台挨拶では、恥ずかしがりやな一面を露呈している。というのも自分の出番がすべて終わると、早々と化粧を落としてしまっていたので、舞台挨拶では、両手で顔を隠して一人だけ後ろを向いてしまったのだ。常に堂々としているように見られがちな菊枝の、意外な一面がうかがい知れるエピソードである。

店の経営、絵、芝居――。四十代の菊枝は、精神的にも体力的にも最も磨きがかかっていた。そんなときに、父親が重体だという知らせが入り、菊枝は新潟に飛んで帰った。

病床の父の枕元で、菊枝はこれまでの親不孝を詫びた。十七歳で結婚、離婚をして、郷里を飛び出したこと——。戦時中、宮田と心中するといって親を突き放したこと——。父・清作は「いや、キッコは子どものときから、よくうちの手助けをしてくれて、よくかせいだもんな。お金の面倒もみてくれたし」と言って、菊枝の初婚の相手、小田の話を始めた。

まだ清作が元気だったころ、道端でばったり小田と再会したことがあったと父親は話し出した。小田は清作に「おとうさん、久しぶりですね」と声をかけ、酒をごちそうしてくれたらしい。自分は二級酒を飲み、清作には特級酒をついだ。清作が菊枝の無礼を詫びると、「とんでもない」と言って、菊枝のことを「自分には合わない都会の人だったけど、本当にいい人だった」と言い、清作にこれ以上心配しないでほしいとも言ってきたのだという。小田のことを話す清作の表情は、終始笑顔だった。

菊枝は、父親が語る小田の話を聞いて、自分の小田に対する身勝手な振舞いを恥じた。責められるべきは自分なのに、どんなときも菊枝に優しくしてくれた小田が、自分の父親に「菊枝さんは、本当にいい人だった」と言ってくれたこと。目の前にいる、余命いくばくもない父親は、小田から聞いた娘に対する温かな言葉とともに、穏やかな気持ちでこの世を去っていくことができる。そのことに、菊枝はただただ感謝した。

一カ月後、再び父親を見舞うと、よほど喉が渇くのか、しきりに雪を食べたがっていた。「雪くれ」という小さな声がたびたび発せられるほかには、吸いのみで水をすするくらいだったが、菊枝のいる二、三日の間に、イチゴやメロンをしぼった果汁を少しずつ飲めるようになった。卵の黄味まで口にするようになると、元気だったころのように、再婚した妻を叱ったり、隣の部屋でラジオを聴いて笑っている家族に「おれが死ぬのがうれしいか」と憎まれ口をたたいたりした。

清作は七十歳で亡くなった。心臓病だった。

## 伴侶・登美雄

父親が亡くなった一、二年後、菊枝は関登美雄と知り合った。登美雄は、菊枝の最期を看取ることになる人物である。二人が初めて顔を合わせたのは、ノアノア歌舞伎町店。昭和三十八年（一九六三）のことだと思われる。劇団「群像座」で芝居をやっていた登美雄は、同じ劇団仲間の祖父江文宏に連れられてノアノアに飲みに来ていた。祖父江は菊枝が後に出版することになる自伝の口述筆記のアルバイトをしていて、すでに菊枝とは知り合いだった。劇団の公演パンフレットに広告を出してほしいと祖父江が菊枝に頼むと、快く承諾してくれるだけでなく、他の店にも声をかけて広告を取ってきてくれる劇団の良き理解者だった。

ノアノアに初めて来たとき登美雄は二十七歳だったという。芝居と酒を楽しむために生きているといっていいほど、この二つにしか関心がなかった。ノアノアに行けば酒が飲めるし、ママは劇団にも理解がある。これほど居心地のいい場所はない。登美雄はノアノアに出入りするようになっていった。

ノアノアに通い出してから半年が過ぎたころのこと。登美雄が劇団仲間と住んでいた富ヶ谷のアパートに、深夜、ノアノアの従業員・岡村が訪ねてきたことがあった。登美雄に会いたいという人を連れてきたという岡村は、アパートの前に待たせているタクシーを指差して、「ママが会いたがっているんです」と言う。菊枝には劇団のことでもよくしてもらっているし、かわいがってもらっている。だが、その夜、登美雄は菊枝の誘いをあっさり断った。

当時のこの対応について登美雄は、「だって、深夜十二時過ぎですよ。その後も何回か同じことがあったけど、一度も応じませんでした」と、自分の判断は当然であると、現在も胸を張って言う。

しばらくしてから、今度は「モッサン」と呼ばれていたノアノアの別の従業員から昼に電話がかかってきて、

「どうしても関さんに会いたいって人がいるから、新宿のスカラ座に来て」と呼び出された。喫茶店・スカラ座は、歌舞伎町にある有名な音楽喫茶だった。登美雄に会いたがっている人物が誰なのか、モッサンは教えてくれない。登美雄は好奇心からスカラ座に行ってみることにした。

スカラ座に着いた登美雄が店内を見渡すと、モッサンの姿があった。モッサンの隣には菊枝がいた。登美雄がモッサンのいるテーブルまで行くと、モッサンは「失礼します」と言って店を出て行ってしまい、登美雄と菊枝だけになってしまった。登美雄に会いたがっている人物というのは、菊枝のことだったのである。菊枝とはノアノアで何度も顔を合わせていたが、それは店の開いている夜のこと。昼間に、しかもノアノア以外の場所で菊枝に会うのはこのときが初めてだった。

約半世紀前のスカラ座での出来事について、登美雄はあまり覚えていないと言いつつも、菊枝のほうから自宅に来ないかと誘ってきたことだけは鮮明に覚えていた。

「彼女のほうから、私のアパートが近くだから行きませんかっていうから、じゃあ行きましょうってことになって、西大久保の彼女のアパートに行ったんです」（登美雄）

この後の展開は、登美雄の記憶にはっきり残っている。

「九月だったから、まだ暑くてね。部屋に入ったら彼女がショートパンツかなんかに着替えてね。私はよせばいいのに、つい、セクシーですね、とかなんとか言ったんだ。だって、本当にセクシーだったからね。彼女はおっぱいが大きくて、足は細いし。ドキッとしちゃって」

このときまで登美雄は、女性と交際するどころか、食事や映画に行った経験すらなかった。酒と芝居に夢中だった登美雄には、男女を交えた芝居仲間で飲む機会はあったし、恋愛にエネルギーを注いでいる仲間もたくさんいた。だが登美雄は、そこまでして恋人が欲しいという気持ちになったことがなかったのである。

「酒と芝居があればよかったんです。あの人（菊枝）は、ノアノアで飲む私のことを、なんと酒が好きな人なんだと思って見ていたのは間違いないだろうね」

酒を飲みながら、仲間と芝居について熱く語る登美雄。恋愛には興味がないようで、店の女の子にちょっかいを出すこともなければ、ママである菊枝に色目を使ったり、特別扱いすることもない。芝居と酒には食いついてくるのに、女性に対しては珍しいくらいに無関心――。登美雄は菊枝より十九歳若かったが、菊枝はそんな登美雄に惹かれていった。

菊枝に誘われるままに男女の仲になったわけだが、二人の間には、「つきあいましょう」とか「恋人になって」といった交際を始める明確な言葉のやりとりはなかった。そうしたこともあって、交際経験のない登美雄は、「つきあう」ということがどういうことなのか分かっていなかった。ただ、はっきりとした変化は、菊枝と店以外の場所で会う機会が増えたことだった。

その後、登美雄は菊枝にいわれるがまま、西大久保の彼女のアパートの近くに部屋を借りて引っ越した。

「だけど借りた部屋に泊まったのは数えるほどで、同居しちゃったんですよ。私は彼女に拉致されたわけです」

関登美雄は昭和十年（一九三五）、青森県弘前に五人兄弟の二番目（次男）として生まれ、小学校、中学校、工業高校まで弘前で過ごした。終戦時、小学校四年だった登美雄は、教科書に墨を塗った世代だ。当時、二歳だった末っ子の弟は、父親の顔を見たことがない。戦時中、父親が一時帰宅したときに母親は弟を妊娠し、父親はその後硫黄島で戦死、還らぬ人となったからである[92]。

登美雄の母、きみは、五人の子どもを、再婚もせず一人で育てた。生活を助けるために登美雄は、中学、高校と新聞配達をして家計を支えた。毎朝、六、七人の同級生が通学途中に登美雄の家に立ち寄り、新聞配達が終わるのを待っていてくれた。友達の中で働いていたのは登美雄だけだった。工業高校では演劇部に入り、初めて舞台に立っている。

高校卒業後に上京。田町の「池貝鉄工」という工作機械の工場に就職した。しかし、メーデーの帰りに俳優座劇場を見かけたことで、忘れかけていた演劇への興味が湧き上がり、池袋にある舞台芸術学院の一年間の夜間コースに通い始めた。会社の同僚が残業をしているときに、登美雄は定時で仕事を切り上げ、舞台芸術学院へ通った。舞台芸術学院は、秋田雨雀を学長に、土方与志を副学長に迎え、劇作家から俳優まで数々の卒業生を輩出した舞台芸術の老舗専門学校である。後に、石牟礼道子の『天の魚』を一人芝居にした俳優の砂田明も舞台芸術学院の卒業生だった。

登美雄が舞台芸術学院に通っていると知った職場の上司は、「すごい演出家がいるから見に行こう」と、「新協劇団」の舞台稽古に連れて行ってくれた。本番前の舞台稽古は、ただで見ることができたという。上司のいう「すごい演出家」というのは、村山知義のことで、後に登美雄が所属する劇団「文化座」の演出家・佐佐木隆が尊敬している人物だった。

さまざまな芝居を上司と見に行ったが、とりわけ、文化座の『リリオム』に心打たれた登美雄は、文化座の附属演劇研究所の入所試験に挑戦し合格した。晴れて本科生になると、昼は会社勤め、夜は田端にある文化座の稽古場へ通うという二重生活に入っていく。

しかし、仕事と芝居の二重生活は、そう長くは続かなかった。火野葦平の沖縄をテーマにした『ちぎられた縄』（一九五六年上演）で、日本復帰運動に情熱を注ぐ沖縄の青年「新垣五郎」役に決まると、昼の稽古のために会社を辞めることに。就職してから二年半後のことだった[93]。

「『ちぎられた縄』っていうのは、本土から切り離されてしまった沖縄のことなんです」（登美雄）というように、米軍占領下の沖縄を舞台にした、沖縄の人々の苦しみと抵抗を描いた作品で、本土の作家が沖縄を戯曲に取り上げたのは、この作品が初めてだった[94]。

当時の新聞に掲載された舞台のレビューは、演技の荒っぽさや、人物描写不足を指摘する厳しいものばかりであった。だが戯曲のテーマについては、「読んだり聞いたりする以外に知ることの出来なかった沖縄の姿を舞台の上に形象化したことは（略）〝啓発〟の意味で極めて有意義であり、島民の深刻な苦痛を改めて心にきざむことが出来よう[95]」と評価された。客入りは大盛況で、神田の一橋講堂は連日満席。立ち見は当然、通路にまで人を入れても、会場の外に人があふれるほどだった。

この翌年、『ちぎられた縄』の九州巡演を十九カ所で行っているが、こちらも盛況だった[96]。約六十年前のこのときの体験を登美雄は次のように記憶している。

「九州公演のときは、どこでも、芝居を見に来た人たちが、もう朝早くから待っているんです。で、芝居が始まって、悪役が登場すると、観客席から『あいつを殺せ！』といった声が必ずあって、舞台と観客の息が合っているっていうか、一体化するんです。東京でやったときは、まったくこんなことないですよ。あれは、演劇を超えたものですよ」

登美雄の心をとらえたのは、見に来てくれた人たちが、芝居であることを忘れて、登美雄たちの演じる世界に入りこみ、同じ時を共有していることだった。当時のこの体験を話すときの登美雄の興奮ぶりからも、九州公演が忘れがたいものだったことがよく伝わってくる。

九州巡演に同行した火野は、登美雄達のような若い役者にフグを御馳走したという。

「火野さんは、僕のような下の人まで食事に連れて行ってくれるような人だったんです。初めて食べたフグでした」

会社を辞めた登美雄は、当然ながら、それまで住んでいた社員寮を出なければならず、当時、芸術家が数多く暮らしていた池袋の「アトリエ村」の近くに新しい部屋を借りた。賃料の安いその部屋は彫刻家のアトリエの一部、屋根裏部屋だった。祥雲寺の近くで、現在は暗渠化されて緑道となっている谷端川が近くを流れていた。

「中二階の部屋で、急な脚立で登っていかなくちゃいけなくってね。そこを貸すほうも貸すほうだけど、借りるほうも借りるほう。アトリエによくある屋根が斜めになっているような家だったので、部屋の隅は天井が低くて、必ず頭をぶつけちゃうような部屋でした」

生活費はアルバイトをして稼いだ。

「浅草のキャバレーのサンドイッチマンのバイトが一番長かったかな。友達三人で燕尾服着て、プラカードを胸につけて歩くのだけど、五十センチくらい高さのある竹馬のようなものを足にくくりつけるわけ。そうすると身長が二メートルくらいになるでしょ。そんな格好でやってね」

『ちぎられた縄』に続き、登美雄はコンスタントにいい役がもらえるようになっていった。だが、次第に佐佐木隆の演出に違和感を覚えるようになっていった登美雄をふくむ六人は、一九六三年六月に文化座を退団。朝日新聞(一九六三年六月五日)は、「六人が文化座を脱退」と書き、彼らが新しく結成した劇団「群像座」の結成を報じた。

登美雄が文化座を辞めた理由は、「演出家の佐佐木隆さんの要求が強くて、役者が感じたことを表現する大切さが認めてもらえない」というものだった。自分の身体の中から湧き上がる「こう演じたい」という気持ちが、受け入れてもらえなかったのだという。「よく、稽古場で、ああでもない、こうでもないって、演出家がいる場で議論してましたよ」と登美雄は言う。演出家の指示通りに演じることしか許されない状況から自由になるため、登美雄たちは文化座を脱退したともいえる。

群像座に所属が変わってからも、登美雄と文化座の関係は続いた。「佐佐木隆のことは、すごい人だと尊敬しているんです。僕だけじゃなくて、脱退したみんながそう思ってました。ケンカして辞めたとは思ってないですし。辞めてからですけど、鈴木光枝さん（文化座の俳優）から、東北の方言指導をしてほしいって、私にお呼びがかかったこともあるんです」

群像座の旗揚げ公演日が翌年の二月に決まると、パンフレットの制作も始まる。パンフレットには、上演作品の説明や、劇団員の紹介のほか、広告を掲載する。この掲載広告の一つがノアノアだった。

広告を取ってきた祖父江が、登美雄をノアノアに連れて行った。これがきっかけで、半年後、登美雄は菊枝の猛烈なアタックを受けることになったのだった。

菊枝と西大久保のアパートで同棲を始めてからも、登美雄は芝居を続け、ノアノアに顔を出すのは、飲みに行くときだけだった。

群像座を立ち上げてから八カ月後の第一回公演（一九六四年二月）は、真船豊の『小さき町』と真山青果の『玄朴と長英』の二本を俳優座劇場で上演し、翌年、『玄朴と長英』は、高校生を対象とした高校巡演を東海地方など数十校で成し遂げている[97]。

一九六六年には、佐木隆三作『スモーク一号の飛行士よ』を紀伊國屋ホールで上演。群像座にとって、初の書き下ろし戯曲の上演となった[98]。ブラジルの現代演劇、ギリエルメ・フィゲレドの『狐とぶどう』を上演した一九六六年には、読売新聞（四月二十三日夕刊）に、「関登美雄、小池泰光、五月女道子ら劇団員のほか福山きよ子（フリー）が客演する」と、登美雄の名前が紹介されている。

群像座結成当時の活動拠点は不明だが、旗揚げ公演の一カ月前（一九六四年一月）には、文京区新諏訪町に拠点を移動し、数年後には西武新宿線・下落合駅前に劇場「群像座スタジオ」をかまえて、七一年までの間に、確認できただけでも十三作品を世に送り出していった。

群像座は給料制だった。

「きわめて幼稚な原始共産コロニーみたいな仲間たちでね。芝居以外の仕事の稼ぎを持ち寄って、みんなで分けちゃうの。僕は外国映画の吹き替えなんかをやっていて、稼ぎ頭だったんです」（登美雄）

ノアノアの仕事を手伝うことなく、劇団の活動とバイトと酒を飲んで帰る毎日だったが、「お互い、好きなことをやっているって、菊枝もよくわかっていたから」登美雄がやっていることに文句を言われたことは一度もなかった。

「新宿で飲んだ後、うなぎの肝を食べさせる店で、やわらかいほうの肝を菊枝に土産に買って、駅前で花を売っている女の子から花を買って帰るのが日課でした。

飲んで帰ることを詫びる土産じゃないですよ。ただ菊枝に何か買って行ってあげようって、それだけのことです」

菊枝はというと、時間さえあれば、六畳と四畳半の狭いアパートでせっせと絵を描いていた。

「よくあんな狭いところで描いていたと思いますよ。完成した絵を見るときは、玄関の外に出て、部屋のなかの絵を見るんです。そうしないと、絵の全体が見えないから。それくらい狭い場所で描いていたんです」

菊枝が銀座の文春画廊で初めて個展を開いたのは、登美雄と付き合う五、六年前のこと。登美雄と出会い、交際が始まってからも菊枝は絵を描き続け、一九六五年には、六回目の個展を開いている。継続して個展を開くために、菊枝は店の経営の合間をぬって、絵を描く時間を捻出していた。

「絵を描く喜びは、生きる喜び」と菊枝は言っていたが、絵と男、どちらが大事かと問われれば、男性を選ぶとはっきり自伝に書いている。

〈絵をなくしても、人生は暗やみにはならない。男性をなくしたら暗やみではないだろうか。好色というのではなく、男を好きだ、といつまでもいえる自分でありたい。そういえるかぎり、わたしは絵も描けるにちがいない。人になにをいわれようと（人のことはどうでもいいというのではないが）わたしは自分に正直に、自分に忠実に生きて行きたい。型にはまった人間になるのはいやだ。うその生活はしたくない。充実した生活――それは自分を大事にすることだと思う。そのための切符、それがおかねである。じゃんじゃんかせいで、切符（おかね）を手に入れ、けちけち貯めるのではなく、じょうずにその切符を使おう。

男は好き、おかねをかせごう、わたしのなかの可能性を信じる。若いときには、とてもいえないようなことを、こうしていい切れるのも、あるいはわたしが年をとった証拠なのかもしれない[99]〉

お互いに干渉することなく、好きなことをしていた二人だが、登美雄は、芝居と真剣に向き合えば向き合うほど、役者として自分はどうあるべきなのか悩むようになっていった。

「劇団で主役をやっていたんですけど、どうもうまくいかなくなって、別の人と交代したんですよ。役者としての力のなさを感じ始めていてね。落ち込んでいるときに、菊枝の店が拡大していって、店を手伝う人も必要になって、自分の軸足はノアノアの仕事に移っていったんです。

芝居から遠のくことに後ろ髪ひかれることもなくってね。というのも、店では私がマイクをもって、お客が歌う順番をしきってましたから。ときにはお客より私のほうが歌っていることもあったりして、それなりに楽しかったんです。

実は役者になる前、歌い手になりたくてＮＨＫののど自慢番組で、いいところまで行ったこともあるんですよ」

マイクを手にした司会の仕事は、芝居の世界で行き場を失った登美雄の表現欲を満たす場となった。店が繁盛し、忙しくなるにつれ、登美雄の生活は芝居からノアノアへと完全に軸足を移していった。

**拡大する商売**

店の経営が順調な中、菊枝が四十七歳のときに行われた「ノアノア開店十三周年記念パーティ」は、ノアノアのこれまでの歩みを歴史に刻む、記念碑的な祝い事だった。

パーティの案内状が、当時のノアノアの雰囲気をよく伝えている。遊び心たっぷりの「メイ文」は、当時のノアノアの客のノリ、そのものを伝えている。また、こうした遊び心を受け止めることができる菊枝の度量の広さも伝わってくる。

案内状に名を連ねている二百三十六名のパーティ発起人の顔ぶれが「文化人」や「有名人」と呼ばれる人ばかりなのも、ノアノアがどんな人たちに愛されていたのか伝えている。

ノアノア東大久保店で歌う菊枝と、コンガを叩く登美雄

〈ノアノア開店十三周年記念パーティ御案内

さすがに、立秋も過ぎれば吹く風もさわやかに、お酒の味わいは一だんとさえわたり、ついボン友へデンワの一つもしてみたくなるものです。

ところで、われらがオアシス、バー「ノアノア」は、今年で開店十三年になるとのこと、へェ、また、かつがれたんかと指おりかぞえてみるに、まさに十三年——光陰ナントカの感傷もふっとんで、ヨクもマアと驚嘆するばかりです。

キャンプ小屋をしのばせるハモニカ横町時代《（原文ママ）》、いまのカブキ町に進出してからも、低き入口にいつもコツンとやられていた魔のトイレ時代を経て今日に至った、われらのノアノア……三号雑誌の運命をたどる店の多いこの世界で、ホントに見上げたものといわなければなりません。

と、申しますのも、ソロバンがっちりかかゝえながらも、芸術のウマザケにはコロリと参り、社員嬢のメデタキゴールインにはソロバンも放り出して双手のブラボーをおしまぬマダム若槻菊枝さんあったればこそ。

もちろん、今日のよろこびの一端は、つね日頃バッカスを守り本尊とするわれわれ客人にも負うところあり、といいたいところなんですが、これはふせといて、と、申しますのは今回はもっぱらマダムのごきげんとりむすび、彼女のサイフのヒモを大いにゆるめようとのコンタンあってのことなのです。マカセトキマダムのこと、ＯＫはたしかです。

とはいうものの、人のフンドシでサカモリでは、熱気わかぬおそれあり……というわけで、いま評判のオサツ、あのホンモノを一枚づつ献納してはということにいたしました。レイケンアラタカ日頃の罪業消滅も立ちどころとあれば、まさにダブルプレーというものでございましょう。

おノミモノは、マカセトキマダムのことです。コモカプリ一ト蔵はととのっているつもりで大いに。おまけに、社長主演の寸劇、社員嬢熱演のタップダンス。バンドも手配いたすはずなれば、ワルツ、タンゴ、はたまたマンボ、ツイストとごゆっくり、ごタンノウ頂けるものと信じております。

これもつまりは、ノアノア開店十三周年を祝福し、かつは社長を初め社員諸嬢をゲキレイして、さらに明日の発展を期すわれわれ一同の純情に由来するもの。当日は打ちそろい、にぎにぎしくご来場、一だんとこのパーテーを盛り立てていただきたく、一同たのしみにお待ち申し上げております。

発起人一同

記

とき　九月十九日（水）午后六時より九時
ところ　厚生年金会館（新宿）
会費　千円

発起人
会田綱雄　青江舜二郎　青山泰雄　青山典子　秋庭太郎　芥川比呂志　浅見淵　朝山蜻一　東幸雄　阿部金剛
有吉佐和子　有住宅蔵　井上光晴　伊藤桂一…（以下略　二百三十六名の名前掲載）〉

「返事がなければ、発起人になることを承諾したと見なす」というアイディアは、常連客の三島一（東洋史学者）の発案だった。むろん、三島は発起人に名を連ねている。

発起人の中に、詩人の関根弘の名はないが、その理由を関根は自著『新宿』で次のように書いている。

〈発起人になってくれないかという照会があり、往復ハガキが入っていて、返事がない場合は、御承諾いただいたと思う旨書いてあった。わたしなど、ほんの一、二度覗いただけだし、それもいつも引っぱられて行ったわけで、主体的に飲みに行ったことが一度もないのに、発起人はおかしい、第一、出版記念会かなんかならわかるが、バーの開店記念の発起人なんかになったら、毎晩飲んでいるようにみられてしまうではないか、と思って、発起人にならないことにした[100]

関根は、別の自著『わが新宿！』でもノアノアを取り上げ、何かと話題にしている[101]。菊枝の体型を「イルカのおばさん」と揶揄して、別の店のママの体型を「例の『ノアノア』のママをひとまわり小さくしたようなタイプ」と憎まれ口をたたいているが、菊枝が新しい店を出すときには、親身になって相談にのっている。

一九六六年から六八年まで、菊枝は新しい店を次々と増やしていった。六六年にお茶漬けの店「お菊」を西大久保（現在の大久保一丁目）に、「ノアノア柏木店」を小滝橋通りに開店した。六七年には「サパークラブ・ノアノア本店」を東大久保（現在の新宿六丁目）に開店。この店は後に「ノアノア」と店の名前を変えて、現存するノアノアになっていく。六八年には明治通りと職安通りが交差するあたり（当時の西大久保、現在の大久保一丁目）に「レストラン・ノアノア」を、大久保通りに近い小滝橋通りには「スナック喫茶ノアノア」をオープンしている。

これらの店の営業期間を時間軸にはめ込んでみると、一九六八年に菊枝は、新宿に五つの店を持っていたことがわかる。五つの店の中でも、ハモニカ横丁から歌舞伎町に移ったノアノアの流れを汲むのが、「ノアノア柏木店」だった。歌舞伎町店を閉めて、柏木店を開店したのは

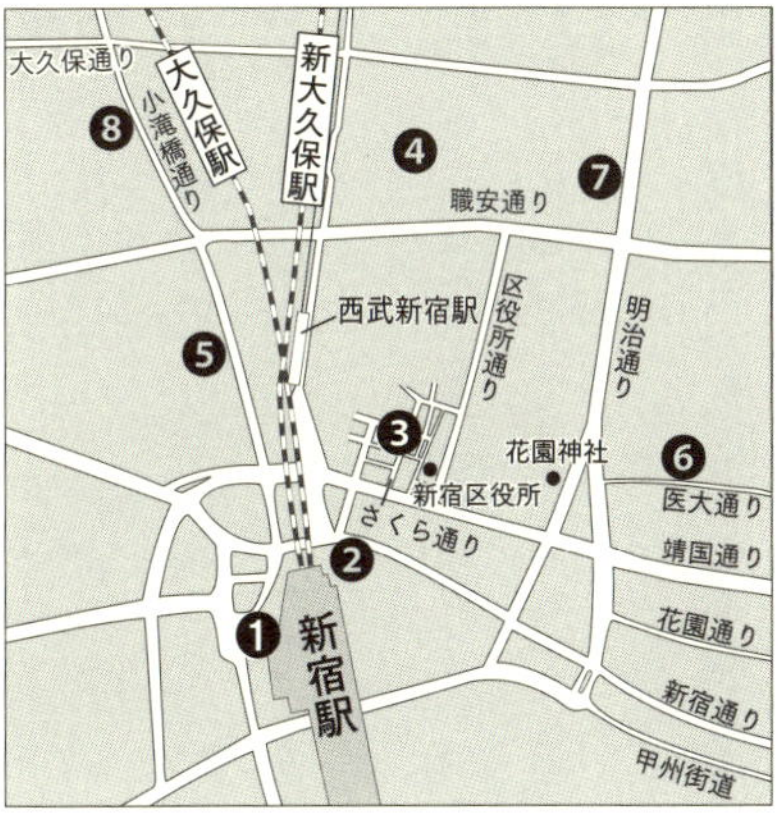


❶ 更科の菊や（1948－50）
❷ ノアノア（ハモニカ横丁）（50－55）
❸ ノアノア 歌舞伎町店（55－66）
❹ お茶漬けの店　お菊（66－68）
❺ ノアノア 柏木店（66－78）
❻ ノアノア 東大久保店（67－2016）
❼ レストランノアノア 西大久保店（68－70）
❽ スナック喫茶 ノアノア（68－70）

菊枝の店があった場所

一九六六年。柏木店の場所は、小滝橋通りに面している現存する大黒ビルの地下一階だった。一九七一年の住居表示の実施によって、西新宿七丁目へと変わったが、当時は、柏木一丁目だった。

歌舞伎町店はコマ劇場が完成してからの賑わいもあって、借り始めたときの家賃では借り続けることが難しくなっていた。柏木店を開店させると、店の軸足をこちらに移行しながら、歌舞伎町店を閉店し、新たな店を次々に開店していったのである。

評論家・植草甚一の「なかなか風格のある絵」や、菊枝の体型をお供え餅に見立てた作者不明の落書きのある歌舞伎町店の壁を、菊枝は柏木店に持っていきたかった。だがそれも、店の引っ越しなどで忙しくしているうちに、運び出す機会を逃してしまい、悔しい思いをしている。

お茶漬けの店「お菊」だけは、店のあった場所が記録に残っていない。店に何度も行ったことのある登美雄に当時の地図を見てもらったが、店の場所は判明しなかった。新大久保駅に近かったというのが、唯一の情報である。店の料理人は、ノアノアの客だった日本料理店「なだ万」の楠本憲吉が「うちの店ですこし仕込んで、しっかりした人間を見つけてあげましょう」と引き受けてくれたと菊枝は書き残しているが、登美雄は「確か、料理人の修行に一年くらいかかるとかで、待っていられないんで、(楠本さんには)結局頼まなかったと思いますけど」と言う。どちらにしても、楠本が手を差し伸べてくれたことは確かなようで、この一件があって、菊枝は楠本の実家がなだ万を経営していることを知ったのだった。

〈一流の人の考えはすごい。店の大きい小さいにかかわらず、料理を作ってお客さんに出すというのは大変なことなのだと、簡単に考えていたわたしは、恐縮するやらびっくりするやらで恥かしくなった[102]〉

と、嬉しい気持ち反面、商売として料理を提供することへの楠本の考え方に、背筋を正される思いがしたと告白している。

「お菊」は茶漬け以外に山菜料理なども美味しかったようで、また、宮大工による趣のある店内の雰囲気も客には好評だった。だが、二年ほどで店は閉めている。客は絶えることはなかったが、「一生懸命やっても利益の薄い店だった」ことが閉店の理由だった。

このころの菊枝は、昔のように帰りの電車賃に困るようなことはなかったが、だからといって、あふれるように儲かっているわけでもなかった。にもかかわらず、人並み程度に商売ができるようになると店舗を拡大していく菊枝のやり方は、はたから見れば無鉄砲でしかなかった。

新しい挑戦がしたかった菊枝は、店を増やしていくことでその欲望を満たしていた。何かに挑戦し続けることはゲームのプレイヤーであり続けることのように、楽しいことであり、楽しいから仕事に没頭してしまう。これが彼女の流儀であり、そこには何の疑問も感じていなかった。

菊枝の経営哲学は次のようなものだった。

「基本的にお金もうけをするより、商売で冒険するほうが好き。赤字にならないなら、思い切ったことをやる」

赤字を怖れないのは、仮に赤字になって裸にされても、生まれたときは裸だし、死ぬときも裸でいいという覚悟があるから。そのくらい思い切ったことをしないと、気持ちがおさまらないことを本人はよく知っていた。

柏木店は開店してみると、ゴーゴーを踊りに来る客でいっぱいになった。まだ世の中にゴーゴーブームが到来していないころから、ノアノアの客はゴーゴーを踊っていたようで、菊枝の店の盛況ぶりについて、関根弘は自著『機械的散策』で次のように書いている。

〈ママの若槻菊枝は、はじめはこれは運動にいいわなどといって、ジロちゃんという流しの伴奏で腰をふっていたのであるが、ゴーゴーをはじめると店の客が全部といっていいくらい、これを踊りだした。ブームなんてものはなにから生まれるかわからない。ゴーゴーに取り憑かれた人たちで、ついに店は超満員の盛況になった[103]。〉

柏木店の賑わいに勢いづいた菊枝は、落ち着くどころか、さらに、東大久保に「サパークラブ・ノアノア」の開店を目論む。菊枝が見つけてきた店舗は、コンクリートうちっぱなしの地下一階の物件だった。菊枝には店の構想があった。

〈六月中の開店に向け、内装の工事は突貫工事となった。三十坪の店は酒屋さんのビルの地下で、これ迄の店の中では一番広い。

新しい店は歌舞伎町からも、だいぶ離れ、目につくのはお寿司〔屋〕さんが一軒と小さな喫茶店があるくらいの、暗い通りにあった。

私は、中央に大きなカウンターを丸く囲むように作り、その中でステーキを焼いて食べさせる、ステーキハウスを漠然と考えていた。

だが、まてよ。

ここはやはり新宿に何かとくわしい、詩人関根弘さんの出番とばかり、さっそく相談に乗っていただいた。関根さんはなかなかのアイデアマンで、生家は、たしか下町の料理屋さんだったように記憶していた。

「焼きうどんか、そんな食べ物の方が人が親しみやすいから、そうなさいよ」

と薦めてくれた。

焼きうどんはあることはあったでしょうが、当時はまだそれほど一般的ではなかった。私はステーキの方はさておき、さっそくメニューの中にそれを加えることにした。店の設計も、へたに素人が考えるよりはと専門家にたのんだ。

壁画は赤レンガで囲まれ、通路と客席には段差がついていて、大小のアーチでアクセントがつけられ、どこかヨーロッパの酒場といったスタイルであった[104]〉

相談を受けた関根は、柏木店より数倍広い東大久保店の経営には不安を持っていた。ところが開店してみると、「店に、ゴーゴーのリズムが鳴り渡ると大挙して若者が押しよせ、夜明けまで踊り狂ったのである」「ゴーゴー・スナックの発明は、若槻菊枝の手柄である[105]」と書くほどの大盛況。東大久保店の満員状態は約二年間続いた。

菊枝は店の繁盛ぶりをこう語っている。

〈気障《きざ》に聞こえるかもしれないが「全ての道はローマに通ずるじゃないけど、全ての道は『ノアノア』へ通ずるだなあ（原文ママ）」と感心するお客さんもいたくらい、店の方向に歩く人は、全部ノアノアに入るといってもよいほどだった[106]〉

ある日の東大久保店について、菊枝はこう回想している。

〈私は、音楽が鳴りだすと一番最初にフロアに飛び出す。雰囲気をもり上げるためでもあるが、自分が楽しいからだ。

私が踊りだし
「ほら、あなたも一緒に踊りましょう。身体が健康になるわよ」

と云いながらお客さんを引〔っ〕張り出す。

真ん中で四、五人で踊っているのが、たちまち皆んながわあっと踊り出す。フロアが広いから踊りやすかった。

客席は五十人しか坐れないのに、何故かお客さんは、百人以上も入っている。

誰かが踊りに席を立つと、立って待っていた人がその人の飲み物を横にちょっとずらし、こんどは自分が坐ってオーダーする。

ひとつのテーブルと椅子を二度利用するのだ。壁面にそってつながった長い椅子がアーチで仕切られ、ひとつのコーナーに十人が坐れるようになっているが、詰めると二十人は坐れた。

踊りつかれて席に戻ってくる。他のお客さんが腰かけていても「ああ、坐ってる」と慣れたものだった。お互い様なのだ。立ったり坐ったりしても、自分たちが飲んでいるグラスを間違えない。トラブルはまったく起きなかった107〉

店にはピアノや、ギター、ドラムなどの楽器が置いてあり、楽器を弾ける客は自由に演奏し、その場で即席のバンドが演奏を始めることもあった。即席バンドの演奏に合わせて、一人、また一人と、フロアで踊りだす人が増えるにつれ、店は熱気に包まれていくのだった。

ノアノアは明瞭会計で安かった。勘定はチケット制で、店に入るときに、百円のチケットが五枚綴りになった五百円分のチケットを買ってもらう。あとは、このチケットで注文をしてもらうだけ。五百円で、コーラ一本とカレーライスが注文できた。菊枝いわく「いくら昭和四十二、三年の頃でも、五百円の商売をする店は他になかった。あとからできた同じようなゴーゴーバーは千五百円とか二千円」だったという。

ノアノアは格安だった。これも菊枝に言わせると「インパクトがあるように、わざと安くした」のだという。

〈安い、あれっ、と思う。ドキッとする。

これで楽しく遊べれば云うことはない。お客さんは、東大久保に安くていい店があるよ。すごいよ、行こうよ。と皆んなが集まってくれるようにと、考えた[108]〉

宣伝費を使うくらいなら、その分、飲み物や食べ物の代金を安くして、口コミで客をつかむ——。これが菊枝のやり方だった。

店に入れない客が外で待っている状態をなんとかしようと、深夜零時には客の入れ替えをした。入れ替え制を導入しても、東大久保店には行列ができた。ならば入りきれない客のために新しい店を出そうと、西大久保にゴーゴーバーを開店した。店の名は「レストラン・ノアノア」なのだけど。八十坪の広いフロアをもつレストラン・ノアノアに東大久保店に入りきらない客をマイクロバスでピストン輸送した。

明治通りに面した新しい店の入り口横の壁面は、美大生に頼んで夜光塗料をつかったサイケデリックな絵を描いてもらった。シャガールの雰囲気にどことなく似ていているその壁画は、菊枝に言わせれば、「ゴーゴーバーノアノアにいざなう、あやしげな光」をはなっているようで、菊枝はたいそう気に入っていた。

一転、店内は、黒く塗ったベニア板をつかったコラージュの壁に、アブストラクトな絵を組み合わせた。東大久保店が、ヨーロッパの酒場の雰囲気ならば、西大久保店は、こじゃれた都会的なダンスフロア、といった感じだった。立川の米軍基地所属のアフリカ系米兵バンド「ナイト・イン・ソウル」を呼んで、生演奏をしてもらったり、一九六九年に公開された大島渚監督の映画『新宿泥棒日記』のロケや、映画評論家の佐藤重臣らによるアングラ映画上映会も西大久保店で行なわれた。

ハモニカ横丁時代からの常連客で、菊枝の商売を見てきた三島一は、拡大していく菊枝の店についてこう述べている。

〈ここまでになるにはどれだけ苦労をしたことか。泣いたことか。それを人前に出さぬ、稀に見るがんばりやであり、終始あたらしい企画で仕事を進め拡げて、われわれをアッといわせる。おそろしい自信家であり、負けず嫌いである。

彼女のしょげた顔をほとんど見たことがない。いつもニコニコして、「どんなもんです」とか、「どう」とかいって鼻をうごめかす。賞《ほ》められることを喜ぶ。まことに天真爛漫で無邪気である。客あしらいは奔放自在で、時に一見我儘に見えるが実は侠気がつよく、ほろりとする優しさもあり、お客さんの世話をよくするし従業員の面倒もよくみる。この十余年来店から離れていったり、御無沙汰しているひとたちのことも忘れない〉[109]

三島は菊枝にとって〈わたしに絵を描く気持ちにさせてくれた〉人物だったという。

自伝出版パーティで挨拶をする菊枝。
右奥には菊枝の絵が飾られている。西大久保店にて

〈わたしの下手な絵をさかんにほめるので、どうしてうまいうまいとおっしゃったの、と聞くと「そのうちうま

くなるだろうと思ったからさ」とおっしゃった。「誰だってはじめは下手にきまっているよ」そして「だめだめだと思えばだめになるし、うまいと思えばうまくなるし、ほめて教えるのが教え上手というものだよ」とおっしゃった〈110〉

常連客に見守られ育てられ、菊枝は商売も絵も、思いっきり楽しんでいた。

## 自伝

店を五件も経営していたら、仕事以外のことなどできそうもないが、自伝の出版を進めていたのはこのころだった。歌舞伎町時代に始めた口述筆記による自伝の執筆は、書き上げてから数年、菊枝の手元に温存されていたが、一九六九年一月に自費出版された。タイトルは、『太陽がいっぱい』。サブタイトルは「『ノアノア』のママの告白」である。関根弘の紹介で、ある出版社から出ることになっていたが、書き足しや修正を求められるのが嫌で、自費出版にしたのだと登美雄は言う。

出版が決まる前、原稿の段階で登美雄はこれを読み、初めて菊枝の半生を知った。

「私が菊枝に出会ったときには、すでに原稿はできてましたからね。で、原稿を読んで、彼女のことを知って、すごい人だなと思ったわけです」

昔の恋人の話を読んでも、登美雄は動じなかった。そんなことよりも、自分と出会う前に菊枝がしてきたことを知って、その生き方に感銘を受けたのだった。

話が少し先に飛ぶが、二〇〇二年に出版された菊枝の画集のタイトルも『太陽がいっぱい』であり、どちらのタイトルも決めたのは登美雄だった。

『太陽がいっぱい』と聞けば、アラン・ドロン主演のフランス映画を思い出す人が多いと思うが、映画とは全く関係がないと登美雄は言う。「若槻菊枝は太陽そのものだから」というのが命名の理由だそうで、その言い切り方には迷いがない。登美雄にとって、菊枝の存在が「太陽そのものだから」ということに異論はないが、その登美雄の主観を、自伝と画集のタイトルにしてしまうところに、登美雄の菊枝に対する惚れっぷりが表れている。

一九六九年に出版された自伝のあとがきで菊枝は、自分の語りを口述筆記してもらった理由を述べている。小学校に三年までしか通っていないため、頭に浮かぶ文章を辞書を引きながら書いていると、浮かんでいたイメージが消えてしまうからとある。ただ、この自伝づくりを経験したことで、文章を書くことにも慣れ、「あとがき」は自分で書くことができるまでになったと告白している。

自費出版の『太陽がいっぱい』は、六年後の一九七五年に金剛出版から商業出版された。金剛出版からの自伝には、この間、同人誌に書いてきた随筆を加え、サブタイトルを外して出版された。一九八一年の増刷は再び自費出版で行い、一九八六年にも増刷。それぞれ何冊刷ったのか記録は残っていないが、全部で一万冊くらいになるのではないかと登美雄は推測する。

一九八一年版のあとがきでは、ノアノアに来る客が、「あの本はありますか」と菊枝の自伝を捜し求めてくることを、「美人の居ない店なのでせめて本があるとでも云って、知人や友人などをお連れする口実になるのでしょう」と書いている。客の間で本のことが話題になれば、すぐさま店にストックしてある自伝を客のテーブルに持ってこさせた。

文芸評論家の奥野健男は『図書新聞』（一九六九年三月十五日号）に菊枝の『太陽がいっぱい』（一九六九年版）のレビューを書いている。

まず、「酒場のママ（昔はマダム）のものした本は、小説にしろ自叙伝にしろ（略）、一応眉につばをつけて疑うことになっている」と、奥野流の「酒場のママ」本についてのとらえ方を示し、その理由として、酒場に出入りする有名人士はたいてい、マダムに借金やさまざまな弱みをにぎられているから、いくらマダムの出版記念パーティの発起人に一流人士が名前を連ね、提灯持ちの文章を書いたりスピーチをやっても、それは、マダムとの関係上、「恩になっているから当たり前のことで、誰もそれを本気にしない」からだと続く。菊枝の自伝も、「まさにその通りのこと」だとバッサリと斬っている。

それでも、ノアノアのママがゴーゴーを踊っている姿は好きだし、店に飾ってあるママの絵も好きだという。しかし、自伝を出版すると聞いたときには、「よせばいいのに」と思ったのが正直な感想だそうで、それでも、「あいう傑物の女性がどうして出現したかに、またハモニカ横丁頃の文壇史的な関心のため…」自伝に興味がないわけではないと書いている。「それでパラパラと贈られた本をめくって拾い読みしたのだが、そのうちにこれはちょっと違うぞ、単なるバーのマダムの裏窓史ではないぞと思われはじめた」と驚いている。

奥野によるレビューは次のように続く。

〈ただ異常な時代を自分の欲するまま、あるときは勝ち、あるときは負け、しかしいつも童女のように自然を愛し、自己中心に生きて来たひとりの女がここには描かれている。この女はまことに自分勝手である。理論も思想もない。そしてこの女を表現する文章も自分勝手である。ある時は客観的かと思えば、ある時は主観的で読んでいてずいぶんいい気なものと思うのだが、ふっと涙ぐむほど共感させられる時もある。論理、感覚思考、表現すべて赤ん坊なのである。その赤ん坊がこの大変な時期、汚塵にまみれながらも生き抜いて成功したということがおもしろい。ぼくはふっと同じ新潟生まれの坂口安吾を思い出した。もちろん安吾の大きさ高さとは比較すべくもないが、片方は大地主片方は小作ながら、郷里を懐み愛し、そして何かに憑かれ、世俗にまみれ世俗とたたかい、自分だけの世界に生きて行く。

その不思議な人間的魅力は越後の血なのであろうかと思わざるを得なかった〉

〈ともかく酒場のマダムの告白ではなく、こういう生き方もあるのだと読者に一読をすすめてみたくなる本である。売り本でなくて自費出版であるところもいい〉

奥野が読んだ菊枝の自伝には、「水俣訪問」「水俣裁判」といった、その後の増刷で所収された随筆は含まれていない。菊枝が水俣と関わることで明確になっていく、小作争議を率いた父親の影響――。この部分が含まれていない初版の自伝で、奥野はこのレビューを書いた。特に、同じ新潟生まれの坂口安吾の名を挙げ、大地主と小作の家の生まれという違いがありつつも「郷里を懐み愛し、そして何かに憑かれ、世俗にまみれ世俗とたたかい、自分だけの世界に生きて行く」と二人に共通する点を挙げているのが印象的だ[111]。

登美雄によると、奥野のレビューを読んだ菊枝は、もっと文章が上手く書けるようになりたいと強く思ったそうだ。「奥野さんにレビューを頼んだわけじゃないのに、自分の自伝を取り上げてくれたんで、菊枝は嬉しかったと思います。当時、本の批評っていえば、奥野さんが一番人気でしたから。奥野さんが書いてくれたことは、すごいことだったんです」（登美雄）

やってみたいと思うことはなんでもやってみるのが菊枝である。一九六八年には、小冊子「ノアノア」を編集・関根弘、発行・若槻菊枝で発行している。執筆陣には、作家の戸板康二や美術評論家の瀬木慎一らが。映画レビューは映画評論家の小川徹、表紙や挿絵は菊枝が描き、新宿のスナップ写真は、グラフィックデザイナーの若槻秀英《ひでえい》（菊枝の弟）が担当した。

創刊号は、戸板康二が「在る夜の歌手」というタイトルで、ノアノア歌舞伎町店に歌手の宮城まり子と来店したときの出来事を書き、シャンソン歌手という肩書きで加藤登紀子が「フーテン革命への期待」を語り、小川徹は「鈴木清順のこと」と題して、鈴木と飲んだときの話を披露している。

若槻秀英が撮影した、サイケ調のビキニ水着を着たマネキン人形の写真、漫画家の長新太の「人間は、アングラふうに、もぐるようになりました」という風刺画などが続く。「しんじゅく新聞」と銘をうった新聞紙面風のページには、執筆者の署名はないが、関根の取材ルポだろうか。淀橋浄水場跡地の建設工事の進捗、映画『燃えつきた地図』のラストシーンが青梅街道成子坂付近で撮影されたこと、今はなき「ユニコン」という店で起きた「状況劇場主催者唐十郎、アングラ映画カントク足立正生、俳人加藤郁乎三氏がトックミアイの大ゲンカ」の目撃談を元に顛末までルポ。ミニコミ誌らしく、大衆向けではない、新宿情報が満載されている。

「ノアノア紳士録」というページには、作家の吉行淳之介や詩人の白石かずこ、歌手・丸山明宏らの近況報告が。吉行は新居に引っ越したとあり、新住所と電話番号まで書かれている。白石は執筆で忙しくて踊りに行けないので、自宅に若い娘を招いてゴーゴーを踊っているとあり、丸山は一人芝居の猛特訓中とのこと。

小冊子「ノアノア」

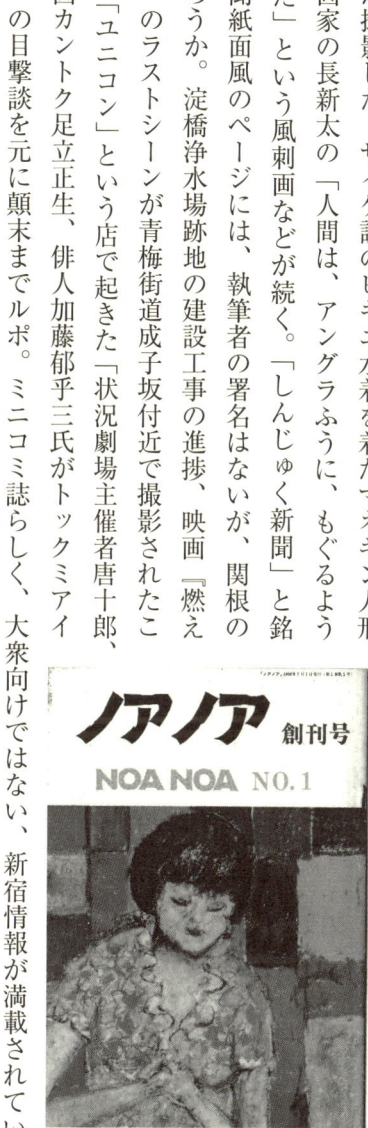

菊枝は「香港感傷旅行《センチメンタル・ジャーニー》」というタイトルで、香港旅行のときの、現地青年とのアバンチュールについて書いている。これは後に自伝に掲載された。

ゴーゴーブームの稼ぎをつぎ込んでつくった小冊子「ノアノア」は、「ゴーゴーブームの終わりとともに冊子も終わった」というから、資金が尽きたということだろう。二号までの発行だった。紀伊國屋創業者である田辺茂一が会長を務める新都心新宿PR委員会が、「新宿プレイマップ」という新宿のタウン誌を創刊したのは、菊枝が手掛けた小冊子「ノアノア」誕生の約一年後だった。

〈自分にあたえられた少しの時間と経済力を無駄にはすまいと思うとき、胸がえぐられるような、あるいは体中に血が躍動するのを感じる。そして途方もない事を考える。わたしは才能があるのにそれを生かす努力を惜しんでいるのではないかしらとか、そのようなモウ想にとりつかれることがある[112]〉

自伝の出版にしろ、小冊子にしろ、菊枝はやりたいことをやっている自分に満足していた。ただし、自分の絵だけは別で、他人の絵を見ては自分の不勉強ぶりを悔み、焦るばかりだった。満足のいく絵を描ける日は必ずくる——。そう信じてキャンバスにくる日もくる日も向き合い続けた。

# 第三章　転機　熱狂と覚醒

## 一九六八年　新宿

ゴーゴー旋風が吹き荒れていたころ、新宿にはベトナム反戦運動や学生運動の波が押し寄せていた。

一九六〇年にベトナム戦争が始まってから五年後、在日アメリカ軍海兵隊が戦地に派兵されると、東京に「ベ平連」（ベトナムに平和を！　市民連合）が生まれ、反戦デモや集会を始めた。新宿はその舞台の一つだった。

一九六八年十月二十一日の国際反戦デーには、「新宿騒乱事件」が発生。二千人を超える学生が新宿駅に乱入し、ホームへの放火、警察への投石をしたことで騒乱罪が適用され、逮捕者七百五十人を出した。

新宿騒乱事件の前年には、新宿駅で貨物列車の衝突爆発事故が起きていた。貨物列車が積んでいたのは、在日米軍に供給するためのジェット燃料。線路を覆うように張り巡らされた新宿東口の鉄の壁には「このかべの向こうはベトナムだ！」とスプレーで書かれた落書きがあったが、まさに、新宿駅はベトナム戦争と無縁ではなかった。

騒乱事件の当日、新宿駅西口に比較的近いノアノア柏木店には、通りでまかれた催涙ガスか何らかの煙が、地下一階の店内まで立ち込めてきたという。その日、車を運転していたノアノアの従業員は、道路に流入してくるデモ隊を前に身の危険を感じ、職安通りに車を残したままその場を立ち去った。後で車を取りに行くと、車は何者かにひっくり返されて焼かれていた。従業員が乗っていた車は、菊枝の赤いフォルクスワーゲンだった。

一九六九年二月、新宿駅西口地下広場で反戦フォーク集会が始まると、毎土曜日には「フォークゲリラ」と呼ばれるギターを弾く若者の周りに、戦争反対の意志表示をする大学生らが集まり始めた[113]。その数は、二千人、三千人、五千人と増えていき、機動隊が強制排除を行った翌週も、群集は西口地下広場のみならず、地下駐車場へとつながるスロープまでを埋め尽くした。

これに焦ったのか、六月十九日の土曜日を目前に、警察は西口地下広場を西口地下「通路」と名称変更し、「通路」なのだから立ち止まるなと主張。広場で行われていたカンパや署名集めをする人たちすべてを排除したのである。

西口広場が完成する前の計画段階から取材をしてきた関根弘は『機械的散策』で、次のように指摘している。建設側は、名ばかりの「広場」をつくって、西洋並の広場ができたと満足していたが、その「広場」が議論の場になり、反戦フォーク集会などに使われだしたのを見て、「ホンモノの広場として機能しはじめた」と慌て始めた[114]。その結果、「権力をもって広場を弾圧」する策に出たのだと。さらに踏み込んで、「広場」が「通路」に変わったという名称争いにだけ注目することは、相手の思うつぼで、むしろ、相手の都合で、「広場」が「通路」に変えられてしまうような支配体制こそが問題だと書いている。

新宿生まれの音楽評論家・平井玄は著書『愛と憎しみの新宿』（ちくま書房　二〇一〇年）で、この日を契機に新宿は、「彷徨う街」から「歩かされる街」になり、「歩くこと」も「歩かされる」ことも警察と企業のサジ加減ひとつだと述べている。

唐十郎の劇団「状況劇場」が花園神社を公演の場として使うことを禁止され、花園神社を去るにあたって、「新宿見たけりゃ　今見ておきゃれ　じきに新宿　原になる」と書いたビラを配ったのは、西口地下広場が「通路」に変わる、一年前の一九六八年六月二十九日だった。

「新宿らしさ」を形づくっていた混沌としたものや無秩序なもの、さまざまな価値観や文化が雑居する空間の放つバイタリティーといったものが、この時期、新宿から姿を消していった。

一九六八年という年は、日本政府が、「水俣病の原因はチッソ工場の排水」と宣言した年でもある。水俣病が公式に確認されてから十二年後のことだった。「チッソが原因」という政府のお墨付きは、熊本県水俣市で孤立していた水俣病患者家族を、裁判に向かわせる追い風となった。

一九六九年、チッソを被告にした初めての水俣病裁判が始まった。患者家族九十二世帯のうち、裁判の原告になったのは二十九世帯のみ。いくら政府が「チッソが原因」と名指した後でも、チッソの城下町のような水俣では、チッソを被告に裁判をするということは、多くの市民を敵に回すことを覚悟しなければならなかった。

## 欧州

一九六九年、菊枝はポーランドをはじめとする欧州を旅している。後からこの旅を振り返ると、菊枝の人生を見つめ直す契機となるのだが、働き詰めだった菊枝にとっては、ちょっと長めのバカンスを海外で過ごしてくるくらいの軽い気持ちだった。

欧州旅行を思い立ったきっかけは、ノアノアの常連、工藤幸雄夫妻がポーランドの首都ワルシャワにいる間に、一度遊びに来ないかと誘ったことが大きい。隣国のチェコにはやはりノアノアの常連だった共同通信社のプラハ特派員・佐藤信行がいた。ノアノアの馴染み客が向こうにいるうちに、外国を見てくるのもいいかもしれないと、一カ月の旅を決めたのだった。

四月下旬、菊枝は横浜港からソ連のナホトカに向かった。「モスクワに着いたのが五月一日のメーデーの日だった」と、同人誌『小説芸術』二二号（一九九五年）に書いている。菊枝が来ることを工藤から聞いていた現地支局の日本の新聞記者たちが開いてくれた宴会のことは、「すっかり御馳走になり、自分がモスクワに居ることさえ忘れてしまうほど」だったと記している。旅の始まりは賑やかだった。

最初に泊まったモスクワの「ホテル・ウクライナ」の四階から街を眺めると、「葱《ねぎ》ぼうず」のような形をした屋根が見えた。

〈近代的なコンクリートの箱型の建物と違って、古い歴史を感じさせる落ちついた風景は、初めての異国にあった私の心を和らげ、とても気に入った。（略）ホテルの部屋も広ろかった（原文ママ）が、何から何まで大まかであった。サービスの仕方も万事がのんびりとして、なんとなく間が抜けているようで、日本での何かに追われているような忙しさの日々を思うと、やはりソビエト式というか、広大な国の民族性を感じたものだった[115]〉

シベリア鉄道でポーランドに移動した。五月二日から二週間の滞在中、工藤夫人が菊枝に同行した。

自伝にも「五月のアウシュヴィッツ」というタイトルで、アウシュヴィッツ強制収容所を訪問したときのことを書いている。アウシュヴィッツの訪問は、菊枝にとって、この旅行で最も忘れがたい出来事になった。

ガイドの運転する車でクラクフという街からアウシュヴィッツに向かう道中、菊枝はなんともいえない悪臭を感じたと書いている。それは運転しているガイドが、「もうすぐアウシュヴィッツです」と知らせたときからで「動物か人間の排泄物のくさった」ようなその臭いは、吐き気を催すほど菊枝を息苦しくさせたと記している。戦争が終わって二十数年も経っているのに、当時の臭いが残っているわけがないし、同じ車に乗っている工藤夫人とガイドの青年は、悪臭を感じている様子はなく平然としていた。

実際にアウシュヴィッツには、そうした臭いはないと言われているが、菊枝の嗅覚は人とは違っていたのかもしれない。車がアウシュヴィッツに到着すると、先ほどからしている嫌な臭いが、一層はっきりと菊枝の嗅覚を刺激してきたのだという。

ユダヤ人が収容されていた部屋など、収容所のいたるところでこの臭いを感知した菊枝は、ユダヤ人の怨霊を一層リアルに感じることができたようだ。

〈嗅覚というものは、もっとも野生的な動物の自衛本能から発達しているというが、私は動物に近いほどの野生人かもしれない[116]〉

死体を処理する部屋、拷問に使われた足かせや手かせがひしめく部屋は、鉄工場かと思うくらいに鉄製のものばかりだった。

〈さぞつらかったでしょうね、ユダヤ人として生まれたばっかりに、なぜこのようなつらい苦しい思いをしなければならないんでしょうね[117]〉

菊枝は一本の花さえ持ってこなかったことを後悔した。この場で亡くなっていったユダヤ人の痛みを、自分の肉体的、精神的な痛みとして感じようとしたが、肉体的な痛みは感じることができなかった。自分の流した涙を、せめてわかってもらいたい。「私のテレパシーを感じてくれたら――」と切に願うことしかできなかった。

ポーランドといえば、菊枝にとってはショパンの生まれた国。ショパンの生家やショパンの像のあるワジェンキ公園を訪問しては、ショパンの伝記映画『別れの曲』を、新宿の光音座で見たことを思い出した。

チェコ共和国ではプラハを目指した。毎年恒例の「プラハの春」という音楽祭のシーズンのためホテルはどこも満室で、菊枝と工藤夫人は民宿に泊まった。昼は観光をし、夕方にはソーセージやレタスなどの食材を買って、民宿で自炊をした。日本から持ってきたインスタントの味噌汁をすすりながら夕食を食べた後は、本を読んだりして過ごし、朝は、庭のまき割りの音で目覚める。まき割りの音は、「むかし懐かしい大正時代か昭和の初めの音」

のように菊枝の耳に響いた。

　菊枝たちの泊まった民宿は、細く曲がりくねった坂道を登ったところにある二階建ての古い建物だったが、さらに坂を登って行くと古い城があるというので行ってみた。

　城の近くには、かっての住人であっただろう人たちの墓地があり、ゼラニュウムやパンジーなどの花に囲まれている墓は、花畑のように菊枝には見えた。七、八百年も前につくられた墓地がきれいに保たれていることに、菊枝はチェコ人の優しさに触れた気がした。

　ソビエトとチェコで見かけた墓の中には、墓石に故人の詩を刻んだものがあり、菊枝はなんてロマンチックなんだろうと感激した。自分の墓に、自作の詩を刻むのもいいかもしれないというアイディアをこの旅で得た菊枝は、後年、生まれ故郷に建てた墓に、自作の詩を刻んでいる。

　ウィーン、ドイツと周り、フランスへ。ここからは菊枝一人の旅だった。

　パリのシャンゼリゼ通りにある日本航空のオフィスに立ち寄ると、「ノアノアのママさんでしょう？　僕はよくお店に行きましたよ」と日本からの旅行者らしい人が声をかけてきて仰天する一幕があった。報知新聞社のカメラマンだと名乗る彼の顔を見ると、「そういわれれば、店で会ったような……」と、おぼろげな記憶がよみがえってきたが、まさかパリでノアノアの客と遭遇することになるとは。菊枝は驚くばかりだった。

　外国にいると気持ちが大きくなるのか、普段は酒を飲まない菊枝も、パリでは昼間から葡萄酒を飲み、夜はムーラン・ルージュでシャンペンを楽しんだ。夜の二時過ぎにホテルに戻るころには、完全な酔っ払いだった。

　シャワーも浴びずに、いきなりバスタブの熱い湯につかったところ、熱すぎて飛び出しベッドに横になる始末。心臓がどっくんどっくんと動いていることが、酔っぱらっていてもはっきりわかるのが怖いほどだった。

　心臓の動悸はなかなかおさまらず、物音しないホテルの部屋で天井を見つめていると、心臓の動きだけが小刻みに激しくなっていく。「このまま私は異国の地で死んでしまうのだろうか」と、心配になった。「もし死体で発見されても、パスポートがあるから身元はわかるだろうけど、パスポートがなければどうなってしまうのだろう」と、悪いことばかりが頭をよぎる。外国に一人でいる心細さを実感すると、菊枝は急に日本が恋しくなり、自由気ままな一人旅はどうでもよくなってしまった。

頭に浮かんだのは、顔見知りの客に囲まれて、ワイワイ楽しくやっているノアノアの風景だった。

## ゴーゴー旋風の後

六〇年代後半、ノアノアに訪れたゴーゴーブームは、菊枝の商売を拡大することに貢献したが、その一方で昔からの常連客を店から遠ざけてしまった。ダンスフロア化してしまったノアノア東大久保店の客層は、菊枝の言葉を借りれば、始めのころは「健康的に踊る人たちばかり」だったが、次第に「チンピラ風」の客が目立つようになっていた。店の雰囲気が悪くなったことは明らかで、「自分の店を、自分で守れないようなら商売はしない」と決めていた菊枝は、何か手を打たなければならないと考えていた。

その日、店には、「チンピラ風」の客が数人来ていた。椅子にふんぞりかえって足を投げ出している彼らのところに、菊枝は何食わぬ顔をして近づいていき、彼らの足をわざと踏んづけた。何が起こったかわからない彼らは、驚きの表情で菊枝を見た。再び、菊枝は彼らの足を踏んづけた。

「何するんだよ」

「踏みたいから踏むのよ」

菊枝は、彼らの顔写真をパチリと撮影した。

「私は新宿警察署とタイアップしているの。得体の知れない人間やヤクザの顔写真を、渡すように頼まれているの」

カメラを向けられると、さっきまで大きな態度でふんぞりかえっていた客は、みな、袖で顔を隠しだす。

「ここは、あなたたちが来る店じゃないんだから、帰りなさい」

足を踏んづけられたほうは、あまりにも菊枝が平然としているので、この女のバックにはすごい人がついているんじゃないかと勘ぐる。それに輪をかけるようにして、カメラを持つ菊枝の右手の薬指の先が喪失しているのが目に入ってくる。彼らはあっという間に店から出て行ってしまった。

菊枝のいう新宿警察署とのタイアップというのは、嘘だった。

家にいる菊枝のところに、店からＳＯＳの電話がかかってくることもあった。店に駆けつけると、従業員が困った顔をして菊枝に助けを求めてくる。五百円のチケットを買っていない「与太者」たちが、ビールを飲んでいるのだという。両腕に入れ墨の入った者もいた。

菊枝はまず、従業員に目を向けた。「おかしいな。ボーイをやっているのは、見たことがない顔ばかり」。知った顔のボーイを探すと、一人は、店のグランドピアノの下で寝ていて、別のボーイは食料倉庫に女の子と一緒にいるという有様だった。

「なんてひどいの！」

自分の店の従業員たちに腹を立てたが、まずは「与太者」をどうにかしなくてはならない。菊枝は彼らに近づいて言った。

「ちょっとあなた、チケットはどうしたの？」

「チケットなんているのかい？」

「そうよ。あなた、ただで飲んだわけ？　どうしてお金もないのに飲めたの？」

と、あえて大真面目な顔をして、不思議そうに聞いた。もちろん、「与太者」と「ボーイ」がグルであることを菊枝はすでに見抜いていたが、ここはあえて知らぬふりをして、相手の返事を待った。「与太者」は口を開こうとしない。何を言ってもズルをしていたのがバレてしまうと思ったのだろう。だんまりを決めている。

ならばと、菊枝は、グランドピアノの下で寝ていたボーイを起こして、指示した。

「この人たち、チケット買っていないようだけど、どうしたの？　ちょっとチケット持ってきて。この人たちからお金いただいて」

と言って、片っぱしからチケット代を回収した。面くらっている「与太者」たちに菊枝はさらに続けて

「お兄さん、腕に彫り物しているようだけどたいそうな芸術家ね。私も絵を描くけど、あなたのは体に絵を描くのね。悪いけど、うちの店ではそういうの通用しないから。ワイシャツを着てくるとか、隠してもらわないとね。着替えてから来てよ」

と言うと、「わかりました」と言って、店を出て行ったきり戻ってこなかった。

ボーイには、「まともな人間が店に来るようにしなくちゃね。それから、あんたたち職場で寝たりしちゃだめよ。働かないのに、お金を払うわけにはいかないんだから」と注意をした。

こんなふうに、客に対して言うべきことを言う菊枝は、「怖い者知らずのノアノアのママ」だとか「強い女」だと、もっぱらの評判になった。だが、菊枝は特別なことをしているつもりはなかった。自分の店のトラブルに対処するのは、店の経営者である自分をおいて他にいない。だから、客に対して言うべきことを言っているだけだし、自分のことを特別に強い人間だとは考えていなかった。

五十代の菊枝には、店でトラブルを起こす客の内心の焦りといったものが手にとるようにわかったのだという。彼らがどうしてあのような行動をとるのかが見えてしまうと、相手を怖れる理由はなくなってしまうのだった。

〈私だって、彼らと同じようにけっこう気の弱いところもある。ただ、彼らよりいくらか世の中の荒波にもまれてきたから、彼らがみえを張ったり強がってみせているんだろうぐらいのことはわかっていたので、少しも怖いとは思わなかった[118]〉

店の風紀を良くしていこうと奮闘しながら、菊枝が思い出すのは、欧州で見た、暮らしそのものを楽しんでいる人たちのことだった。

「はたして、私の生活はどうか。お店を始めたばかりのころは、お金もうけは私にとって、徒競走で一番になるようにがんばるものだった。そのうち、お客さんがいっぱい入った店を持って、見栄をはりたい、という無邪気な気持ちもチラつくようになった。

でも、東欧を見てきた今は、私は馬鹿なことをしているなって思う。このままの生活を続けたら、大好きな絵を描くこともできなくなるような気もする[119]」

〈人生は、その生活を楽しむためにあるので、こせこせと目の色を変えて自分の命まですりへらすところではない。豊かさとは物を持つことではなく、身も心も豊かに平和でありたいと願い、生活することだ[120]〉

このまま今の商売のやり方を続けていては、自分の望む生き方はできないのではないか。自分は何がしたいのか。店と客を大事にしたい。大好きな絵も描き続けたい。そのため何をするべきなのか——。この後の菊枝の行動は早かった。次々と店をたたみ始めたのである。

お茶漬け屋も、西大久保店も、小滝通りのレストラン・ノアノアも、思い切って手放してしまうと、菊枝はずいぶん身軽になった。

残ったのは柏木店と東大久保店だ。昔ながらの落ち着いた雰囲気を保っている柏木店は、そのまま営業を続け、最も売り上げの高かった東大久保店は、しばらく休業することで、店の雰囲気を一新しようと考えた。

店と客を大事にするためにも風紀の乱れた現在の雰囲気を一掃しなければならない。そのためには、一定期間、店を閉めて、かつての落ち着いた雰囲気のノアノアを取り戻すしかない――。

東大久保店の休業は約一年間続いた。

## ノアノア再開

ゴーゴーを踊ろうと思って、どれだけの人がノアノア東大久保店のある医大通りまで足を延ばし、「休業中」の張り紙にがっかりして引き返していったことだろうか。ところが、店が再開した一九七一年になると、ゴーゴーに熱中していた人たちは忽然と消えてしまっていた。というくらいに、ゴーゴーは過去のものになっていた。

店の再開を柏木店や東大久保店の常連客に知らせ、しばらく顔を見ていない客に電話をしてみたり、案内状を送ってみたが、客は思ったように戻ってこなかった。

再開後の東大久保店は、ピアノ・クラブとしてスタートした。

〈ノアノアは、最初のハモニカ横町時代（原文ママ）から歌声バーのような雰囲気があったので、やりよかった。店にはグランドピアノからギター、ボンゴ等いろんな楽器が置いてある。わたしはピアニストを入れることにした。

歌うことが好きな人は意外に多い。友達を連れて来てはピアノの伴奏で、得意の歌を聞かせる。現在のようなカラオケなどは勿論まだ無い昭和四十五年（一九七〇）だった。

歌が好きだという人は多いが、まだ人前で歌うことにはテレがあるし、慣れていない。まして大勢のお客さんの前で歌うのだ。歌の本を渡しマイクをすすめるのだが「僕は聞くのが好きなんです」と言って後込みするが、目は本の歌詞から離さない。

歌う曲は懐メロからカンツォーネ、ドイツリード、シャンソンにロシア民謡、そして演歌。店は次第に歌好きの人が集ってくるようになり、ノアノアは再び活気を取り戻してきた〈121〉

ノアノアには常連客がつくったオリジナル曲があった。「ノアノアの仲間たち」「ハッピー・ノアノア」、演歌調の「ノアノアの夜」などバラエティーに富む。歌詞カードを印刷して店で配った。店のオープニングは、「ノアノアの仲間たち」からと決まっていた。

店でよく歌われていたのは、越路吹雪の「ろくでなし」、井上陽水の「夢の中へ」、近江俊郎の「湯の町エレジー」、童謡「サッちゃん」など。これらは常連客の十八番だった。店に流れてくるメロディを聞けば、「あれ、今日は誰々さんが来ているんだ」とわかるほど、常連客にはそれぞれ、名刺代わりになる曲があった〈122〉。

「五番街のマリー」が持ち歌だった常連の男性は、咽頭がんの手術で声が出にくくなってからも週に二、三回は顔を出す常連中の常連だった。元気なころに録音した自分の歌声の入ったカセットテープを店でかけながら、マイクを口に近づけて歌った。ノアノアのステージは、誰にでも開かれていた。

ピアノ以外の楽器が店にもちこまれると、歌いたい人は歌い、演奏したい人は演奏をする。生演奏を伴奏にして歌うスタイルから、カラオケの時代に変わっても、ノアノアの客は変わらず歌い続けた。

当初のカラオケは、一曲ごとに百円硬貨を機械に入れて歌うしくみだったが、ノアノアのカラオケの売り上げは、他店よりも飛びぬけて多かったようで、登美雄によれば、毎月売上を確認に来るメーカーの営業担当者は「いやー、ノアノアがまた一番の売上です」と驚きの声をあげていたという。

ゴーゴーのダンスフロアから、カラオケのステージへと変貌を遂げた一九七〇年代後半、店は落ち着いた雰囲気を取り戻しつつあった。テレビドラマ『七人の刑事』や、アニメ『ルパン三世』の主題歌（一作目）で知られる作曲家の山下毅雄は、この頃のノアノアの魅力について次のように語っている。

〈古びた階段、古びた壁、古くさい便所、真ん中にデンと置かれた少し狂っているグランドピアノ。やはり長い時間のかかった味わいと、古くからの付き合いのお客さんたちとの温かい永いふれ合いから生まれたノアノアらしさが、何ともいえないくつろぎの場としての良さをみたしてくれている。（略）働いている人もいい。永く古いお客さんたちがまたすばらしい。メニューの値段の安さもここならでは[123]〉

どういうやり取りがあって、菊枝の詞に山下が曲をつけることになったのかわからないが、『別れ』という二人がつくった曲がある。登美雄はこの曲をよく、ノアノアのピアニストの伴奏で歌っていたという。「メロディが七人の刑事の主題歌に似ていて、いい曲なんですよね」と目を細めて語る登美雄にとってこの曲は、菊枝とのほろ苦いひと時を思い出させる曲である。けんかをして家を出て行く男の車のテールランプを、悲しげに見つめている女心を菊枝が詞にした。

山下も菊枝も故人となった今、登美雄にとって『別れ』という曲は、二度と戻ってこないあの頃を閉じ込めた曲でもあるのだ。

# 第四章　水俣　人間を信じている人たち

## 水俣訪問

かつての新宿駅東口には、半蔵門と新宿をつなぐ都電新宿線の新宿駅があった。この路面電車は、一九七〇年三月二十七日に廃止されて街から姿を消すのだが、都電が走っていたころの日曜日には、バナナの叩き売りや古着を売る夜店が線路沿いに並んだ。店先を照らすカーバイドランプからただようアセチレンガスの臭いは、菊枝に少女時代を過ごした新潟のカーバイド工場を思い出させた。

新宿から都電が消えた同じ年、日曜の新宿道りに歩行者天国が登場すると、道路から締め出された車の代わりに通りでは、「ハプニング」と呼ばれるゲリラ的な即興演劇や、「水俣」と書かれたゼッケンを身につけた若者たちの、カンパを呼びかける姿が見られるようになった。

歌舞伎町のノアノア時代から常連に名を連ねるようになった映画監督の土本典昭が、菊枝に石牟礼道子の『苦海浄土』を勧めたのは一九七〇年頃のこと。菊枝は『苦海浄土』を読んだ感想を次のように記している。

〈わたしは浄瑠璃みたいな面白い題名だなと思いながら読み始めた。そのうちに涙が溢れてとまらなくなった。こんなことがこの世にあっていいものか、とカーッと胸に熱いものが込み上げてきた。そして、その思いを土本さんに話した[124]〉

土本は菊枝に、水俣に行って患者たちと会ってきてはどうかと提案し、菊枝はすぐに水俣行きを決めた。旅慣れていない菊枝のことを考えて、土本は水俣病事件に関心を寄せている役者の林洋子を同行させた。

菊枝が水俣行きを決めたのは、「人のためになりたい」というくらいの「軽い気持ち」だったというが、行ってみると、水俣での体験は、「わたしを根底からゆさぶってしまいました。うまく表現できませんが、ともかくわたしの情熱は水俣にかたむけられてしまいました」と言わしめるほど、菊枝の生き方を変えてしまったのである。

東京から水俣までは寝台列車で一泊し、二十時間ほどかけて水俣まで移動した。いつもは寝つきの悪い菊枝も、この日ばかりはぐっすり寝ることができた。旅に同行してくれた林のおかげだと菊枝は書いている。

一九七一年一月、菊枝は水俣に到着した。

〈水俣は箱庭〔のよう〕に美しく、人間も素朴である。気候はあたたかく山々には甘夏みかんがたわわに実をつけている。どっさり稔（原文ママ）っているので、みかんの木は苦しそうである。ここがあの恐ろしい水俣病の発生したところかと思われるほど、風光明媚の土地であった[125]〉

水俣市の職員・赤崎覚と、市議会議員の日吉フミコが菊枝を患者の家に案内した。どの家も菊枝たちを明るく出迎えてくれたが、逆に、表には見せない、家族の隠された感情の所在が気になってしまう。菊枝は、目の前にいる患者家族の話をしっかり聞こうと、そのことだけに集中しようとした。

水俣の茂道地区に住む、十三歳になる患者・渕上一二枝《ひふえ》の家を訪ねたときのことを、菊枝は同人誌にこう書いている。

〈家とは名ばかりの二室の家に、子供用のベッドをすこし大きくしたようなその上に、娘さんは寝ていた。まくら元には床の間があり、ところせましとばかりに折り鶴やお人形などがぶら下げられてあったり、棚に載せてあったりして、それらの品々がかえってこの病人の絶望的な状態を物語っていた。

胎児性水俣病といって、口はきけずただアーアーと声を出しているだけである。

私達の来たことを知って「アーアー」と言っていたが言葉にはならない。五十才位と思われるお母さんに、何を言っているのかと聞いてみると、お客さんが来たので喜んでいるのだ、ということだった。

この病気になると、手足は蝦《えび》のように曲がり、足の裏などは豆腐とそっくりな程ふわふわしていた。

日吉さんが五十円玉をようやく手に持たせてやると、とても嬉しがっていた。よい物をもらうとまず神様にそなえてから自分が持ち、お母さんが「お金貸して」と言うと、動かない手をやっと胸のあたりまで持っていって、そして絶対にはなさないのだそうだ。お金がたいへんに大切なものであるということを知っている、とお母さんは言っていた。

「東京から来たのよう。一二枝ちゃん。うれしい？　早く良くなってね」

と空しい言葉を繰り返すと

「アーアー」

を激しく彼女はくりかえした。

一二枝ちゃんのお姉さんが湯あがりに、クリームなど顔にぬっていると、自分もつけたいと「アーアー」といって駄々をこね自分もつけるし、口紅などつけてもらうと、その口紅のとれるのが嫌で、食事さえしないそうだ。

私は彼女のほほをなでさすり、涙の出るのを、どうすることもできなかった。

私が一二枝ちゃんに口紅をつけてあげようとすると、彼女は口をとがらせて紅をつけ易いようにした。

頭は赤ちゃんで、身体は大人である。指や足はそり返って曲がっている。身長は一メートルちょっと位で、子供用のベッドに寝ていた。

何か彼女の気に入らないことがあったりすると、アーアーも言わず、すっかり怒ってしまって、プンプンして三日も口をきかないそうである〈126〉

この日は水俣病患者・浜元二徳《つぎのり》の家に一泊した[127]。その縁で、近所に住む十三歳の患者、上村智子の自宅も菊枝は訪問している。

〈智子ちゃんは、話すことは出来ない。目もまったく見えず、一日中アーアーと言って言葉にならない声を出している。

喜んでアーと言うのと、嫌でアーと言うのでは調子が少し違うのではないか、と思って彼女のお母さんに聞いてみると、やはり同じように聞こえるアーという声でも、その時々の気持ちで微妙に調子が違うのだそうだ。

彼女は賑やかな方へ、私たちが話している部屋の方へ動かない身体を一生懸命ねじ曲げるように向けて、「アーアー」と声を出していた。

私は「智子ちゃん、皆んなと一緒に居たいのじゃない?」と言ってお母さんに連れて来てもらった。

口がきけなくても、精いっぱい自分を表現しているのだ。

智子ちゃんのお父さんは、一ヶ月のうち六十日にも働くといわれる程、毎日残業をしている。それでも生活は苦しいという。水俣を去る朝また訪ねたら、お母さんが「東京に帰ったらいらないセーターとか、なにか着古した物がありましたら送って下さい」と頼まれた[128]〉

渕上一二枝や、上村智子の身体に起きた異変。奪われた身体機能はもちろんのこと、貧しい患者の暮らしに、菊枝は強い怒りを感じた。

チッソが人間にした仕打ちのなんたる有様。それなのに水俣の人は、チッソに恩義を感じて、魚を食べた自分が悪いと考えている。なんて素朴な水俣の人たちなんだろう――。菊枝にとって、水俣の人たちのそうした感性の在り方は衝撃的だった。

衝撃的といえば、水俣で耳にした次の話も菊枝を驚かせた。チッソで働く「会社行きさん」と呼ばれる男たちが非常にモテるという話だった。

農業でも漁業でもなく、チッソで働く男たちは、昼飯を家で食べる百姓や漁師と違って、職場に弁当箱を持っていく。そんなチッソの男たちが、弁当箱を振ってカチャカチャ音を立たせると、年頃の独身の女たちは、目を輝かせるという話だった。

チッソ勤めの男との結婚を夢見る女たちと、チッソのせいで水俣病を発症し、過酷な人生を強いられているモノ言わぬ被害者たちが、同じ地域に同居していることを、菊枝は短い水俣滞在の中で認めざるを得なかった。心の中に生まれたわだかまりは、菊枝を水俣病事件に向き合わせていくのだった。

〈それにしても会社はなんと残酷なことであろう。人間あつかいをしないで、人間を牛馬のごとく使うのが当り前だと昔から言ったそうだ。そして、この素朴な水俣の市民を水俣病患者にしたチッソに、まだ恩義を感じている人がいるのだから、幼い時からの習慣というものはおそろしいものだと思う[129]〉

「幼いときからの習慣」と書いて、菊枝は自分自身の身を振り返った。十歳に満たないころから子守や畑仕事に駆り出されてきた菊枝は、十四歳になると家の手伝いから逃げるようにして紡績工場の住み込みの女工になった。体調を崩して、精神まで病んでいたときには、心の闇から抜け出す出口を探すように、カーバイド工場で働きだした。

自分のおかれた境遇に我慢ができないと、何らかの行動をとらずにいられないのが菊枝である。十七歳で結婚し、両親から離れて自由を手にしたはずだったが、家で夫の帰りを待つ生活に耐えられず離婚、家族の反対を振り切って上京した。つきあってきた男との関係についても、惰性で付き合うといったことはせず、愛情がなくなったとき、信頼が失われたときには、別れを切り出してきた。

そんな生き方をしてきた菊枝にとって、チッソの社長を神様のように思い、我慢している水俣の人々の姿は、残念でたまらなかった。

東京へ帰る飛行機の窓から熊本の街を眺めながら、菊枝は美しい水俣の風景を振り返った。近代化の名の下に排水を垂れ流し、水俣病患者をつくりだした現実。下界の街の光が「社会文明の創りだした悪の華」に見えたという。

〈人生は短い。最近わたしはそのことについて考えることがよくある。自分に出来ることは、この水俣病の患者さんの惨状を一人でも多くの人に知ってもらうことと、カンパしかない[130]

「苦海浄土基金」と黒ペンで書かれた木製のカンパ箱がノアノアに置かれたのは、菊枝が水俣から戻って間もなくのことだった。苦海浄土基金の原点は、日吉フミコらによる水俣病市民会議が創設した同じ名前の基金で、チッソを被告に裁判を提訴した患者たちの生活を支援するためのものだった。東京・水俣病を告発する会の会員にもなり、会報紙をカンパ箱の脇に置いた。水俣病患者の状況を知ってもらい、カンパにつなげるためだった。

〈他人から変な目で見られることなど気にしていたらこんな運動はできない。正しいことと思ったら勇気ある行動が必要だと思う。

わたしは店のお客に十円でも百円でもよいからとカンパをたのむのだが、恥〔ず〕かしいと思ったことは一度もない。よろこんでカンパして下さる方には感謝し、カンパをしてくれない人には憎しみさえ感じたが、しかし、人の生活にはそれぞれ違った事情もあることとして、がっかりしながらも、すぐあきらめる。それにしても、お店のあることはよいことで、店にいながらカンパができると思うとありがたいことだと思う[131]〉

カンパに加え、上村智子の母親に頼まれていた衣類についても、ノアノアの客に呼びかけ、段ボール箱数箱分の衣類を水俣に送った。

二月の初めには上村夫妻からお礼のハガキが届いた。文面には、この間、智子の容体が急変して入院させたこと、熱が下がらない状態が続き、早くにハガキを書こうと思いつつも、遅くなってしまったことを詫びつつ、菊枝への感謝の言葉で結ばれていた。

## 水俣病

患者たちがチッソに対して堂々と抗議できるようになったのは、一九六八年、政府による「水俣病の原因はチッソの排水」という宣言以降だったとすでに書いたが、原因はチッソにあると政府が認めていない段階では、患者がチッソの責任を追及するには、相当の覚悟が必要だった。村八分になる覚悟である。もちろん、チッソの排水が疑わしいという声は随所でささやかれていたが、政府がこれにお墨付きを与えない限り、チッソは水俣病について、第三者的な立場で居続けることができたのである[132]。このような状況下で、チッソの責任追及を行うということは、追及する側が「罪人」であるかのように見られることを意味した。

一九六九年六月、患者百十二人が、チッソを被告にした訴訟を熊本地裁に提訴した（水俣病第一次訴訟）。日本初の公害訴訟である新潟水俣病裁判から一年遅れてのことだった。

原告団長は渡辺栄蔵。菊枝が水俣で訪れたうちの一軒である。渡辺家は三世代にわたり、家族全員が水俣病患者であり、栄蔵は渡辺家の主《あるじ》だった。

裁判を始めるにあたって栄蔵は熊本地方裁判所の前で、こう宣言している。

「今日ただいまから、私たちは国家権力に対して、立ちむかうことになったのでございます」

このとき渡辺栄蔵は七十一歳。第一次訴訟の被告はチッソのみで、国や熊本県は含まれていなかったが、「国家権力に対して立ちむかう」という言葉に現れているように、この裁判は、チッソの背後にいる国家権力をも相手にした闘いであることを宣言していた。

## 自主交渉派

すべての患者が裁判の原告になったわけではなかった。裁判をしている「訴訟派」とは別に、「一任派」とよばれる、政府の水俣病補償処理委員会に一任する人たちもいた。

さらに「訴訟派」でも「一任派」でもなく「自主交渉派」と呼ばれる人たちもいた。菊枝と親交を深めた川本輝夫は自主交渉派で、チッソと「直接交渉」をしようと行動した人たちだった。

川本は「自主交渉派」と呼ばれるようになる前に、水俣病の認定申請を二回棄却されていた。その後、行政不服審査請求をし、一九七一年八月、環境庁が川本を棄却した熊本県の処分を取り消すと、熊本県知事は十月、川本を水俣病患者に認定した。

このとき患者として認定された川本たちは、チッソに補償を求める方法として、裁判でもなく、第三者に頼るのでもなく、チッソの誠意を信じて、自主的に交渉することを選択した。「チッソも人間が営業していることだし、社長も重役も人間だから理解してもらえる筈」という人間に対する強い信頼の気持ちが根底にあった。これが「自主交渉派」の始まりだった。

一九七一年十一月一日午後七時、チッソ水俣工場前で川本たち十八家族（同時期に認定された患者）による座り込みが始まった。座り込みを決意させたのは、この日行われたチッソとの三回目の会談が決裂したからだった。この日の会談で川本らは、一律三千万円の補償を要求したが、チッソはこの要求を拒否し、川本らとの直接交渉ではなく、中央公害審査委員会に調停に入ってもらう意向だと言ってきたのだ。

十月十一日に行われた第一回目の会談から、この日の三回目の会談まで、補償交渉には何の進展もみられなかった。このころの川本の気持ちは次のようなものだった。

〈患者家族の話合いで申し合わせた「過去十数年間見殺し同様にされた、また将来にわたって強いられる生殺しの命と健康と暮し」の代償として求めた三千万。チッソが一任派の患者に払うとされる「三千数百万円」よりごく内輪に要求したにもかかわらず、水俣市では青天のヘキレキの数字になったのです。私は思うに、水俣の人達はどうして自分の命と健康と一家団らんの尊さ、有難さをこんなに安く見積もっているのだろうか。しかし、私は人間の尊さ、水俣病患者なるがゆえの差別、また新しく始まろうしている差別、チッソの責任、行政の責任、医学の責任などを、私の体験を通して訴えつづけ、叫びつづけ、動きまわらなければならないのだと、自分自身に言い聞かせている[133]〉

〈やっぱり、東京に行ったほうがよかばい、早う東京本社に。水俣は出先機関じゃもね。ここの幹部たちに、な

んばいうても、ハイ、それは本社に伝えますとか、本社に伺いましてから、とか、そういうことしか云わんばい〉[134]

こうして川本たちは、チッソの島田賢一社長と直接交渉をするために上京することを決意する。

川本を含む六人の患者が東京駅に着いたのは十二月六日の午後だった。チッソ本社が入居している東京ビルヂング（現在の東京ビルディング）は、東京駅南口から目と鼻の先にある九階建てのビル（当時）で、その三、四階にチッソの本社はあった。

患者たちがチッソ本社を訪問した十二月六日から、本社前の路上で座り込みを始めることになる二十五日までに、チッソとどんなやり取りがあったのか、いくつかの資料を参考に追ってみると次のようになる[135]。

十二月六日、島田賢一社長との面会を申し込むが、社長不在だといわれる。

十二月七日、島田社長に要求書を渡すが、チッソは直接交渉ではなく、中公審による調停を主張。チッソが自らの人間的誠意を見せるまでは、水俣に帰ることはできないと覚悟する川本。

十二月八日、島田社長と交渉。患者による交渉を支援する二百人近い支援者がチッソの応接室などを占拠。十三時間の話し合いの後、島田社長が血圧上昇と疲労を理由に担架で運び出される。川本、水俣病で死んだ父親の最期について、島田社長に次のように語りかける。

「社長、わからんじゃろ、俺が泣くのが。わからんじゃろ。親父はな、（病院の保護室に）一人で居った。おりゃ、一人で行って朝昼晩、メシ食わせとった。買うて食う米もなかった。背広でも何でも自分の持っているもん質に入れた。そんな暮らしがわかるか、お前たちに。（略）三千万円が高すぎるか。

うちん親父は六十九歳で死んだ、六十九で。親父が死んだとき、俺は声をあげて泣いたよ、一人で。精神病院の保護室で死んだぞ、保護室で、うちん親父は。牢屋のごたる部屋で、誰もおらんところで。しみじみ泣いたよ、俺は。（略）こげんこたぁ、誰にも言うたこたぁなかったよ、俺今まで」

成果もないまま手ぶらでは水俣に帰れないと川本。チッソ本社に泊まりこんで、交渉の機会を狙う態勢に。

十二月十日、川本ら、チッソ社内で社長回復と交渉再開を待つが、機動隊が支援者を排除。社内に残った患者は、社長が話し合いに応じるまで、チッソ本社内に座り込むことを決定。

十二月十八日、島田社長の入院先に見舞に行くが、チッソ社員に阻止され実現せず。

十二月二十四日、チッソ従業員により支援者がビルから排除される。ビル内に残ったのは川本と佐藤武春、石牟礼道子の三人。チッソの久我常務が、札束の入った封筒を見せて、本社での交渉を諦めるよう説得。川本と佐藤は「自主交渉要求に応じる確約がなければ、座り込みをやめる訳にいかない」と拒否。夜、チッソの従業員が三人を、ビル正門玄関に放り出した。

十二月二十五日、川本たちの東京ビル玄関前での座り込みが始まる。すでに十一月初めから座り込んでいた支援の学生たちが建てたテントに合流。

この日から連日、川本たちは四階のチッソを訪れ、交渉を要求し続けることになる。

当初は、資金も乏しいことから、東京に滞在するのは一週間程度になると考えていた川本たちだったが、一向に進まない交渉のせいで、水俣に帰るにも帰れず、チッソ本社前の路上で年を越すことになってしまった。水俣のチッソ工場前でも、患者や支援者たちが座り込みを続けていた。東京と水俣の座り込みは、一年八カ月続くこ

とになるのだった。

## チッソ本社前

新しい年になっても、川本たちの日常に変わりはなかった。東京駅を行き交う電車の影が、東京ビルヂングの壁面を行ったり来たりしている。その足元に建てられたテントで寝泊まりをしながら、連日、チッソに交渉に応じるように呼びかける日々が続いた。

川本たちがすぐに座り込みを開始できたのは、一足先に大学生たちが座り込みを始めていたこと、また、名も知らぬ人からのカンパや差し入れが途切れなかったことも大きかった。

チッソは頑なに川本たちとの交渉を拒み続けていたが、患者たちは東京では孤独ではなかった。テントには連日、支援者が集まり、カンパをする人、現金書留を送ってくる人もいた。支援者が利用していた近くの飲食店からは、食べ物の差し入れが届くこともあった。

菊枝も座り込みテントに顔を出し、そこで見たことを次のように同人誌に書いている。

〈坐り込みのテントの前を通るトラックから、みかんとかりんごが一箱とか二箱差し入れられ

「ご苦労さんです。皆さんで食べて下さい。頑張ってください」

と言って名前も告げずに、さっとまたトラックに乗り走り去る。

「寒いでしょう」

と焼酎やお酒を置いていく年輩者や若い人がいる。

主要な駅前でカンパ活動を終えて、テントに帰ってくる若い支援者たちにはなによりである。地面に毛布など

を敷いただけなので、年輩の患者さんや支援の人たちには、ことに寒さは堪える[136]。〉

患者と行動を供にしていた石牟礼道子はこのとき、テントの周辺に落ちているプラタナスの木の葉を新聞紙の下に敷いて布団代わりにしていたという。寒くて凍死するんじゃないかと心配になるほど、コンクリートの路上は冷えた[137]。

川本や支援者たちは、繁華街へ出かけて行っては、カンパを呼びかけた。こうして集めた個々の名前もわからない人々からのカンパが、東京交渉を支えていた。

新年早々、一月三日。川本は、「ノアノア」宛てに手紙を書いている。

〈ノアノアのお客様方へ
明けましておめでとうございます。
私達水俣病患者家族は旧年十二月六日上京以来ノアノアの皆様方の暖かい御支援と御カンパに支えられ、私達にとって異郷の地である東京の一隅にて無事に正月を迎えることができました。水俣工場前座り込みの者ともども、ここに心から厚く御礼を申し上げます[138]〉

文面から明らかなように、ノアノアからのカンパが、川本たちのチッソ本社前の座り込みを支えていたことがわかる。

菊枝は、店の客にお代をもらうときに、「あなたは百円ね」「学生さんは十円で」といったやり方で水俣病患者支援のカンパを上乗せして請求し、カンパを集めていた。人様にカンパを呼びかけるのならまずは自分が行動す

べきだと考え、菊枝自身、百万円を寄付した。

川本の手紙は次のように続く。

〈私達があの遠い肥後路から相たずさえて上ってくることが出来ましたのも、また「チッソ」という吸血鬼か怪物か、はたまた得体の知れない殺人企業と相まみえる事が出来ましたのも全国の皆様方の暖かいお支えがなかったら、とても私達には果たしえない仇討ちでございます。

どうか今後共旧年に倍しまして、ノアノアにお出での皆様方のお手厚きご支援の程を伏してお願い致しますとともに、本年が皆々様方にとって佳き年でありますよう、私共一同心からお祈り致しております。

昭和四十七年一月三日

水俣病患者　川本輝夫　他チッソ本社前座り込み一同[139]〉

この手紙が書かれた一月三日、チッソの島田社長は水俣に出向き、「交渉は水俣で」行うと発言し、東京にいる川本ら自主交渉派を拒否する動きを見せていた。

一月七日には、チッソの五井工場（千葉）を訪問した川本たち十二、三人と、取材のため現場にいた写真家のユージン・スミスが、チッソの従業員から暴行を受ける事件が起きている。この日、川本が五井工場に出向いたのは、チッソ労働組合（第二組合）の幹部と面談の予約を取っていたからだった。

「第二組合」は、元々チッソにあった第一組合に対抗してつくられた組合だった。第一組合は一九六八年に、公害発生企業の労働者として「何もしなかったことを恥とし、水俣病と闘う」という「恥宣言」を採択していた。

組合方針として水俣病患者支援を打ち出し、このとき進行中だった水俣病第一次訴訟では、法廷でチッソ工場内の実態について証言をし、裁判の勝利に大きな貢献をしている。

一方、第二組合は、会社に反抗をしない従業員で組織された組合だった。東京ビルの三階と四階の階段で川本たちとチッソの重役を接触させないよう妨害していたのは、五井工場から動員された第二組合の人間だった。川本はそんな第二組合の幹部に、労働者としての良心を問いたいと考え、面談の約束を事前に取りつけていたのだ。だが五井工場に行ってみると、約束した相手は不在だという。そして二時間ほど寒空の下で待たされた挙句、暴行を受けたのである。

チッソの暴挙はさらに続いた。

一月十一日、水俣病患者が東京ビルの四階に来るのを阻止するため、通路の一部に鉄格子を取り付けたのである。鉄格子を目撃した菊枝は、次のようにそのことを書いている。

〈患者さんに会うことを拒否して、チッソ本社の四階には鉄格子がつくられている。まさに鉄のように硬く氷のように冷たい感じである。

患者さんや支援団体の人たち四、五十人ばかり、中のチッソ会社の人たちにマイクで声をかけたが、シーンとして中からはなんの応答もなかった。牢獄を思わせる鉄格子である[140]〉

水俣から上京している中年の女性がマイクを握り、鉄格子の向こう側に向けて訴え始めた。

「社長さん、島田さん、わたしたち患者は水俣からわざわざ貴方にお話をしにきたんです。どうかお顔だけでも見せて下さいよ、おねがいしますよ」

この中年女性は、姿を見せないチッソの社長をあがめるように、終始丁寧な言葉遣いで、会ってほしいと必死の訴えをしていた。チッソがこの女性や家族にした仕打ちを考えると、菊枝は女性のけなげな姿が切なくて、黙っていられなくなり、思わずマイクを手にして叫んでいた。

「てめいたちは、いったい人間なのか！　人間だったら顔くらいだせ！」

威勢のいい言葉が菊枝の口から鉄格子の向うにぶつけられた。菊枝は自分の取った行動に驚いて、はっと我に返った。

〈あれこそ罵詈雑言《ばりぞうごん》といったところであろう。私は後で恥ずかしいと思ったが、しかしあれくらい言ってもよい相手なのだと、なるべくそのことについては恥ずかしいとは考えないようにしている[141]〉

結局、この日もチッソの人間とは話ができなかった。だが川本も支援者も、チッソの冷淡な対応にへこんだ様子も見せず、いつものようにカンパを集めるために街に出かけて行った。この日は池袋に行くということだった。

菊枝はこの日、チッソのあまりにも無責任で誠意のない対応を見せられて、生気を奪われるほどの精神的ダメージを受けていた。それでも、川本たちは、チッソとの交渉が長丁場になることを十分承知しているからか、あるいは、もっとすさまじい地獄を水俣で見ているからなのか、菊枝の目には、それほど落ち込んでいるようには見えなかったようだ。

池袋にカンパを集めに出かけて行く川本たちの背中に、菊枝は、「冷たく硬い鉄格子さえも焼き切るほどのパッショネート」を感じていた。菊枝は、川本たちの姿が見えなくなるまで見送った。

## 荻窪の宿舎

水俣から上京してきた患者も支援者も、東京にこれといった寝泊まりのできる拠点があるわけではなく、自主交渉の長期化に備えて、アパートを借りるために不動産をまわる患者も出てきた。ところが、水俣病の運動に関わっているというと、どこも部屋を貸してくれなかった。部屋が見つからなくて困っていることを耳にした菊枝は、はっとひらめいた。

「ノアノアの従業員宿舎として家を借りたらいい。この手で行こう」

すぐに荻窪の一軒家を借りた。借主は「(株) ノアノア若槻菊枝」である。この一軒家は、患者や支援者の間では「荻窪の宿舎」と呼ばれ、川本たちの座り込みを支える拠点の一つになっていった。菊枝と登美雄が住んでいた中落合の二階建て家屋の一階も患者や支援者に使ってもらうことにし、東京で執筆の仕事をすることもあろうかと、石牟礼道子の書斎もここに用意した。必要な布団を用意すると、患者と支援者を迎え入れ、自由に使ってくれと伝えた。

訴訟派の患者たちが上京した際も、荻窪の宿舎や中落合の菊枝の自宅に泊まっている[142]。訴訟派の一人、杉本雄《たけし》は、東京で食べた石牟礼の手料理がおいしかったという。杉本が訪れたのは、石牟礼の書斎があった中落合の菊枝の自宅だったようだ。

荻窪の宿舎では、「ワカツキ・カバトット・マサアツ」と呼ばれている犬を飼っていた。名前の由来は、菊枝が借りあげた家の犬だから「ワカツキ」で、とりわけ「マサアツ」という太り気味の「カバ」に似た支援者が可愛がっていたので、「ワカツキ・カバトット・マサアツ」という長い名前になってしまったのだという。このワカツキ・カバトット・マサアツが子犬を産むと、「オスじゃなかったんだ」と、ちょっとした騒ぎになった。オスだと思っていた犬が出産したという話は、チッソ交渉が難航し、明るい話題の少なかった毎日に、笑いを与えてくれるものだったに違いない。

川本輝夫の「傷害容疑」に関して、警視庁・丸の内署の警察官が捜査に来たのも、この荻窪の宿舎だった。ここでいう「傷害容疑」とは、川本に怪我をさせられたというチッソ従業員が提出した告訴状に基づくもので、結論を先に言えば、最高裁まで八年かけて争い、一九八〇年十二月十八日、検察の上告を棄却し、二審の「公訴棄却」判決（川本に対する起訴の無効）が確定している[143]。

荻窪の宿舎が丸の内署の捜査を受けたのは、一九七二年十月三十一日のことだった。丸の内署は、チッソ従業員の告訴状に基づき、十月二十五日、二十九日と二度、川本に任意出頭するよう求めていたが、川本は都合がつかず出頭しなかった。やっと時間がつくれた十月三十一日の早朝、川本が丸の内署に行くために荻窪駅に向かったところ、駅で張り込み中の私服警察官に警視庁に連れて行かれたのである。川本への取り調べは午後四時に終了した。

川本が取り調べを受けている間、荻窪の宿舎に捜査に来た警察官は、石牟礼の立ち会いのもと、「川本が殴打に使ったといわれる」副木《そえぎ》を差し押さえていった。この副木は、足の小指を骨折していた川本が、足のギブスとして使っていたもので、骨折の原因は、チッソ従業員の暴行だった。連日のチッソ本社での従業員との小競り合いのなかで、川本たち患者側にも負傷者は出ていたが、検察の捜査対象になることはなかった[144]。

東京・水俣病を告発する会は、この日から十一月四日までの五日間、丸の内警察署に抗議をした。

十月三十一日は、日高六郎、石牟礼道子、米田正篤が丸の内署に抗議。十一月二日には、丸山邦夫、甲田寿彦、若槻菊枝が警視庁に同行。担当課長が、抗議を受ける筋合いではないとつっぱねると、「この弾圧は全国の公害と闘う農漁市民にかけられた弾圧である。強きを助け弱きをくじく権力の思想に満ちたものである。末梢のもののみを見て、患者さんも水俣病もみていない。不公平だ」と抗議した。

文化人ら九十三人の連名による抗議文も警視庁に提出され、菊枝もこれに名を連ねた。賛同者の中には、草野心平（詩人）、関根弘（詩人）、瀬木慎一（美術評論家）、土本典昭（映画監督）、といった、ノアノアの常連や、菊枝と交遊関係のある人の名前もあった。

## 東京のオアシス

菊枝がノアノアで始めた苦海浄土基金は、最終的には五百万円とも六百万円ともいわれるカンパを集めた。店でのカンパに一役買ったのは、ノアノアでバイトをする水俣病患者支援の学生たちだった。

店に音楽が流れると、カンパ箱を手にして、踊るように移動しながら、客のテーブルに近づき、テーブルの上にカンパ箱を置いてカンパを待つ。お道化たピエロのようなパフォーマンスに嫌な顔をする客もいたが、たいていの客はカンパをしてくれた。

チッソの冷たい態度を見ている菊枝にとって、店で見かける客の優しさは、「世の中そう捨てたもんじゃない」と、希望を持たせてくれる一筋の光だった。

土本に連れられて初めてノアノアに来た石牟礼は、地下一階にある東大久保店に降りていく階段に驚き、

「東京という所は不思議なところバイ、地ダに入って商売ばしとるバイ」

「たまがったあー、たまがったあー」

とつぶやいたという。

その石牟礼や土本の紹介で、店のバイトが足りないときには、患者支援をしている学生たちが店を手伝ってくれた。

ある女子学生は、客に水割りでも飲まないかと勧められて、「強いお酒は飲めないんです」と断ったところ、

何か好きなものでも飲みなさいと言われて、「では焼酎をいただきます」と答え周囲の客を驚かせた。水俣病の患者支援をしている彼女にとって、「飲む」といえば芋焼酎のことを指す。芋焼酎なら飲んだことがあるから、彼女にとっては「飲める酒（強くない酒）」であり、飲んだことのないウイスキーやジンフィズは、高級なこともあって、強い酒だと思っていたのだ。

石牟礼の『苦海浄土』を読んで感動し、憤り、水俣病の運動に入ってきた彼女のような、「初《うぶ》な女の子たち」を、菊枝はノアノアで数多く見ていた。彼女たちの「純粋な心」のありようを目の当たりにすると、菊枝は、胸が締め付けられるのだった。

バイトの中には「長官」と呼ばれていた津田塾大学の女子学生がいた。彼女の苗字が、当時の環境庁長官だった大石武一と同じだったことから、患者支援の運動仲間がそう呼び出したのである。あだ名の由来となった大石武一という人物は、川本たち自主交渉派とチッソの間に入って調停役を務めるなど、水俣病事件に理解のある人間だと菊枝が見ていた人物だった[145]。

患者支援の若者たちは「暑い日も寒い日も生き生きとして街頭カンパに出かけて行く。そしてそれがあたりまえのこととしてやっている」。その姿に、菊枝のカンパ集めにも、一段と熱が入るのだった。

荒畑寒村が参加した水俣病の集会に菊枝も居合わせたことがあった。

〈集会には荒畑寒村氏が出席されたことがあった。八十何歳とかになられるという氏は大変にお元気で、とてもそんな高齢とは思えない力づよい調子で、爆弾が一コあれば公害の会社をつぶすことくらい簡単だ、といった意味のことを壇上で話され、「大めし食いの、大くそたれ」といって、大きな企業には大きなたれ流しがあると言っていた[146]〉

その集会では、十数人の患者たちがステージの上に敷いた布団の上に座わり、一人ひとり挨拶をしたと菊枝は書いている。身体を動かすことができない車いすに乗った佐藤ヤエは、夫・武春に支えられながら布団の上に移動し、腰を下ろすと、「私も皆さんのように、一日でも一時間でもいいから、歩いたり仕事をしたりしたい」と泣きながらに語った[147]。舌にしびれがあるその声は、どこかたどたどしく、菊枝は一層切なくなった。

〈会場の人たちは思わず目にハンカチを持っていく人がそちこちに見えた。私も思わず嗚咽した。たった一時間だけでも歩きたいと言ったこの奥さんの言葉は、水俣病の患者さんの心を代表した言葉にちがいなかった[148]〉

一九七二年十月ごろになると、水俣に患者の拠り所になるような建物をつくろうとする動きがでてきた。ノアノアで続けているカンパについて、菊枝は次のように考えていた。

〈だまっていてもカンパが集まらないんで、時々お客様におねがいして百円くらいもらうが、今ではそれがわが「ノアノア」のならわしとなっているので、だまってカンパをさせていただいている。使って下さる金高によって、百円、二百円といったぐあいに勝手にきめる。店でけんかしたりのみすぎて、ゲーゲーしたりする人には、多少多くカンパをいただくことにしているが、人によっては百円もカンパしているのに知らないでいておつりなどあるよと、カンパしようか、などといってくれる時、おかしいやらすまないやらで「もう百円いただきましたよ」というと、「あ、そう、でも多い方がいいでしょう」と笑いながら箱に入れてくれたりする。私は患者さんに上げる《（原文ママ）》とはいいながらも罪の意識を感じる。でも私もせいいっぱいカンパしているんだからと自らをなぐさめ

て、私は百万円を出そう、今度センターを、水俣の山の上に作るのだからと思う〉[149]

最後に出てくる「水俣の山の上につくるというセンター」は、当時、仮名称で「水俣病センター」と呼んでいた現在の「相思社」のことである。まだ相思社がないころ、患者への補償とは別に、その後の患者の生活を支えていく「拠り所」といった「気軽に集まれるような場所」をつくろうという呼びかけが始まっていた。

センター創設を呼びかけるパンフレットには、「今の認定患者にとどまらず、今後続出する幾千幾万の患者さんが集まる『場』となることができ」、「本来の海と大地に糧を得る生活を自分自身の手にとりもどす〈もうひとつのこの世〉をつくる場所に」するという強い思いが掲げられている。具体的には、患者たちが働ける、共同の作業場をつくることが期待されていた。

水俣病を告発する会の機関紙『告発』に掲載されたパンフレットには、水俣病センターをつくるにあたって設立委員と賛同者の一覧が載っている。百四十六人の賛同者の中には、「若槻菊枝（ノアノア経営者）」の名前もある。菊枝は建設資金として百万円をカンパしているが、これは、店で集めていたカンパとは別に、菊枝がカンパしたものだった。

百四十六人の賛同者（一九七二年十月十三日付）の掲載は省くが、十二人の設立委員の名前は以下のとおりだった。

石牟礼道子（作家）
宇井純（東大工学部助手）
木下順二（劇作家）

篠山豊（朝日新聞論説委員）
高木隆太郎（東プロダクション）
谷川健一（評論家）
原田奈翁雄（「展望」編集長）
原田正純（熊大体質医学研究所助教授）
日高六郎（社会学者）
日吉フミコ（水俣病市民会議会長）
本田啓吉（水俣病を告発する会）
松田道雄（医師・評論家）

振り返れば、一九七二年の幕開けは、チッソ五井工場暴行事件、チッソ本社鉄格子設置という驚くべきチッソの暴挙の連続だった。しかし、あまりにもひどいチッソの仕打ちに、国会議員らが環境庁の大石武一長官に協力を要請し、川本たちが要求している直接交渉を実現させるために動き出したことは、チッソにとって予想外の展開だったに違いない。

五井工場暴行事件から間もなくして、熊本県の沢田一精県知事が川本たちの「宿舎」を一人で訪れたことがあった。直接交渉への理解を口にする県知事の登場。そして、「火中の栗を拾う」と大石長官が水俣病について発言したのは七二年一月下旬のことだった。

翌月、二月二十三日、大石長官と沢田県知事の立ち会いのもと、自主交渉派とチッソは、環境庁で面と向かって交渉を開始した。悲願だった直接交渉の機会を手にした川本たちだったが、六回におよぶ交渉も空しく、議論は平行線をたどったまま打ち切りとなってしまった。

## テント撤去　その後

一九七三年三月二十日、訴訟派の患者たちが提訴した水俣病第一次訴訟の判決日、熊本地裁は、患者の全面勝訴という判決を下した。判決を聞くために熊本地裁前に集まった原告患者とその家族、支援者からは、万歳三唱の声は上がらなかった。

菊枝も諸手をあげて喜ぶ気持にはなれなかったようで、〈患者さんにしてみれば勝ってお金を手にしたところで死んだ人は生きかえるわけじゃないし、病気の身体がもとどおりの元気な状態にもどるわけではない[150]〉と、勝訴判決の日を振り返っている。

勝訴判決二日後の二十二日、川本たち自主交渉派に訴訟派の患者が合流して「東京交渉団」が結成されると、チッソ本社で、島田社長を相手に謝罪と生涯の生活保障を求める交渉が開始された。川本たちが上京してから約一年三カ月後のことだった。

すると五月五日に、チッソは驚くべき行動に出る。チッソ社員は本社から書類などトラック二台分を運び出すと、自らも本社を後にして都内数カ所の仮事務所に雲隠れしてしまったのだ。七月九日までチッソの社員たちは本社に戻らず、約七十日間、チッソが借りている四階のフロアは抜け殻状態になったのである。

患者たちはいつ戻るのかわからぬチッソ社員を待ち続けた。六月二十二日にはチッソの隠れている場所がわかったが、この日から交渉団は、環境庁や熊本県選出の馬場昇議員を通じて、補償協定の内容をつめていく。

七月九日、チッソの重役と、川本ら東京交渉団は「補償協定」を環境庁の庁舎で締結した。環境庁長官の三木武夫、熊本県知事・沢田一精、衆議院議員の馬場昇、水俣病市民会議議長の日吉フミコの四人が調印に立ち会った。

補償協定は、過去に対する損害賠償だけでなく、その人が将来にわたり暮らしていける月々の年金にまで踏み込んだ内容で、患者の生活を知り尽くした川本らの思いがつめこまれたものだった。補償協定が交わされると、東京チッソ本社前のテントは七月十二日に、水俣工場前のテントは七月十四日に撤去された。川本らが上京してから、一年七カ月の歳月が流れていた。

川本たちが東京を去るにあたって「補償協定締結とテント撤去の祝賀会」がノアノアで行われた。土本は祝賀会の様子を次のように語っている。

〈祝賀会は患者達を総揚げした。みなは歓んでクイクイ酒をのんだ。若く綺麗な坂本タカエさんは初めてみるカラオケで歌いたくてうずうずし始めた。水俣ではロレツの回らないのを恥じて決して歌わない人だった。だが歌った[151]〉

歌詞カードを右手に、左手にマイクをにぎって歌う坂本タカエの写真が『告発』終刊号(一九七三年八月二十五日)に掲載されている。タカエの持つ歌詞カードの端を支えている男性の視線は、タカエの顔に注がれている。土本のように見える。二人の背景には、アーチ型の壁が映っていて、ノアノア店内だと確認できる。

この祝賀会の数年後、土本がタカエと水俣で再会したとき、タカエはまっさきに菊枝のことを聞いてきたそうだ。「ママはどうしている」という一言は、タカエにとっての東京の記憶は、ノアノアのママであることを土本に悟らせた。

水俣へ帰った川本は、水俣病の未認定患者を探すため、近隣の家を一軒一軒、自転車で訪ね始めた。後に、使うようになったスバルの車は、医師の原田正純が原稿代で中古車を購入、寄付したものだった。

この話を登美雄に伝えると、「確か、ノアノアの寄付金でも車を買ってますよ」と言う。

「川本さんから、ノアノアの苦海浄土基金でいただいたお金でこの車を買ったからって、中古車の写真と領収書が送られてきたんです。十五万円くらいの中古車だったと思うけど、当時としては、かなりのいいものだったと思います」

荻窪の宿舎で飼っていた「ワカツキ・カバトット・マサアツ」は、川本に連れられて、水俣の川本家で余生を過ごしたという。川本の息子・愛一郎は、この犬を「カバ」と呼び可愛がった。カバは、水俣でも子犬を産み、「チョビ」と名づけられた子犬もまた、川本家の一員として愛されたという。

石牟礼はその後も度々上京し、菊枝の自宅に用意された書斎を使った。ときには、新潟に里帰り中の菊枝と登美雄に代わって、飼っている亀と犬の世話を石牟礼にお願いすることもあった。菊枝は毎朝、石牟礼に電話をして、留守をまかせている石牟礼が困っていないか気にかけていた。

ある日、電話で石牟礼が「ママさん、カメチャンがねえ夜静かになると、すず虫のような細い可憐な声で鳴くのよ」と言ってきたことがあった。菊枝は、亀が鳴くなんて、と半信半疑で石牟礼の話を聞いていた。

ところが、東京に戻って、石牟礼が亀を遊ばせていた部屋に、同

川本輝夫から送られてきた写真。
白いセダンは、ノアノアからの寄付金で購入したもの

じように亀を放してみると、聞こえてきたのである。

〈まさに亀の鳴き声であった。一見グロテスクな風貌で、石の塊のようなこの亀は、みかけによらずデリケートな声を出し、そのちっちゃな手足も、それは本当にいじらしいのだ。私はこの時からいっそう亀が可愛くてたまらなくなった[152]〉

菊枝が飼っていた五センチほどの亀は、水俣の亀だった。水俣の患者が、東京滞在中に菊枝に世話になったお礼をしたいが、何もできないからといって、「せめてこの亀だけでも届けてほしい」と、誰かに頼み、菊枝の元に届けられた亀だった。

その亀が鳴いている。耳を澄まさなければ聞こえないほどのか細い鳴き声ではあるが、確かに鳴いている。鳴き声を聞こうと努めて、初めて聞こえてくる亀の鳴き声は、どこか、物言わぬ水俣の患者たちの忍耐強さと重なるように思えないだろうか。そして、飼い主よりも先に、亀の鳴き声に気付いた石牟礼の感受性の奥深さに、菊枝は思い当たることがあった。

石牟礼はあるとき、一カ月に一人しか水俣病の患者を見舞いに行けないと菊枝に話したことがあった。菊枝は、石牟礼が忙しすぎて、見舞に行く時間がつくれないのだと思ったが、そうではないというのである。

「いいえ、忙しいからだけじゃないのよ。一人お見舞いに行くと、そのあとの一カ月間は身体の具合が悪くなっちゃうの」

つまり、「彼女は患者さんに会ったその時、自分自身が水俣病になってしまう」ということだと菊枝は理解した。菊枝は、自らの想像力の至らなさに申しわけないことを言ってしまったと恥ずかしくなった。

〈なんて軽々しいわたしなんだろう。わたしは水俣まで行きながら、そして病人の家庭まで訪問しながら、生活の困窮とか、いやそれよりも患者さんの家庭、家族の心の痛みの何を見てきたのだろう。

患者さんの中には口はきけない、身体も動かせないが意識だけははっきりしていて、喜怒哀楽のわかる人もいる。そんな人たちが、これから先何年いや何十年と、その生き地獄のような苦しみを続けなければならないのだろう、それを自分自身の苦しみとして実感することのできない私だったのである[153]〉

一九七四年、患者たちの作業場を兼ねた「水俣病センター相思社」が完成した。水俣病センター相思社は、三千七百平方メートルの敷地に、木造平屋三棟三百四十平方メートルを建て、集会所や共同作業所、宿泊スペースを備え、患者の共同作業場としての役割を果たすため、ここでキノコの栽培をし、全国に出荷していくという。

落成式に出席した菊枝を、水俣の人たちは少し離れたところから、「東京のマダムだね」とささやきながら眺めていたと聞く。宴会では、患者たちが持ち寄った竹の子や椎茸、ふき、かまぼこ等の煮しめが並べられ、歌や踊り、芝居が行われた。あまりにも見事な振舞いに、菊枝は驚くばかりだった。


新聞や雑誌は、菊枝の水俣への入れ込みようをしばしば取り上げた。

雑誌『週刊朝日』（一九七二年十一月二十四日号）は、「酔客から公害カンパ取立てる　バーのママ＝若槻菊枝さん」と書き、読売新聞は「バー請求書に水俣カンパ代　ママさん奮闘、三百六十万円に」（一九七五年八月九日）と書いた。テレビ番組『小川宏ショー』（一九七五年六月十七日放送）では、「仕事・男・画・そして水俣病」について語り、『三時のあなた』（一九七六年）では、生い立ちとともに、水俣への思いを語った。

マスコミに登場することで、菊枝のカンパが知れ渡ると、同業者の中には陰口をたたく者も出てきた。公害問題に関わることで、「お前は赤か、共産党か」と言ってきたり、「新潟出身なのにどうして水俣の仕事をするのか」と疑問視する人もいた。

こうした批判に菊枝は驚かなかった。目立てば妬まれる。権力に楯突けば、陰口をたたかれるのは避けられない。外野からの心ない言葉に傷つかないといえば嘘になる。

菊枝は傷ついていた。だが、弱音を吐くことはなかった。

〈理屈ではない。水俣に行った時の身ぶるいする程の恐ろしさを思い出せば充分である[154]〉

〈わたしは他人様にとっての「よい子」でなくともよいのです。自分の生きかたに対して、白紙委任状を他人に渡す必要はないとあらためて考えています[155]〉

こう言い切れるのは、水俣に行き、そこで懸命に生きている人々の現実に触れたことが大きかった。

菊枝は考えた。店の経営はそこそこ上手くいっているし、好きな絵を描く自由も手にしている。客は、カンパの呼びかけに協力してくれる。なんと恵まれた環境に自分はいるのだろうと。それがはっきりすると、人の目など気にせず、自分にできることをしたらいいのだと心から納得した。

すると、父親のことが頭に浮かんだ。

〈私の父が農民運動をしていた時のこと、私がまだ十歳くらいの時のことで、私の家は子供ばかり多くて、生活はかなり苦しかった。

地主は無一文の父を買収しにかかった。お金千円と土地一反分で組合をやめてくれということだった。父の決心はかたかった。

「それだけはかんべんしておくんなさい。おれに組合をやめれということは、おれに死ねということだすけ。それだけは聞くわけにゃいきませんわね」

と言ってはねつけた。

当時食べざかりの子供が多く、土地も何も持っていない父母にとっては千円と一反分の畑は、夢のような話だったと思う。そして、その時買収に応じた組合の幹部も多かった。

大正十五年、新潟県木崎村の争議は激化して、父清作は小作争議の指導者の一人として逮捕された。そして父が獄につながれている間に母キヨノは心労で流産をしてしまった。私はうめく母の顔がいまも忘れられない。

父は小作争議でたびたび捕まったが、私は父のことを英雄のように思っていた。よく監獄から手紙をよこし、皆んな無事でいるか、俺のことは心配するなと書いてあったが、字が下手くそで、子供心にお父さんはなんて字が下手なんだろうと思ったものだった。

青白い顔をして釈放された父が、出迎えの同志や村の人たちの揚げる提灯がゆれる行列の中を歩く。

「新潟県の英雄、若槻清作君万歳！」

とわき上がる歓声の中で、私は、父は偉いんだ。弱いものは団結し、強く生きなければならないと思った。村の人で父のことを悪くいう人はいなかった。みんな父のことを尊敬してくれ、偉いなとほめてくれた。

木崎争議は貧しい農民たちの敗北で終わり、父はわずかばかりの小作の土地を取り上げられ、母と二人でカーバイド工場のトロッコ押しに働きに出た。

（略）

勇気ある行動が皆の幸せにつながるものならば、たとえ一時的に誤解されて、売名的と言われようとマスコミに踊らされていると言われようと、真実はただ一つなのだから、正しいと思った自分に対して忠実に生きようと思った[156]〉

# 第五章　探訪　木崎争議

バーの経営者である若槻菊枝が、半端でないスケールの水俣病患者支援をした理由について、父親が小作争議の指導者だったからだと説明する声は筆者の周囲でよく聞かれた。つまり、「この親にしてこの子あり」という考え方である。確かに人格形成に親の影響はあっただろう。では、父親が深く関与した争議とは、一体何に対する闘いであったのだろうか。

本章では、しばし菊枝の生い立ちを離れて、木崎争議の足跡を掘り下げていく。

## 芦沼

二〇一三年三月、筆者は、菊枝の父・若槻清作が関わった木崎村小作争議の現場を訪ねた。新潟駅から白新線にゆられて二十分もすると、豊栄《とよさか》駅に着く。平日の昼間だからか、駅もバスターミナルも閑散としている。これといって特徴のない駅舎は二〇〇六年に改築されたものだ。近くの福島潟に生息するオオヒシクイという鳥のレリーフが、駅舎の外壁に飾られているのが、潟の多かった豊栄を控えめにアピールしている。

新潟県新潟市北区。かつて、この地は北蒲原郡とよばれ、木崎争議の起こった木崎村があった地域である。豊栄駅からタクシーで十五分ほど、県道四六号線を北（日本海方面）に走ると、「横井の丘　ふるさと資料館」という看板を掲げた木造二階建ての建物が右

木崎村小作争議記念碑（新潟市北区）

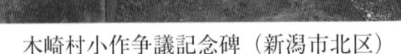

手に見えてくる。旧横井小学校の校舎である。二〇〇二年三月に木崎小学校に統合されて廃校となった後、理科室と音楽室だった校舎を改修し、現在はふるさと資料館として一般公開している。
無人の資料館なので、隣の保育園から鍵を借り、来場者自らが資料館の鍵を開けなければならない。
資料館に入ると、右手正面に二階に続く階段があり、階段右側の壁面には、横山蒼鳳という書家による「芦沼」という作品が展示されている。これを読むと、この地域の地理的特徴――水との闘いの歴史――が痛いほど伝わってくる。

『芦沼』

この地は
むかし海だった
阿賀野川信濃川が運んだ
土で深い泥田がつくられた
土地がすべてだった時代に
そこに住むしか
人々の生きる道はなかった

雪がとけると
まだ氷の張った泥田へ出て

雪どけ水の運んだ土を
わが田に運んだ
舟　ハザ
人々は無数の工夫を重ねた

いま　この地に
昔をしのぶものはすくない
しかし
どこよりも土に苦労し
土に涙した蓄積の地である
それゆえに
小作争議の發祥地ともなった

この地は
大自然の恵みと脅威を
ともに滋養として成った
報いられることもなく
堂々と働き死んでいった
この地の先達と祖先に

感謝の念をこめて
この書を捧げる

ふるさと資料館の建っている小高い丘から周囲を見渡すと、ここがかつて海だったとわかるようなものは何も見えない。アスファルトで舗装された県道四六号線が南北に真っ直ぐに伸び、ところどころに住宅や商業施設が見えるが、あとは農地が広がるばかり。遠くには越後山脈が見える。

ところが古地図を確認すると、ここら一帯が海だったことがわかる。康平三年（一〇六〇）の地図を見ると、新潟平野は海だった。信濃川が日本海に流れ込むあたりに砂丘（新潟砂丘）ができ、河川の出口をふさぎ、背後に高大な湿地を形成していったという。

元亀年間（一五七〇〜七三年）の地図では、信濃川と阿賀野川が運んでくる土砂で形成された洲が入りくみ、潟がいくつも誕生し始めている。

元禄時代（一六八八〜一七〇四年）の地図からは、現存する福島潟に無数の水路が流れこみ、水流は阿賀野川、信濃川へと合流し、日本海に流れこんでいたことがわかる。

沼垂《ぬったり》あたりで信濃川と合流していた阿賀野川には、享保十五年（一七三〇）から始まった新発田藩による湿原の干拓によって、松ヶ崎掘割が設置されたが、その後掘割が雪解け水で決壊すると、日本海に流路は直結、この影響で、湿原の湛水は吐き出され、福島潟の周辺は干しあがった。

特に、信濃川、阿賀野川、小阿賀野川、通船川に囲まれた新潟平野の一角、亀田郷は、低湿な新潟平野の代表的な地域で、人々の生活は、水との闘いに終始してきた。

沼地をどうにかして田畑に変えようと、人々は山の方から土を運んできては、沼地に投げ入れるという気の遠くなるような作業を繰り返し、長い年月をかけて田をつくりあげていった。だが、こうしてつくりあげた田畑も、阿賀野川などの氾濫に見舞われること度々。まさに、横山蒼鳳の「芦沼」の一節にあるように、「どこよりも土に苦労し、土に涙した蓄積の地である」わけだ。

菊枝が生まれる三年前の大正二年（一九一三）には、台風による暴風雨で、信濃川や阿賀野川による水害が蒲原平野を襲っている。新潟新聞（大正二年八月二九日）によると、「昨日まで穂波豊かに寄せて居た田地とは夢に思はぬ光景」「中蒲原郡の大半は殆ど泥海の中に没入したという悲惨なる光景」だったという。菊枝の家のある大形村でも床下浸水が六戸、家屋破壊が一戸あった。

「芦沼」の中に出てくる「小作争議」とは、木崎村小作争議のことである。大正十一年（一九二二）十一月、木崎村に結成された小作組合が、不当な継米は納めない「不納同盟宣言」をして、小作争議は始まった。ほとんどの地主は要求を受け入れたが、真島桂次郎だけはこれを拒否し裁判に訴えた。新たに真島が提訴した土地返還訴訟には他の地主も加わり、大正十五年五月四日、地主勝訴の判決により土地取上げの仮処分が実行された。

ここから争議は「鳥屋浦事件」「無産農民学校の開校」「久平橋事件」という山場を迎えていくのだが、これら三つの出来事は、菊枝が記憶にとどめている父親の闘いの断片と重なる。清作が争議に関わることになっていくあたりから見ていく。

## 松崎小作組合

若槻清作の住む大形村松崎に小作組合ができたのは大正十一年（一九二二）十一月八日のことだった。木崎村の笠柳と横井部落に小作組合が結成されたのが十一月二十三日だから、清作たちの小作組合の結成は、それよりも早かったことになる。

というのも松崎では以前から、高い小作料に苦しむ農民の生活について「農事研究会」をつくって議論をしたり、青年団の活動が活発だったりと、小作組合が結成される土壌がすでにあったことが大きかった。

組合長は滝沢要平、若槻清作は幹事の一人に組合結成大会で選出されている[157]。

組合結成の二年前には、当時早稲田大学三年だった稲村隆一（後の社会党国会議員）が「土地を農民へ」という演説を両親の生まれ故郷である松崎で行っている。稲村は、滝沢要平とは親戚であり、二人のこうしたつながりが、稲村に松崎で演説する機会を与えることになった。

松崎の小作人たちは、選挙権を持たず、本を読む時間もなく、「大地主に小作料を納めるため営々として農奴の如く働」く人々として稲村の目に飛び込んできたと『稲村隆一の軌跡』には記されている[158]。同書に記載されている稲村の言葉を借りれば、〈封建的な迫害と不合理と不正の下に呻吟《しんぎん》している農村青年〉を目の前にして行った演説は、〈真実のものとして〉また、〈粗雑な学生の思想を暗黒の中に光明を求めるが如く〉受け入れられたという。

小作人が「宿命」のように考えていた未来永劫続く苦しい暮らしというものは、実は、自らの力で変えられるものである——。ということへの気付き。現在の世の中の在り方が絶対的なものではないと理解するようになると、〈即ちそれは、小作料軽減、地主への隷属や警察の圧迫に対する抵抗となって、燎原《りょうげん》の火の様に燃え広がった、新潟県の初期の農民運動であった〉と、稲村は松崎で感じたことを綴っている。

松崎小作組合は全国的な農民組織である「日本農民組合関東同盟会」（日農）の下部組織に入ったことで、同じ日農下部組織である笹柳・横井小作組合が直面していた木崎争議に深く関わっていくことになっていった。

木崎村と大形村とは、阿賀野川によって隔てられていたが、「木崎争議をもっとも熱心に支援したのは、滝沢要平と若槻清作などが中心の大形村支部だった[159]」といわれるように、清作たちは、演説会の弁士を務めたり、炊き出しなどの物質的な支援を続け、木崎争議を支えていったのである。

### 鳥屋浦事件

大正十五年(一九二六)の地主勝訴判決により、地主は小作人に貸している土地を、立入禁止にしようと動きだした。敗訴した小作人は、控訴することで、仮執行停止の命令を出してもらおうと考えた。この時代、控訴をするには東京にある東京控訴院(現在の高等裁判所)に行かなければならず、訴えが受理され仮執行停止の命令が出たとしても、その書類を新潟まで持ち帰るには、当時の交通事情から、汽車を乗り継いでも数日かかってしまうことは避けられなかった。

こうした中、東京控訴院は仮執行の停止を決定した。一審判決を出した地元の新発田区裁判所は、これを知った上で、小作人の土地に「立入禁止」の札を立てていった。五月四日、仮執行が始まり、五日に事件は起きた。仮処分を阻止しようとする小作人たちと、立入禁止の看板を立てようとする執達吏《しったつり》、警察官とが衝突し乱闘になったのだ。乱闘の場が鳥屋浦だったので、「鳥屋浦事件」と呼ばれている。

〈六十八戸、四百五十八人の小作にたいして三十余町歩にわたる耕地取上げ仮執行を施行したるに対し、小作人は幾百年愛撫の土地にはなれ一朝にして飢餓に頻するの緊張状態から、明日は確実にくる控訴院の停止命令をまってくれと執行猶予を嘆願した結果が……小作人幾百と執達吏、番頭とこれを支援する幾百の警官隊とはついに衝突した(略)「小作人立入るべからず」の公示札が立てられてしまつた[160]〉

仮執行に反対する組合員ら約六百人は、警察に殴られたり、ハサ木(刈り取った稲を天日干しにするための立木）に縛り付けられる中、五十人ほどの組合員が逮捕され、このうち、二十九人が起訴された。大人数の逮捕となった鳥屋浦事件は、木崎村小作争議が、初めて全国に知られるきっかけになった。

小作地を取り上げられた者の中には、六代、七代前の先祖からの土地を引き継いでいる者もいた。

五月五日の東京朝日新聞には、「父祖三代の主従関係を一朝にして断たれたこの哀れな一家の血と涙ののろひの声よ」という見出しで、阿部乙吉の声を紹介している。

〈一握りの土も残されないですつかり取りあげられましたので両親と私共夫妻子供四人の八人はあすにも食ひやうがございません（略）取上げられた小作地は私で三代も続けた土地なんです。その間地主さまは（略）次から次へと移り（略）かやうに地主は何人変つても私共はずつと小作をさせてもらつたのですから今は自分の土地とてない程手入れをして来たのでございます。
それがどうでせう。理屈で押込み私共が生きてゐやうと、ゐまいとそんな事を少しも考へないで取あげるんですからひどい地主さまではごわせんか血も涙もない人間とはかう言ふ人を言ふんでせうか。
あなた方はどう思ひなさる、こんな人とは知らずに、今まで私共が地主さまに尽した事はただ耕して年貢を納める許りではない、帆苅（地主の一人＝筆者注）さまのゴ内儀はお乳が出ないといふのでしよつちう手前共へ来てお乳をすはせて来たんですがそれも手前共で忙しい時もやれ地主さまへあげるんだと思つておかかの乳をあげて来たもんです、そんな事を考へたつて今度のやうな無情な事は出来るものでないと思ひますがあなた方はどう思ひなさるといひ終つてボロボロ涙をふいた[161]〉
土地を失った小作人たちの生活を支えるため、日農新潟県連合会は、組合員から義捐金を集めたり、警察に検束されて男手が不在の家族の手伝いなどに人を配置した。できるだけ組合家族に不自由がないように協力し合うことが、組合の切り崩しに対する防止になると考えていたのである。

五月八日になると日農は、「暴挙なる地主と無理解なる官警の態度に就いて」という声明書を発表し、「県下の農民運動は永く生ける屍のそれにもまさる屈辱の生活より醒めて活ける農民の人格権を獲得する運動である」と運動の目的が何であるかを示した。ここに「人格権」という言葉がはっきり登場している。

五月十三日には、鳥浦屋事件を批判する演説会が行われた。会場となった長行寺にはあふれるほど人が集まったため、急遽、演説会場を五つの場に設けて、弁士が会場を掛け持ちして回った。若槻清作は二つの会場で演説をした。

五月下旬には、「日農婦人部木崎連合会」が結成され、また、小作人の子どもが通う「無産農民小学校」と呼ばれる、従来の公立学校とは別の学校づくりが始まった。

## 女房連

争議がなければ、女たちは、村の外に出ることなく一生を過ごしたかもしれない。ところが鳥屋浦事件が起き、組合家族の支援やらで闘争資金が必要になると、女たちの中には、資金調達を兼ねた行商や講演、陳情で東京へ行き、争議の実情を訴える者も出てきた。

五月三十一日、「女房連」(日農婦人部木崎連合会)は上野駅に到着、翌日は司法省、農林省を訪れ、立入禁止の強制執行処分について陳情。六月七日午後六時から、芝協調会館で行われた演説会では、聴衆五百人あまりを前にして壇上に立っている。演説会は、入場する者の身体検査を行った上で開催されるという、厳しい警備が敷かれていた。

真田ハツは、女が表に出て自分の意見を口にするようになった心境を訴えた。

〈男達が人間らしい生きる道を切り開かうと努めてゐるのを見て、どんなに力のない私どもでも、だまりこくつてゐるわけにいかず、こんど起つたのです〔。〕思想とか何とか云うものに動かされて、空つ騒ぎを始めたのではありません。生きるために起つたのです。百姓の女房だつて、良いか悪いか位は知つてゐる。正当と見るものの上に夫の陰となり、表となつて助けることは当り前のことです。（略）去年の秋でした。ある地主は村の医師と顔役の者三人を仲に立てて「ではこんどだけ普通に小作を入れてくれ、この次はきつともつともな要求だからいれてやる」と云つたのです。ところがその翌年、いざ年貢米をと云ふ時になつて、がらりと態度が一変した。ごま化されたのです。ぺてんにかけられたのです。私共は馬鹿な位正直過ぎたことを悔いましたが、もう遅かつたのです。（略）かうなつては、男達のみにまかして置けない。女の力も知れ！　幾千幾百年間、一つとして頭の上らなかつた私共は、張り詰めた正義のために戦へと云う意気ぐみで今度起つたのです。地主に対する不満と、裁判所のあの判決、この二つをひつさげ、村を発つて都会の人にこの叫びを聞いてもらひたいために上京したのです[162]〉

続いて、地主の赤ん坊に母乳を与えていたという木崎村の阿部りと（先に述べた阿部乙吉の妻と思われる）の訴え。中央新聞は、「五十近くなるお婆さんの阿部りとさん」と紹介している。

〈自分の子供と同じ位の子供が、地主の家にあつた。ところが乳が出ない、そこでその地主は「お前は私の所の子供に乳をくれ」とあらゆる言葉でおどし付けて乳をくれさせた。それがために小作人の貧しい子供は、母親の乳が出なくなつたので火の付くやうに泣きました。しかし地主の子供に乳をやらねば、耕地を取上げるといふ。（略）そしてその最後が耕地取上げで職を失つた。手に職を持たない百姓達、私共のやうな女にはどうして此先き生きるかてを得るか、思案余つて考え付いたのは行商隊を作つて他国をさすらうよりほかないのです[163]〉

阿部りとのいう「行商隊」とは、争議を支える資金をつくるため、パンやマッチを売り歩いた女たちの一群のことである。売り物の品は手づくりで、どれも批判精神が効いていた。例えば、地主・真島桂次郎の顔の焼印を押したパン「魔島焼き」（ましまパン）をはじめとする、強制執行に関係した地主の名前を商品名にした「帆刈焼き」、「清兵衛焼き」「森田せんべい」「橋本おこし」や「ウラ見のマッチ」などだった。「魔島焼き」と「ウラ見のマッチ」は販売禁止になってしまい、商品名を「真島せんべい」と「組合マッチ」に変えて売り歩いた[164]。売り上げは、夫が検束されたり、農地を失った家族の生活を支えるため、また、後に述べる農民のための学校建設費に使われた。町を売り歩く行商隊の様子を当時の新聞が次のように書いている。

〈市中をメガホンで怒鳴り歩く一隊のパン売之は北蒲原郡小作争議地として費民の苦難をなめてゐる木崎の小作者の家族が、小作パンを製造したものを、荷車二台に積んで之を女房連がひきまだいたいけない子供達が車の後押をする［。］青年達がメガホンで其前に立ち、物ういやうな声を発して小作パンを各戸に売り歩くのであった[165]〉

商品を荷車に積んで売り歩くだけでなく、小作民の窮状を訴えるチラシを配った。が、このチラシは「穏当を欠く」とされ、禁止された[166]。

このような行動する女たち――女房連の東京での演説は、木崎争議における女たちの活動が全国的な注目を浴びるきっかけになった。

地元新潟においても木崎争議の傍聴には、村ではあまり見かけることのない女学生の一団が来ていたり、また、鳥屋浦事件で検束された小作人に対する公判では、組合側の弁護士を出迎える男たちに交じって、婦人団の姿があったことを、「木崎村、早通村の婦人団も数十名これに加はり、物珍しく視線を集めた」と『新潟日報』は報じている[167]。「物珍しく」という表現からわかるように、女が裁判に駆けつける姿はまだ一般的ではなかった。

## 無産農民学校

女房連が上京しているころ、小作組合員の子どもたちは、地域の学校に通うことを拒む「同盟休校」を開始した。「村内事情を無視する教育方針に対して、安心して子どもをあずけることができないから、態度を改めるまで休校する」ことにした理由は、鳥屋浦事件の後、木崎尋常高等小学校の校長が、全児童の前で小作人の非合法をなじり、地主に「屈服すべき」と説いたり、教師が小作人の子どもたちを目の前にして、彼らの両親を批判するようなことがあったからだった[168]。

組合は同盟休校中の児童のために、「無産農民学校」を建設することを決めた。このニュースが日農関係の団体に伝わると、十日間ほどで約三千円のカンパが集まったという[169]。さらに、組合が立ち上げた「無産農民学校協会」の会長に、キリスト教社会運動家の賀川豊彦が就任し、大宅壮一の口ききで出版された『農民小説集』の印税が寄付されるという支援表明もあって、学校建設は好調な滑り出しとなった。

無産農民学校が完成するまでの間、同盟休校中の子どもたちは、寺や集会所、民家を教室代わりにした仮ごしらえの学校に通った。新しい学校の建設に共感した小学校の教員や大学生などが全国から集まり、無報酬で子どもたちを教えた。

木崎村の農民学校で教壇に立った黒田松雄は、東京朝日新聞（大正十五年八月十八日）に寄稿した文章のなかで、子どもたちの印象を次のように述べている。

〈第一印象は汚い！　といふ感じであつた。実に汚ない。子供の着てゐる黒光のする着物、その子供の鼻から流動してゐる二本棒、その黒いうろこの生えてゐる様な足、ササラの様な女児の顔（略）初対面でドキモを抜かれてしまった。新しいこの先生を珍しがつて、青バナ連中が包囲して、口々に何事か早口でしやべつてゐるのをみて、全く野蛮人に包囲された様な泣きたい様な気になつた。（略）袖は鼻をふくから、さん然たる光を放つてゐる。その着物も親達が学校にゆく時にのみ着せる着物だから驚く〉[170]

小作人の子どもたちの身なりは、黒田がそれまでに見てきた子どもたちとは、明らかに違っていた。黒田はまた、小作人の子どもたちが、それまで通っていた学校教育の中で、教師に対して恐怖心を抱くようになっていたことについても述べている。

〈氷の様に冷酷な教員が、いかに児童を扱つてゐたかは子供達の様子で十分解る。始めの間は、児童に本が読めない時、その傍にゆくと、頭を縮め又手を挙げて頭をかかへた。小学校では、児童が本を読み得ないと児童の頭をたたいたといふ。その時の癖が残つてゐて、私達が近づくと反射的に手を挙げて頭をかかへるのだ。子供達に聞くと、学校で子供をたたいたり、物を投げつけたりするのは、日常の事だといつてゐる。彼等には教員は恐ろしい者と思はれてゐる。すべての教員が、さうとは私はいはないが一人でもかかる教員の存在を許して置くのは、人道問題と思ふ。教え方は下手でも愛を持つてゐる私達の手に移されたとき、子供達は、今まで圧迫せられてゐた反動として、一時極端に放縦になつたが、今ではそれも治つてよく私達を慕つてくれる[171]〉

このような国の教育制度にとらわれない新しい学校建設の呼びかけは、国の制度に反旗を翻したことであり、木崎争議が地主と対立するだけでなく、「国家」とも対立したスタンスを取っていくことを示していた[172]。

学校建設を快く思わない地主や権力側の人間は、通学路に小奇麗な格好の娘や、強そうな男を立たせ、子どもたちを学校に行かせないよう説得したり、私服の刑事を教室に送り込み、児童の出欠や授業内容を監視していた。それでも小作人の子どもにとって新しい学校は、これまでの学校よりも居心地がよかったようだ。

〈農民学校に移ってからは、先生は間近にいつもおられますから、「先生これどういうんだろう」と聞きに行くと、手をとって親切に教えてくださいました。そんなことで勉強するにはプラスじゃなかったんでしょうか[173]〉

この頃子どもたちの間では「もしもし亀よ亀さんよ」の替え歌が流行っていた。小作人の立場から地主との関係を歌ったもので、小作人と地主が争って、最後には小作人の正義が勝つという歌詞だった。小作争議は子どもたちの日常にも入り込んでいた。

## 弟・保の体験

緊張感を伴う学校生活は、菊枝の弟・保の体験からも伝わってくる。当時、小学生だった保は、地主の子どものイジメに遭わないように、学校の行き帰りには必ず三、四人で行動するようにしていた[174]。

ところがある日、一人になってしまったところ、地主側の子ども三人に着物の片袖を破られてしまう事件が起きた。地主側の子といっても、地主に同調している小作人の子どもだった。上級の一人が保に

「おいんな（お前）、この間のこと忘れたか」

といって、つかみかかってきた。保には思い当たる出来事があった。それは二カ月前の学校からの帰り道でのこと、保は地主側の子ども二人を田んぼの中に突き落としてしまったのである。

だがそれは、保と一緒にいた上級生の手助けをしたにすぎなかった。しかしそのような言い訳は通用しない。保に突き落とされた二人が、上級生とグルになって、一人で帰途につく保にからんできた。一人は保の片袖を、一人は鞄の肩紐をつかみ、一人は保の頭を三度か四度、げんこつで殴りつけてきた。道路の路肩に追いつめられ、五十センチほど下の畑に落とされても、相手はしつこく追いかけてくる。保は逃げながら道路に飛び上った。振り返ると、ちぎり取られた保の着物の片袖を上級生が畑に投げ捨てているのが見えた。だが、保には片袖を拾いに戻る余裕はなかった。

無我夢中で家まで走って帰ると、母親は保を見るなり「保、どうした、袖がねいねっか」と間髪入れず聞いてくる。地主側の子どもの名前はふせて、何があったのかを話すと、母親は次第に険しい顔になり、いきなり保の頬を平手でぶった。普段、怒ることのない母、キヨノにしては珍しいことだった。

どうして自分のことを殴るのだろうと考えた保は、母は自分が憎くてぶったのではない。地主側の子どもが三人がかりで、一人だった自分のことをいじめたことが悔しかったのだろうと想像した。

むしり棄てられた片袖は見つかった。キヨノは破られた片袖を握りながら、保に次のことを教えた。

一、子ども同士のいがみ合いはよくない。
二、小さな子どもを大勢でいじめるのは卑怯。
三、しかし、地主側や官憲は弱い小作人の味方にはなってくれない。
四、弱い百姓は苛められてばかりいる。
五、弱い者は強く生きねばならない。
六、団結してまた向かわねば、いつも搾りとられる。
七、決して一人では帰るな、等。

「公正中立」であるべき官憲さえもが、小作人の味方になってくれないことをキヨノは見抜き、公権力に期待できない現実の中、弱い者が生き抜くには、団結してことにあたることを信条とするよう教えた。

小作人と地主の溝は深かった。地主の家の庭先に実っている「かんこ」と呼ばれる桑の実を、保が友達と一緒に取って食べたときも、保だけが地主に叱られた。友達の中で、保の父親だけが組合幹部だったからだという。

地主は、組合に対するうっ憤を、保にぶつけたのだった。

## 久平橋事件

七月二十五日に行われた無産農民学校の上棟式には、一万人以上の人が参加し、その期待の高さを見せつけた。だがその同じ日に、組合の勢力を一気に減速させる「久平橋事件《きゅうへいばし》」が起きていた。

この日、上棟式に続いて、木崎村での講演会が終わると、次の講演会場である日本海に面した松ヶ崎浜村に向けて、千人近い組合員は歌いながら行進して移動して行った。その列には、女や子どもの姿もあった。

途中通過する久平橋を渡った先には、地主・真島桂次郎の家がある。警察は、組合が真島襲撃を計画していると警戒し、久平橋の手前で組合員を待ち伏せていた。

夕暮れ時、あたりは暗くなり始めていた。

〈丁度久平橋の東側に（組合員らの行進の列が＝筆者注）差しかゝった時であった――俄かに輝く自動車のヘッドライトと無数の警官の懐中電灯瓦斯《ガス》ランプは一斉に群集に〔を〕照らした。乾坤《けんこん》一時に明るくなったかと思うと佩剣《はいけん》のひゞき、叱咤の声、戛々《かつかつ》たる旗竿の折れる音、続いて起る警官の怒声、婦人子供の叫び声、暗の並木道から出て一時に照らされた光りに眩惑されたる群衆は殆んど無意識に足を止めて眼前に展開する光景を正視した。その時殺気を帯びたる多数の警官は慌たゞしく群衆の先頭を圧して「解放命令だッ」「帰れ！」「帰れ！」と怒号していた[175]〉

この騒ぎで組合幹部を含めた二十六人が逮捕され、事件の翌日には、組合を脱退する者が続出した[176]。また、黒田松雄ら農民学校の教師が逮捕者に含まれていたことで生じた不安から、子どもを無産農民学校に通わせない親もでてきた。授業に来る子どもたちの数は一気に減った。

久平橋事件について『豊栄市史』は、裁判記録からも、組合への「弾圧」をねらった事件であったことは明らかだと記している。また、『木崎農民小学校の人びと』の著者、合田新介は、これは「罠」であり、警察と通じている密告者が組合の内部に入り込んで若者をあおり、二十五日の夜（久平橋事件当日）に真島邸を放火することを計画させ、警察には、テロルの計画ありと伝えていたのだという。すべては警察のたくらんだ通りに展開したのである。

五月に始まった同盟休校について、新潟県は当初、「放置しておいても、木崎争議の解決とともに自然消滅するだろう」と軽く考えていたが、上棟式の盛り上がりが新聞や雑誌で話題になると、農民学校と比較される国や県の管轄下にある公民学校は非難の的となっていき、新潟県は慌て始めた[177]。国に助けを求めると、文部省は担当者を派遣して現地指導にあたらせることを決定した[178]。

九月一日、無産農民学校の開校日には、五千人近くの農民が集まり、その様子は東京の新聞でも大々的に報じられた。ところが、開校から十日後の九月十日、驚くほどの早さで、学校は閉校に追い込まれてしまったのである。

閉校が決まるまでに、少なくとも組合と新潟県は三回の交渉の場を設けていた。小作争議を有利に運びたい組合幹部は、「学校閉鎖」という新潟県が欲しがっているカードを使い、有利に取引を運びたかったのだが、それも空しく、閉校と引き換えに得られたものはほとんどなかった[179]。小作料未納分を完納すれば一年分は奨励金として支給するという取り決めは、合田に言わせれば、「小作組合側の無条件降伏」だという[180]。

こうして、無産農民学校は開校後瞬く間に閉校に追い込まれ、同盟休校は解除された。子どもたちは元々通っていた公立学校に戻っていくしかなかった。

この時期、県視学として農民の説得にあった渡辺奏亨は、前職は伊米ヶ崎小学校の校長で、八海自由学校や魚沼自由学校といった民間学校設立の中心人物だった[181]。枠にはまらない自由な教育を求め、働きながら学ぶ生涯教育のような場づくりに私財まで投じた人物が、農民学校を閉校に追い込む役回りをつとめたことは、なんという皮肉であろう。

農民学校の教師として東京から木崎村に来ていた鹿地亘は、松ヶ崎浜村の農民組合支部長と焼酎を飲んだときのことをこう書いている。

〈老松のような骨組をした屈強な老農夫と茶碗の焼酎をくみかわしながら、「先生、おめえさま東京さ帰ったら、おらさ写真を送ってくんなさい。きっとだよ、おらあおめえさまの写真をこの仏壇にいれて、朝晩親鸞（親鸞のことか＝筆者注）さまといっしょにおがむだよ。おめえさまがた、考えてみりゃ何もこんなとこまできて、苦労しなさらなくてもええんだに、なあにそれがおまえ……おらたち小作百姓のために……その心根を思うと、おら涙がこぼれる」などと、肩をたたかれるようになっていった[182]〉

ほんの四カ月程度の付き合いの中で、共鳴しあった同志とのつながりは、農民学校の校舎が取り壊されても、それぞれの胸の中で、生き続けたに違いない。

四年後の昭和五年（一九三〇）七月二十九日、木崎争議は東京控訴院で和解となり、小作人全面敗訴で幕を閉じた。木崎争議を争った地主・真島桂次郎が昭和十三年（一九三八）に亡くなると、葬送には、小作人組合代表から供花が届いたという[183]。

## 父の入獄

ここまでの話で、菊枝が記憶にとどめている「父の入獄」については触れてこなかった。というのも、木崎争議で逮捕者が出たとすれば、鳥屋浦事件か久平橋事件がまず頭に浮ぶが、若槻清作の名は、検挙者の中にはなかったのである。

特に、久平橋事件については裁判関係の資料を見ると、清作は事件の真っただ中にいたのではなく、事件現場を「目撃」していたことがわかる。若槻清作の証人調書を読み解いてみたのが次の内容である[184]。

その日、清作は、乗り合い自動車に乗って、一足先に久平橋の近くに到着した。そこで、知り合いに偶然会い、「久しぶりだ、是非よっていけ」と夕飯を勧められ、一時間ほど休んでいた。すると県道から大勢の人が近づいてくる音が聞こえたので、組合の示威行列が来たと思い外に出ると、警察が五、六十人程、荷車が十台以上集まっているのを目撃した。

農民歌を歌いながら橋のほうに近づいてくる人々の行列に対して、警察は「解散」と叫び、組合の支部旗などを奪いとり、乱闘が始まった。清作は、水だと思われる何かが、自分の背中にかけられたと述べている。

警察と行列の前方の人たちが乱闘状態にあることも、警察が「解散」を叫ぶ声も、行列の後ろの人たちには伝わっておらず、前に進もうと押し寄せてくる。進むことも退くこともできない人たちがごった返す中、清作は組合員が警察に捕まえられていくところを目撃していたのである。

同じ調書を読み解いた『発掘　木崎争議』は、清作が乱闘の現場を指揮していた岡部署長と交わしたやりとりを次のように紹介している。

〈若槻清作は乱闘の流れのわきで、岡部署長に近づいて強く抗議しました。

「どうして、こんな間違いが起きたのか」

「行列の者が労働歌を高唱して、吾々のいうことをきかないから縛ったのだ」

「それは乱暴だ。許可した示威行列をいきなり解散命令は無理だ。解散しろといっても、ほかに行き場がないではないか」

「君は理屈をいうのか、それなら縛れ」

署長は、付き添いの警官に命令しました。

「見ているだけの者を縛る理由はない」

若槻は抗議して、検挙されずにすんでいます。以上は若槻の調書の要約です〈185〉

実際の調書の写しは、「いかにしてこんな間違いが起きたのかとたずねれば、署長は（略）言うことを聞かぬから縛ったのだと言ったので」というように、清作が、自分と岡部署長の間で交わされたやり取りについて述べている。この調書が示しているのは、久平橋事件で清作は逮捕されていなかったということだった。

では、清作は何をして獄につながれたのか。

唯一清作の名を確認することができたのは、暴力行為等処罰法で検挙された大正十五年（一九二六）四月二十日の出来事だった。このとき検挙されたのは、大形村の清作と、滝沢要平、それに、松ヶ崎浜村の三人だった。

検挙された五人は、松ヶ崎浜村の小作人・大沼熊太郎家の窮状を、地主・真島桂次郎の支配人に訴えていた。

大沼熊太郎は、真島に田畑を取り上げられ、家財道具一切も差し押さえられていた。熊太郎には、高齢の祖母と夫婦の間に七人の子どもがいたが、真島の仕打ちと極度の貧困から熊太郎は急死してしまい、残された家族は餓死寸前となった。これを何とかしようと、清作たちは真島側と交渉をしたものの、冷たい対応しか返ってこなかったため、清作たちは、「おれたちにも覚悟がある」と口にした。この一言が脅迫だと警察に通報され、検挙されてしまったというのである。暴力行為等処罰法が公布されてから十日後のことだった。

ただし清作が入獄したのかどうかは不明である。また、この一件について証人訊問調書では、「おれたちにも覚悟がある」と発言したかどうか聞かれて、清作はこれを否定している。

菊枝の自伝から離れてみると、『告発』（水俣病を告発する会編）には父親について、「監獄から出たり入ったりしていて」と書いている[186]。このことから、もしかすると、清作は何度か監獄入りを繰り返していたのかもしれない。しかし、それを裏付ける記録は見つからない。

菊枝の姪・美江《よしえ》も「うちのじいちゃんの（入獄の）ことは知らないんです。お前たち（女）は知らなくていいんだっていわれて」と語る限りで、祖父である清作も、父である清衛も、美江には入獄のことだけでなく、小作争議の事も含めて、ほとんど話すことはなかったという。

ほぼ、真相追求を諦めかけていたとき、若槻清作について、「三・一五弾圧で投獄」と記された記録を見つけることができた。資料の名は『望海の灯』。一九九二年に、新潟県解放運動戦士顕彰実行委員会によって発行された冊子である[187]。

この実行委員会は、解放運動記念公園（新潟市中央区）に建立された「新潟県解放運動戦士の碑」の慰霊祭を主催し、合祀者名簿等の管理をしている会である。実行委員会は、「新潟県内でおきた小作争議をはじめ農民運動、労働運動など戦前戦後を通じてたたかったいくつかの成果と、そうした運動に参加しながら志半ばにして倒れた故人の戦歴を明らかにして名簿を整理すること」に着手し、記念碑建立のカンパを集め、一九七七年に記念碑の建立を実現させている。若槻清作は一九八三年の第七回慰霊祭で、合祀されていた。

『望海の灯』の合祀者名簿に清作は、次のように書かれている。

〈若月清作
住所　新潟市松崎××××
活動歴
　大正十二年農民組合副組合長。一四年日農関東同盟の支部長会議に中蒲原郡代表。
三・一五弾圧で投獄。
昭和三十六年四月二日（享年七十歳）〉

苗字が「若月」となっているが、「若槻」が正しい。ここでは住所を「××××」としたが、実際には番地が記されている。

活動歴に書かれているように、清作は農民組合の幹部を務めていた。では、そのことと三・一五弾圧がどう関係しているのか。

まず、三・一五弾圧は、「三・一五事件」とも呼ばれる政府による日本共産党に対する弾圧事件で、昭和三年（一九二八）三月十五日に実行された。『日本政治裁判史録　昭和・前』によれば、弾圧の対象は「共産党と密接な関係があると認められた団体の事務所および個人の家宅に対する一斉手入れ」にまで及び[188]、清作が幹部だった日本農民組合も捜査対象だった。松崎小作組合についても、組合長の滝沢要平が逮捕され、この混乱のなかで組合は壊滅している[189]。滝沢とともに組合を率いてきた清作が、「三・一五弾圧で投獄」されたと考えてもおかしくない。

また、『風雪越佐』（一九七五年十月十八日）という「解放運動　新潟県旧友会」の機関紙に掲載されている「三・

一五下獄記念」写真には、仲間とともに若槻清作の姿も名前入りで掲載されている[190]。

この時期に弾圧が実行された理由は、約一カ月前に行われた衆議院総選挙で、無産政党が四百六十六議席中八議席を獲得し、キャスティング・ボートを握りかねない快挙を示したことと関係する[191]。選挙結果は与党の政友会にとっては痛手であり、「そこで、政府の無産・労働運動に対する弾圧が始ま」り、三・一五事件が実行されたのだという[192]。

この事件は選挙の前年に成立した「治安維持法」の本格的な適用事件であり、選挙後のタイミングで実行されたのは、「随伴する選挙違反取締りのためのうごきだとカモフラージュできる」狙いからだった[193]。

検挙者は約千六百人。このうち起訴された者は四百八十三人[194]。新潟県だけを見ると、百八十二人が検挙され、十五人が法廷で裁かれ、十二人が懲役刑、三人が無罪となっている[195]。

新潟地方裁判所で行われた一審の被告人の名前の中に、清作と同じ松崎小作組合の幹部だった滝沢要平や、早稲田大学出身の稲村隆一の名前はあるが、若槻清作の名はない[196]。おそらく清作は、検挙されたが起訴はされなかったのだろう。

奥平康弘の『治安維持法小史』によると、国は治安維持法を根拠に容疑者を逮捕するが、「起訴し裁判にかけるという正式手続きはすすめずに、身柄を拘束しつづけるという方式の方が、数からすれば圧倒的に多かった」とのこと[197]。実際、新潟県では、検挙された百八十二人のうち、裁判の被告になったのは十五人だから、その割合は一割にも満たなかったのである。この理由について奥平は、治安維持法というものは、警察での取り調べ、拷問、こらしめ、説論に重点を置いていたからだという。つまり、ひとまず捕まえて、「転向」させることが主な目的だったということになる。

三・一五事件の裁判は各地で行われ、被告の弁護は、日本労農弁護士団の弁護士が引き受けた。これら弁護を引き受けた約二十名の弁護士は、共産党の「目的遂行ノ為ニスル行為」に従事する者として一九三三年に検挙されている（日本労農弁護士団事件）。そのうちの一人、布施辰治以外は、全員転向を表明した[198]。

布施は、菊枝が新宿西口のそば屋を乗っ取られた際、相談に乗ってもらった人物である。菊枝は同人誌にその時のことを「何とかしなくてはと必死で考え、昔、父の農民運動の時にお世話になった、布施辰治弁護士にお願いした……[199]」と書いている。菊枝と布施をつないだのは、清作の関与した木崎争議や三・一五事件だったのかもしれない。

清作の入獄が、三・一五事件に起因したものだとしても、拘束期間など、疑問は残る。三月十五日以降半年あまり、清作は家に帰ってこなかったのかもしれないし、何回か獄を出たり入ったりしている理由の一つが、三・一五事件だったのかもしれない。

確認できたことは、清作は三・一五事件で投獄されたということに尽きる。それ以外のことについては不明な点ばかりだが、菊枝の記憶の中に生き続けた父の入獄という出来事が、菊枝の人格形成に大きな影響を与えていることは間違いない。むしろ重要なのは、そのことだと思う。

菊枝ははっきりこう述べている。

〈偉かったのは父だ――わたしは父を尊敬している。父は農民運動の闘士だった。わたしはあの父の子なのだ――そういうプライドが田舎者の劣等感に打ちかって生涯の支えになってきたことを、わたしはいつも感じている。（略）なにか世の中のためにならなければ――これが父から受けついだわたしの単純な哲学である[200]〉

## 木崎争議と菊枝

若槻菊枝にとって、木崎争議とは何であったのか。このことを考えるにあたって、『木崎農民小学校の人びと』の著者・合田新介が菊枝の自宅に取材に訪れたときの記述から始めたい。合田は著書に次のように書いている。

〈不思議な魅力の持主である。木崎争議とかつての生活の苦闘とたたかって、生きぬいてきたこの女性《ひと》の何と大らかで、天真であるのか。木崎争議と農民小学校を体験した人びとで、わたしはそれを自己の生の原点とし、さらに大きな転機として生き抜く人びとに会った。若槻さんもそのひとりである。父若槻清作と小作争議と絵画と水俣運動とが、心の中でスーッと一本の糸になって連なり、それが彼女の生きざまにストレートに反映しているのではあるまいか[201]〉

菊枝について合田は、木崎争議を自己の生の原点として、さらに大きな転機として生き抜く人々のひとりであると言っている。

清作と共に木崎争議を闘った稲村隆一は、「清作さんは、農民運動の同志で、弾圧のヒドイ時代、一緒に刑務所に入れられたり、検束されたりした仲だ。（略）清作さんは（略）烈々たる情熱の人だった。その娘さんが菊枝さんである。頭のいい点と闘志満々たる点は父親そっくりである[202]」

と述べている。

菊枝自身も、〈後年わたしが、なまいきに水俣の運動に入っていったのも、そのような父の血の流れかもしれない[203]〉と回想している。木崎争議に深く関わりのあった父親の影響を、娘の菊枝は、自分自身でも認めているし、第三者も、同様の印象を持っている。革命歌やロシア民謡が好まれて歌われていたノアノアのことを、菊枝は〈父の影響だったらしい〉とほのめかしている。

革命歌といえば、小林多喜二作の革命歌を菊枝が店で歌っている姿を、ノアノアに初めて来た土本典昭が目撃し、激怒したことがあった。

〈その歌を俺の主題歌のように愛していたので、突如俺は狂った。確か「これは大事な大事なウタだ。あんたにこの歌が分ってんのか」と喧嘩腰で迫ったらしい[204]〉

土本に怒鳴られた菊枝は、引き下がらなかった。土本が続ける。

〈ママの顔は紅潮して怒気全面開花の形相となって、俺を撲った。俺もつきとばしてひっくり返してやった。男も女も、客もママの御行儀もないゲバルトだった[205]〉

店内は騒然となる。そして土本は、はたと気付く。

〈こんな新宿の奥の深いところで過去の斗いのこと、革命のことをその血と肉体にもって生きてきたことか――その女の存在感と迫力に、俺はスパークの様に交感出来た。謝るのは癪《しゃく》だから、煙草の火で俺は手の甲を灼いて自ら罰した。〝小指をつめるよ〟のつもりだった[206]〉

互いに遠慮することなく感情をぶつけ合った菊枝と土本。土本が「交感」した相手、若槻菊枝が、木崎争議にとことん付き合った父・若槻清作の娘であることを、土本はこのとき知っていたのだろうか。菊枝の父親についてなんらかのタイミングで知り得たとき、土本は、菊枝を見て「どうりで」と納得したことだろう。

## 新潟に育てられて

父親譲りの性格については、自他共に認めるところだと言っていいが、菊枝が十七歳まで過ごした新潟時代は、菊枝の人格形成に何を残したのか。

まず、最も身近な同性であった母親からはじめたい。菊枝は両親のもとで十七歳になるまで過ごした後（紡績工場の寄宿舎生活と結婚後の時期は除く）、一人で上京した。菊枝が二十一歳のとき、母・キヨノは亡くなっている。よって、母親の存在を物理的にも身近に感じていたのは新潟にいた十七歳のときまでということになる。

菊枝には兄が一人いる以外は年下ばかり。菊枝に大人の女というものを教える姉のような存在は、自伝などを読む限り見当たらず、おそらく、キヨノが、菊枝にとってのそうした存在だったのではないだろうか。

幼少時には健在だった父方の祖母の記憶も多少、菊枝にはあったが、圧倒的な影響を菊枝に与えたのがキヨノであったことは間違いない。そのキヨノの影響も、菊枝が上京してしまうまでと限定的であり、さらに菊枝が上京した四年後にキヨノは亡くなっているため、菊枝が知ることができた母親の姿は限られていた。

キヨノは苦しい労働にも弱音を吐かず、常に明るく元気に振舞い、小作争議に明け暮れる夫のことを文句も言わずに支え続けた。「勤勉」で「辛抱強い」ことを菊枝に教えた。また、弟の保が母から教えられたように、「弱いものは団結してことにあたれ」「憲兵は弱いものの味方はしてくれない」といった、社会の不条理についても教えた。

一般的な話になるが、新潟で生まれ育った菊枝と同じ世代の女たちは、「もの心つくころから家事手伝い、小学校入学で子守奉公、卒業すれば糸引き（製糸）か紡績の女工、ふるさとに戻り結婚すれば慣れない手でスキやクワをふるう。夜なべ・朝なべに追われ、冬は機織り、ワラ仕事に雪掘り。戦線の拡大とともに兄弟や夫を戦場に送り出し、銃後のかなめとして男代わりに馬車馬みたいに働きずくめ…」と、『庶民の歩んだ新潟県50年史』にはある。女児は少女になり、女になり妻になっていく中で、家や家族を第一に考える「自己犠牲」を身につけ、出稼ぎ女工となって家族へ仕送りをする「無償の労働」に明け暮れ、しゅうとや近所など「周囲への気がね」といったものを体に染み込ませていく。その結果、自分が何者なのかわからなくなったり、息苦しさに悩まされる者も少なくないが、すべては「自分に覆いかぶさった運命」として受け入れて、現実を消化していくのが越後の女なのだという[207]。

もし菊枝が上京していなければ、このような生き方をしていたかもしれない。だが菊枝は東京へ向かった。そのきっかけは、東京の話を菊枝に吹き込んだ新聞勧誘の青年の存在が大きいが、そこで抱いた東京への憧れを、憧れで終わらせず、上京という行動に移したことは、皆ができることではない。

では、何が菊枝にそうさせたのか。

一つには、父親が木崎争議に関わっていたこと。地主を相手に小作人が反旗を翻すということは、当時の社会通念上、好ましくないことだと受け取られてもおかしくないことだった。だが、父は、「常識」にとらわれることなく、勇気を持って立ち向かった。その結果、投獄されてしまうが、数カ月ぶりに家に帰ってきた父のことを、多くの仲間は熱い歓迎で出迎えた。菊枝の母も、争議に明け暮れる夫を決して批判しなかった。そんな父親の姿は、信念を持って事にあたること。それが無駄なことではないと菊枝に教えたのではないか。

さらに、木崎争議では、女たちが争議を支援しただけでなく、表舞台に出て発言をしている。

木崎争議が始まった大正十一年（一九二二）は、女性が政談演説会を聞いたり、その発起人になることが認められた年であった。木崎争議の演説会場には女の姿もあった。菊枝も演説会で父の話す姿を見ている。「おなご弁士」と呼ばれた女たちの演説を菊枝が見たことがあるかどうかはわからないが、例えば、鳥屋浦事件で収監された兄を持つ当時十六歳だった渡辺ユキは、兄の不条理な検束について怒りを込めた演説をしている。ユキのような若い娘が争議に関わることについて、「嫁のもらい手がなくなる」と眉をひそめる風潮もあったというが、何人かの女たちは、ユキのように演壇に立つことを選択している。父親が演説する姿と同列に、菊枝は、もしかしたらユキのような、ものいう女の姿を目撃したことがあったのではないだろうか。

ユキが十六歳のとき、菊枝は六歳。「女はこうあるべき」といった女の可能性を抑圧する考え方に、菊枝は染まりきっていなかったかもしれない。だからこそ、演壇に立つ自分と同じ女の姿を、抵抗なく見ていたとも考えられないだろうか。

もし、菊枝より年上の姉や親戚の女たちが周囲にいたら、菊枝の考える未来は、新潟の街や蒲原平野で女工として、あるいは妻として、しゅうとめとして生きる彼女たちに、重ねられていたかもしれない。その中で菊枝は幸せをつかみとろうとしていたかもしれない。

だが、菊枝には姉もおらず、母親は早くに亡くなってしまった。十七歳で結婚して家を出たが、嫁入り修行のようなものはしていない。菊枝が東京に出るまでに身につけたものは――母の勤勉で我慢強いところ、父の勇気ある行動と正直なところ。それから、木崎争議の一時期だけであっても、男に交じって、争議に参加していた女たちの行動力――だったとは言えないだろうか。

これらは、東京で菊枝が商売を始め、軌道に乗せていくなか、水俣病事件と出合い、患者支援に情熱を注いでいく原体験であったと思えてならない。

# 第六章　隠居　東村山暮らし

## ノアノア二十五周年記念パーティへの誘い

〈新宿駅東口のマーケット街――ハモニカ横丁に、私の最初のバー「ノアノア」が誕生した。昭和二十五年（一九五〇）六月のことである。――若槻菊枝著『太陽がいっぱい』から――

それから二十五年がたちます。

そのあいだにノアノアはハモニカ横丁から歌舞伎町へ、歌舞伎町からいまのお店へと大きくなってきました。そのあいだにママは絵を描き、随筆をものにするようになり、いまでは水俣にも打ちこんでいます。しかし変わらないのはママの天性に支えられたお店の空気であり、ママの童女ぶりと申せましょうか。

ノアノアの歴史は私たちの人生の年表です。ノアノアが私たちを育て、私たちを結び、私たちの仕事のじゃまをし、仕事の助けともなってきました。ノアノアはママの店ではあっても、私たちの店でもあるでしょう。

ともに私たちの店。ノアノアの二十五周年を祝い、ママの労をねぎらい、ママの健康をことほぎ、ママを励ますためのパーティをにぎやかに開きたいと思います。そこには新潟から新宿、新宿から水俣へとつながる多彩な顔ぶれがそろうはずです。またおのれの酒量をもってお店を支えてきた私たちノアノアの仲間の久しぶりの歓談

70年代のノアノア東大久保店。右奥の壁には「苦海浄土基金」と書かれたカンパ箱が見える

の夕べともなるでしょう。

ご多忙のなかを恐縮でございますが、一夕のお時間をさいてご参加いただければ、まことにうれしく存じます。

では、その晩お目にかかります。

ママもたのしみにしております。

発起人一同

ノアノア二十五周年記念パーティ
（とき）昭和50年5月17日（土）午後5時〜8時
（ところ）新宿・厚生年金会館・六階（地下鉄・新宿御苑前）
（おかね）三千円
なお当日は会のあと、ふつうどおりにお店をやるそうです[208]〉

右に掲載したのは、ノアノア二十五周年記念パーティの招待状である。招待状には、発起人百三十八人の名前が印刷されていた。この百三十八人の名前から、ノアノアがどんな人たちに支えられていたのかが伝わってくる。パーティから二十二年後に書かれたエッセイで菊枝は、発起人の何人かについて思い出を語っている。

〈改めて皆さんのお名前を眺めていると（菊枝は招待状を見ていると思われる＝筆者注）、懐かしいと思うと同時に、亡くなられた方が多いのに気づく。二十五周年パーティの発起人でもあり、スピーチも予定されていた作家・梶山季之さんが、香港で急逝され、その告別式がパーティの当日となってしまったことを思い出してしまった。

草野心平先生、関根弘先生、戸板康二先生、吉行淳之介先生、田辺茂一先生他、発起人になって下さった百三十八人の中で四十数人の方が亡くなられている[209]〉

このエッセイを執筆したとき、菊枝は八十一歳。いずれは故人も含めた「ノアノア交友録」のようなものを書きたいと考えていたようだが、「はたして本人の私がそれ迄元気でいられるかどうか」と不安をこぼしている。交友録は実現しなかった。

香港で急逝した梶山季之の小説『黒の試走車』（一九六二年）には、日曜画家のマダムが経営する新宿のバー「ノアノア」が実名で出てくる[210]。『黒の試走車』執筆時、北里研究所付属病院に入院中だった梶山を菊枝は見舞っている。梶山の『人間裸に生まれて来て―わが人生観――』（大和出版一九七七年）にも、「ノアノアのマダム、和ちゃんの二人にて（サントリー角）密輪に来てくれる也」と記されている。梶山の好意に甘えて病室で菊枝は、いただきものの白桃を「指の間から汁をしたたらせて、ムシャムシャと野性的に食べた」そうだ[211]。

「ノアノア同窓会長」と呼ばれていた田辺茂一（左）

ハモニカ横丁時代からの常連客だった梶山は、毎回決まって知人を店に残したまま先に帰るパターンで、「残った分は、あとの人たちに飲ませてやってね」と連れの勘定も含めて多めにお金を置いて、さりげなく店を出て行く人だったという。もし、ノアノア交友録が書かれていたら、こうしたエピソードが書かれるはずだったに違いない。

話を二十五周年記念パーティに戻す。

菊枝のエッセイによると、発起人たちはパーティ進行の段取りを当日会場で決めたようで、司会進行は土本典昭と、菊枝が欧州遊行で世話になった工藤幸雄に決定。司会の工藤が「ノアノア同窓会長として、まずは田辺茂一さんにお願い致します」とマイクを渡してパーティは始まったとある。その後、作家・演劇評論家の戸板康二、劇作家の青江舜二郎、文芸評論家の奥野健男、作家の早乙女貢がスピーチをしたと続く。

五百人ほどの出席者で大賑わいの会場には、水俣から参加の、石牟礼道子、川本輝夫、浜元二徳の姿があった。菊枝はこのとき、額縁に入った寄せ書きを石牟礼から受け取っている。寄せ書きの送り主は「水俣病患者一同」。ノアノア二十五周年記念パーティに出席する石牟礼に、水俣の患者たちが託したものだった。

寄せ書きの中央には、「ママさん　祝二十五周年　いつまでもお元気で」の大きな文字があり、このメッセージを囲むようにして、めいめいが名前を書き込んでいる。

このパーティで見かけた顔ぶれについて、「ノアノア同窓会長」と呼ばれた田辺茂一は産経新聞のコラムに、「新劇関係の客筋が多く、

石牟礼道子（中央）から寄せ書きを受け取る菊枝と、二人を見守る土本典昭（右）と浜元二徳（中央奥）

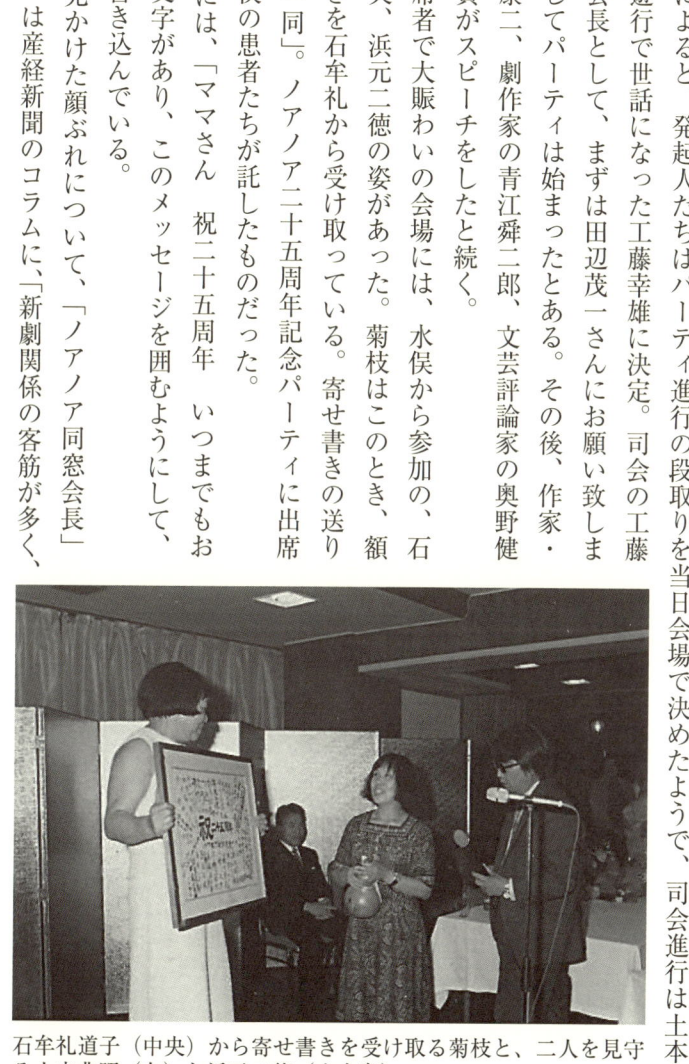

パーティには、戸板康二、青江舜二郎、小松方正らの顔も見えた」と書いている[212]。ハモニカ横丁時代からノアノアを知る田辺は、二十五周年を迎えたノアノアのことを、「サイケ調の若い連中もよってくる。ゴーゴー踊りの、音楽もあり、近代調」な店だと語り、同じ通りに店を持っていた女経営者の現在の店が「旧態依然」なままであるのに反していると述べている。

『週刊朝日』は、「徹底ガイド　ザ・新宿」という特集記事でノアノアを取り上げ、二十五周年記念パーティの盛況ぶりを次のように伝えている。

〈東大仏文の森本和夫教授、作家では吉行淳之介、早乙女貢、栗田勇、いいだもも、文芸評論家・奥野健男、美術評論家・瀬木慎一、翻訳家・工藤幸雄、詩人の関根弘など、およそ新宿を青春時代に通過した人で、ここに現れなかった者はいないのではなかろうか[213]〉

記事はこのあと菊枝のプロフィールにふれ、新潟生まれで、父親が「農民運動の闘士」であり、水俣病患者のために「資金カンパをした」ことを述べて、石牟礼のコメント「店が東京の連絡事務所のように使わしていただいています」「上京すると、ママをたずねてお世話になってます」と紹介している。

もともと厚生年金会館の一番大きな部屋を押さえていたのだが、あまりの人の多さに、急遽、廊下をへだてた

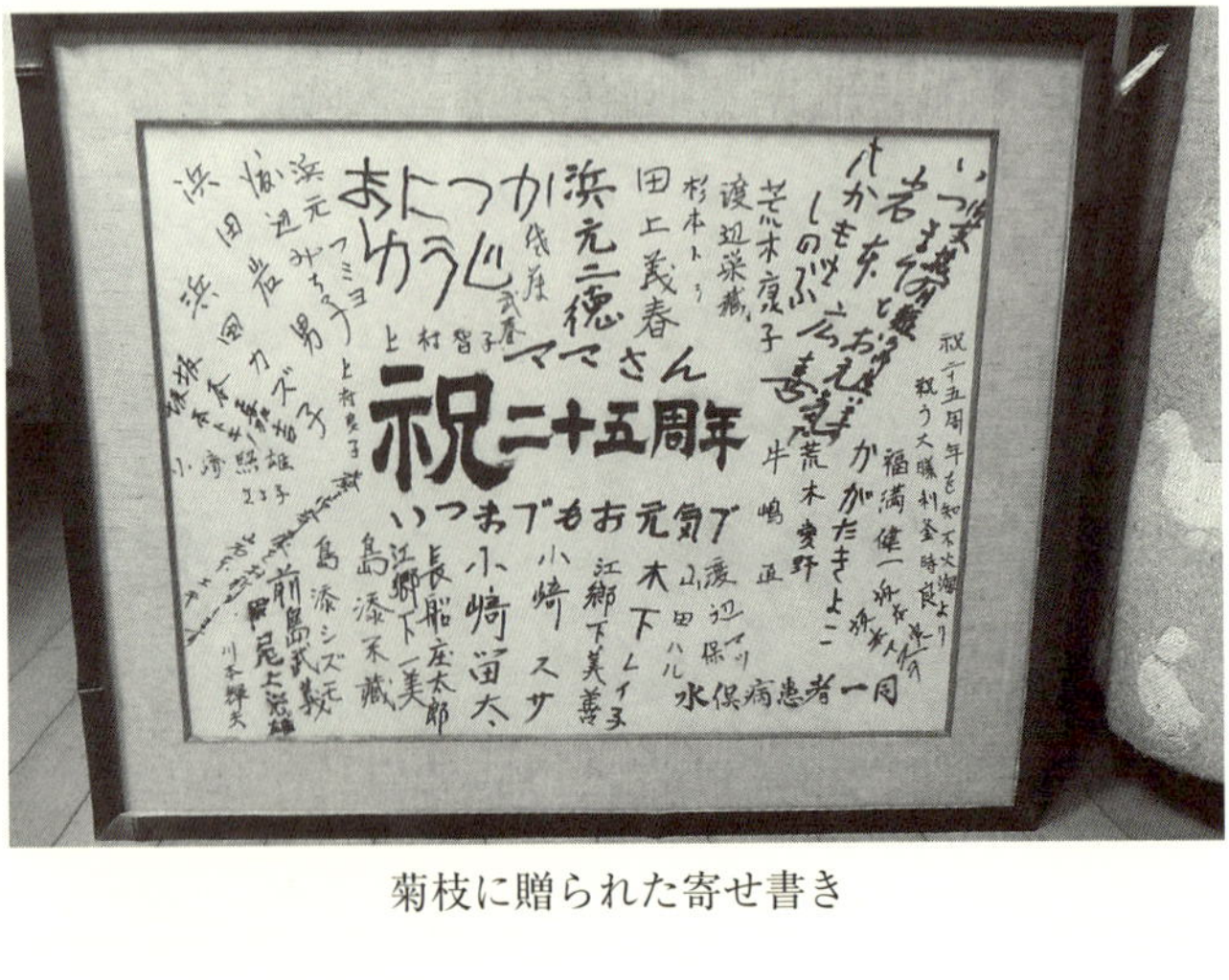

菊枝に贈られた寄せ書き

向かいの部屋まで使うことになったほどパーティは盛況で、菊枝は、「ほんとうに、うれしかったですね。無学のわたしのために」と読売新聞の取材に答えている[214]。

ノアノア二十五周年記念パーティは、菊枝の自伝が金剛出版から商業出版されたことを祝う会も兼ねていて、出版祝いが盛大で華やかに行われたのは菊枝らしかった。会場には完成したばかりの自伝（一九七五年版）が並べられ、サインにも応じた。弁護士の後藤昌次郎や奥野健男に「そのヘタな字がなんともいいんですよ」とおだてられると、菊枝は調子づいて、自著へのサインに励んだ。

大々的に出版記念パーティをした菊枝だったが、ノアノアでは、客が店を貸し切って、こじんまりとした出版パーティをすることもあった。そんなとき菊枝は自分にはない「控えめの美学」に魅せられていた。

「ノアノアのお客さんで会社員の人が本を出したんで、その人の出版記念会をノアノアでやったことがあったんです。著者が到着する前から、パーティは盛り上がっていて、四十人ぐらいがワイワイと歌を歌ったり、みんなご機嫌な様子。そこに主役が出版社の人を連れて来たので、さっそく本を見せてくれという話になるのは当然のことなのに、ところが、その人は本は持ってこなかったっていうのです。出版記念会なのにどうして持ってこないの？　みんな読みたいだろうに、って私は思ったのだけど。

それで私ったら、うちの従業員に、店に置いてある私の本を出させて、みんなの前で自分の本について紹介をしたりして。そしたら出版関係の人が買ってくれて。その人に続いて、われもわれもって、何人かが私の本を買ってくれまして。そのとき思ったんです。自分の出版記念会に本を持ってこなかった彼のことを。どうして持ってこなかったのかって。彼は、麗々しく、自分の本です、って売るのが趣味にあわなかったんだろうなって。店にいっぱい人が来ると迷惑をかけるからって、人数も四十人に限って出版記念会をしたんですね。そういう彼の心遣いに後から気づかされて。

性格は穏やかなのに、営業の成績は優秀で。いぶし銀みたいな人でした。私も遅まきながらも、そういう人間になりたいと思ってます[215]」

自分の本の出版が決まった途端に盛大な出版記念パーティをして、自分の売り込みに夢中になってしまう性格について、菊枝は〈今思えば恥ずかしいことばかりする私〉と後に反省している。だからこそ、この会社員の奥ゆかしさに美しさを感じたのだろう。

## 隠居

ノアノア二十五周年・出版記念パーティの翌年、六十歳になった菊枝は、かねてから決めていた通り、ノアノアの仕事から身を引いて、店は登美雄に任せた。店の経営は上手くいっているし、まだまだ働けそうな菊枝を前にして、どうして引退するのかと不思議がる人もいたが、菊枝は、自分に残された時間は、絵を描いて過ごすと決めていた。

東京郊外の東村山に家を建てて引っ越したのもこのころである。東村山に目をつけたのは、知人の入院している病院が東村山の隣町にあり、登美雄の運転で何度か訪ねるうちに、気に入ったからだった。

これまで住んでいた中落合は、引っ越した当時は車もほとんど通らないのんびりしたところだったが、このころは聖母病院が近いこともあって、交通量は増えていた。身体の動くうちに空気のいいところへ引っ越したいと考えていた菊枝にとって、東村山の新居の周囲は緑も多く、舗装されていないガタガタ道ばかりで、夜になると、畑に囲まれた菊枝の家の玄関の灯りだけが光を放っていた。そんなのどかな環境は、どことなく故郷新潟を彷彿させた。決まった時間に店を開ける日常から切り離されてみると、〈ほっとしたせいか何か物忘れをしたようなぼんやりした[216]〉時間の中にたたずんでいるようだったと菊枝は同人誌に書いている。

石牟礼道子の書斎も中落合の自宅から東村山に移され、二階建て家屋の一階の和室、床の間のある六畳間が石牟礼の書斎となった。中落合の書斎ほど東村山の書斎は使われなかったが、「東村山にも来られて、ここで原稿を書かれていたことはあったように記憶しています」（登美雄）とのことである。

新居を構えてから間もないころ、自宅の庭を武蔵野の風景のようにしてもらおうと、庭師を雇っていた時期に、石牟礼が泊まりに来たことがあった。庭師が作業している姿を、石牟礼と居間で眺めながら、菊枝は急に、自分が新築の家を建てたことや、庭造りを頼んでいることが恥ずかしくなり、思わず石牟礼に打ち明けた。

「道子さん、貴女たちが自分の生活を捨て、公害とたたかっていらっしゃるのに、こんなぜいたくなことをして申し訳ないわね」

菊枝は、そうたずねながら、内心、自分はバチが当たるのではないかとオドオドしていた。

石牟礼は

「何をおっしゃるの。あなたは小さい時からご苦労ばかりなさったから、これからはどうぞ余生を楽しんでください。一日も永く生きてください」

と言葉をかけた。その言葉に菊枝は心底救われたような気持になり、心の中でそっと手を合わせたに違いない[217]。

中落合の自宅は、東村山への引っ越しと同時に、アパートに建て替え、部屋を借りるのが難しい外国人や生活保護を受けている人たちに貸した。アパートの名は、「メゾン・ノアノア」と名付けた。

新宿暮らしの長かった菊枝は、東村山は何事においても不便なんだろうと考えていたが、住んでみると空気もよく、家の周りには畑もある。何よりも、芸術を愛する人たちのサークルに出会ったことが、菊枝の東村山暮らしを一層魅力あるものにした。

ノアノアの仕事を引退して、自由な時間が増えたからなのか、新宿では行く機会もなかった図書館が近くにあることを喜び、市役所で開催されている市民による芸術作品の展覧会に出くわすと、吸い寄せられるように展示作品を見て回った。

作品をゆっくりと観賞し終えたところ、会のメンバーだという女性が、「何か感想をお聞かせください」と声をかけてきたときのことを、菊枝は大学ノートに次のように書いている。

〈思いのままいった。考えてみれば、少々生意気だったかもしれない。私はなぜかほっとした。文化的なものから遠ざかったようなさみしい気持ちでいたのに、図書館がある。展覧会場がある。こんな素晴らしいところに住むことになった。私は幸せだと思った。

夫は私にこういった。東村山というところは、文化運動のさかんなところなんだと。

楽しく見て帰ろうとすると、先ほどの女性が、イスを勧めてくれた。そして貴女も絵をおかきになるんでしょう。もしよかったら会員になりませんか、とすすめて下さった。これをチャンスに、この会に入会することになった。小さな会場にところせましとならべてある油彩、手芸、書道、エッチング。一筆一筆心をこめて書いたに違いない。それは、すばらしいことだと思い、私も死ぬまで絵を描くことをやめまいと心に誓った[218]〉

同じ東村山に住む草野心平のアトリエを見せてもらったとき、それほど広くないから「アトリ」と呼んでいると聞いて、菊枝は自分もそんな部屋が欲しくなり、二階の細長いベランダのスペースにアトリエをつくっている。

狭いアトリエが、絵でいっぱいになっていくと、今度は三階を増築し、三階はまるまるアトリエにした。ところが、アトリエが完成するころには、菊枝には三階まで階段を上る体力がなくなっていた。結局、完成した三階を使うことなく、菊枝は二階の寝室で絵を描き続けた。

菊枝が引退したことを知らない客が、ふらっと店にやって来ると、登美雄は、「菊枝は毎日絵を描いているよ」と伝えた。菊枝に会えなくて残念がる客も、店を出るときには「ママによろしく」と帰って行くのだった。

登美雄のマスター時代、菊枝は、ノアノアの仕事に出かけて行く登美雄を必ず家の外まで見送った。運転席の窓を登美雄が開けると、菊枝は決まって、自分の人差指の先を登美雄の人差指に絡ませて、握手をするように上下に何度か揺らしながら、「必ず無事で帰ってきてください。神様、お願いします。じゃあ、行ってらっしゃい」と、おまじないのようにささやき、登美雄を送り出した。

登美雄が行ってしまうと、見送りのために中断していた絵の続きを二階のアトリに戻って描く。夜の一時か二時頃、帰宅した登美雄が「おい、帰ったよ」と声をかけると、菊枝の声が二階から聞こえることも度々。昼間から絵を描き続けていることも珍しくなかった。菊枝はこの時期、生涯で最もキャンバスと向き合う時間を過ごしていた。

## 絵にとりつかれた夫婦

絵を描くエネルギー源は、肉料理だと信じていた菊枝にとって、朝からステーキを食べるのは特別なことではなかった。夫婦で焼肉屋に行くと、菊枝が手際よく二人分の注文をしてしまうので、登美雄は何もすることがなく、料理が出てくるのを待っていたら、全て菊枝が食べる分だった——ということもあったほど、菊枝は肉をよく食べた。

その肉料理を楽しむ生活も、糖尿病が進行してくると諦めるしかなかった。菊枝のためにカロリーを抑えた食事を、登美雄はかれこれ二十年以上作り続けることになるのだが、肉のない料理を目の前にしてため息をつく菊枝の顔を、登美雄は何度も見ることとなった。

「肉を食べなければ、根気も集中力もでてこない。これでは絵も描けない」と嘆きながらも、菊枝は登美雄が作る食事をけなげに食べた。

〈やはり少しでもいい絵を描きたいという欲求がある。そのためには常日ごろから体調と気持ちを整えておかないと美の神様には会えない。それでやはり節制する。描けるか描けないかわからない楽しみのために食べたいものもじっとがまんする[219]〉

絵は菊枝の感性そのものの表れだった。絵の基礎を先生について学んだことはない。だから彼女の絵を評価しないという人もいる。その代わり、菊枝の絵は誰のルールにも束縛されず自由であり続けた。

〈絵を描いていても楽しいから描くのだし、他人のために描くわけではないから他人の真似もしないし、また真似が出来るほどうまくはないから当たり前ですが、とにかく徹底したわがままというのでしょうか。自分のアイディアで生き方を通してしまう。無意識にそうなるのです[220]〉

絵の師匠をもたなかった菊枝だからこそ、「そのことがかえってこの画家の、心の多面性を結晶させるのに役立っているのかもしれない」と述べたのは石牟礼道子だった[221]。

菊枝の絵は、第四十二回二科展絵画部門に初出品入選したのを皮切りに、数々の展覧会に入選、実績を残している。しかし菊枝自身は、自分の描く絵に、満足することはなかった。

五十代前半では、「わたしは、いまだに自分で満足のいく絵を一枚もかけていない。まだまだこれからだと、わたしはわたしのなかの未知数、可能性を信じようとする」と述べている[222]。何度かの入選、個展開催だけでは飽き足らず、自分自身も気付いていない未開の絵の領域に進みたいという意欲にあふれている。絵に対する探究心は、六十代になっても、枯れることはなかった。

キャンバスに向かう菊枝の姿を横でながめていた登美雄も、菊枝に誘われて絵を始めている。芝居をやっていた登美雄は、キャンバスを舞台のようにとらえてしまうらしく、「ここに人物があるなら、このへんに物があるとバランスがいいな」と、菊枝が描いている横から口を挟まずにはいられなかった。そんな登美雄を、「あんた描けそうじゃない。やってみたら」と菊枝が誘ったのだ。

最初は、「俺は絵はいいよ」とあんまり興味がないようだった登美雄も、いつのまにか絵を描くようになり、家の至るところが、二人の絵でいっぱいになるのは時間の問題だった。菊枝が「ねえ、絵を始めてよかった?」と聞くと、うん、と登美雄はうなずくようになった。

夫婦で一緒に絵の展覧会を開いたのは、登美雄が絵を始めてから四年後のことだった。

菊枝の画「スペインの思い出」と並ぶ菊枝と登美雄。展覧会会場にて

タイプの違う絵を描く二人について「強烈な色彩で人物、魚などを描いた菊枝さんの油絵と、対照的に静かな木々のたたずまいを描いた登美雄さんの作品」（『読売新聞多摩版』一九八五年三月二十四日）、「大胆なタッチと、奔放な色彩りの菊枝さん。繊細な表情を追う登美雄さん」（『村山三里』一九八五年四月一日　第二七号）と新聞記事は紹介した。

一九八五年に二人は、スペインにスケッチ旅行に行っている。プラド美術館でピカソの絵を見た菊枝は、あまりの衝撃に「歳をとったからと云って自らを甘やかしてはいけない[223]」と、ますます絵に対する意欲を奮い立たせて帰国した。

翌年の二人展を紹介した記事の見出しは「絵にとりつかれた夫婦」（『朝日新聞東京武蔵野版』一九八六年三月二十一日）。記事は、「もっと個性がほしい」と登美雄の作品に望む菊枝と、「自分に忠実なところがうらやましい」と話す登美雄のコメントを紹介している。まさに二人は絵にとりつかれた夫婦だった。

## 弟たち

新潟で暮らしていた弟たちが離婚したり仕事に困ると、菊枝は彼らを東京に呼び寄せた。中落合に菊枝が住んでいたころから、正月休みになると、四人の弟たちは菊枝の家に集まり、故郷、新潟での思い出話に花を咲かせた。東村山に場所が変わっても、弟たちと過ごす正月は、これからも続くと思っていた。そんな矢先、菊枝は四郎（四男）と実（五男）を相次いで失った。

菊枝に誘われて上京した四郎は、菊枝が世話をした中華料理店を経営していた。四郎が五十二歳で胃がんで亡くなる一カ月前には、春だというのに菊枝の家の庭の木が一本だけ紅葉するという不思議なことがあった[224]。季節外れに紅葉したその木は、四郎が植えた木だった。四郎が亡くなると、あれは四郎の死の予言だったのかもしれない、と菊枝には思えてならなかった。

　父親の死に目に立ち会えなかった菊枝にとって、四郎の死は、母親が亡くなったとき以来直面する肉親の死だった。四郎の冷くなった体を目の前にしても、菊枝は四郎が死んだ事実をすぐに受け入れられず、心臓の鼓動を確かめるため耳を近づけたり、冷たくなっていく四郎の体温を逃がすまいと、抱きしめたりした。その様は、菊枝の母親が、川で溺れ死んだ大吉郎の身体を、必死に自分の体温で温めようとする姿と重なるものだった。

「自分の家族が死ぬなんてことはありえない」と四郎の頬に顔をうずめながら、「なぜこんなことになってしまったの。本当にどうして、こんなことになったのよ。生き返ってよ、生き返ってよ」と、冷たくなった弟の体をいつまでも揺さぶり続けた。

　四郎の葬式に長崎から駆け付けた五男の実は、以前から患っていた肝硬変が身体に堪えたようで、翌月には帰らぬ人となってしまった。病院の霊安室に横たわる実の遺体に、菊枝の涙がとめどなく落ちる。「かわいそうな実。どんなに生きていたかっただろうに」と何度も名前を呼びながら、実の冷たくなった足やほほを撫で続けた。

〈実よ！　私は、お前にとりすがりながら、あまりのいとしさに食べてしまいたかった。そしてわたしの身体にまいぼつさせて永遠にはなしたくなかった[225]〉

　数学者になった実の学費を工面したのも菊枝である。長崎大学の教授になったことを菊枝は喜んでいた。自分の死期が近いことを知った実は、菊枝に遺書を残していた。

〈菊枝様
長い間お世話になりました
恵美子と子供のことを
よろしくお願いします。
実〉

五十代前後で相次いで亡くなった二人の弟たちは、菊枝にとっては弟というより我が子同然だった。菊枝に最も年齢の近い三歳年下の保（次男）は、二〇〇一年に八十二歳で亡くなった。二人は年が近いこともあって、父親の小作争議や戦死した兄のことなどを語り合える仲だった。一人残ったのは十七歳年下の秀英《ひでえい》（六男）だった。

**秀英**

秀英は、十代のころに菊枝に促されて上京し、都心で暮らしながら、新宿でグラフィックデザインの仕事をしていた。そんな秀英の生活に変化が生じたのは、秀英のためにと、菊枝が一軒家を勝手に購入してしまったからだった。しかも、その一軒家は、菊枝の自宅の隣の物件だった。菊枝は秀英に引っ越してくるように言ってきた。秀英にとって、東村山への引っ越しは仕事上、不便でもあり、突然すぎた。そんな秀英の気持ちに、菊枝は思いをはせることはしなかった。いや、正確に言えば、菊枝なりに秀英の気持ちを考えはしたのだろう。それは、秀英に家を買い与えれば、秀英は喜んでその家に引っ越してくるに違いない、というものだった。菊枝の「弟を思いやる気持ち」は、どこか、親が子に良かれと思ってすることが、子にとっては迷惑でしかないという類の話とよく似ていた。秀英は、なかば菊枝に命じられるようにして、隣に引っ越してくるしかなかった。

「姉ですか。姉は個性的っていうか、唯我独尊。わが道を行く人だから、私は姉に相当振り回されました。

僕は十六歳で上京してから、グラフィックデザインの仕事をずっと新宿でしていまして。新宿はどこへ行くのも便利でしょ。ところが、姉から「(東村山に) 家を買ったから住みなさい」って言われて。僕はいやだっていってね。東村山からだとクライアントを訪問するのも遠いでしょ。だけど姉は自分が思うことは絶対正しいと思っているから、もう無理矢理、引っ越しをすることになりました。

姉に言われるがままに隣に引っ越してきましたが、一度、真剣にここから引っ越そうと考えたことがあって。これは今まで誰にも話してないのですが、隣に姉が住んでいることで、いろいろ苦労もあったんです。

姉が夫婦げんかをすれば、隣の僕のところに駆け込んできて、ああだこうだ愚痴をこぼすし、何かにつけて、これあげるって言うのだけど、僕がいらないって言うと、なんて欲のないことをいうって。もらった後が大変だから僕はもらいたくないんですよ。姉が茨城に土地を持っていたときは、そこで老人ホームの経営を僕にやれって言ってきたこともありました。

こんなことあんまり言うべきじゃないけど、(姉に) いじめられていたんです。で、家から出ていけって言われまして。姉曰く、買ってあげた家を返しなさいって。あげたものを返せって言うんです。それで僕もせっぱつまって、しょうがない、自分で家を建てようって決心して、山梨に山小屋を建てました。今でもあります。いつでも引っ越せるように。

姉が人にやってあげること、僕は善意ではなく、『無鉄砲』と言いたいです。姉には客観性がない。他人にも、自分にも客観的に考えることがないんですね。

例えば、姉は『私は嘘をついたことがない』と言う。本人は嘘をついたつもりはないのだけど、結果として、相手に嘘をついていたことはあるんです。その時々の姉は正直だから嘘をついたとは思っていない。だから唯我独尊。僕は身内だから、特にそう感じるんでしょうけど、他人には、僕が感じたようなことはしてなかったと思います」

「姉がやっていたこと（水俣病患者支援活動）はもちろん知っていました。時々、店に行ってましたから。ただ、姉と公害について話はしたことがない。多分、そういう話は私とはしないんだろうな。僕には僕なりのものの見方があって、客観的な見方をするけど、あっちはあっちで人間的につきあうというか。その違いじゃないかな。もちろん、姉のやっていることは応援していたし、尊敬しています。

やっぱり姉は親父の子どもだなって思います。姉が男だったら、もっと別の生き方があったと思います。姉の最初の結婚。あれは結婚させられたんです。本人は、そういう生活に物足りなくなって、東京に来るわけでしょ。東京に来てもお金がないから、自分で食べていくためにデパートでネクタイの売子をしたり一生懸命だったと思います。

親父に経済力がなかったからね。僕の兄たちも、学費や家を買うお金なんかを姉に出してもらっていました。姉にはあんまりお金をためようという気がない。こうしたらもうかる、たまるという考えがない。多分、身内以外にも金銭的に支援した人、いるんじゃないかな。

姉は、損得考えない。計算してあれこれするタイプじゃなかった。もう少しうまくやれば、もうかったこともあったんだろうけど。僕は口出ししませんでしたけど。もちろん、口出ししても、姉は聞くわけないですから。

母は僕が四歳のときに亡くなってます。姉が二十一歳のころです。母の実家が百姓していたんで、僕も手伝いに行ったことがあって。あれは確か十一月で寒かった。母と稲刈りをしていたら、そこで母が病気になってしまい、一緒に家に戻ったんです。腹膜炎でした。家で亡くなり、死んだ母の顔に白い布がかかっていて、その横で姉が泣いていたのを覚えています。

母は早くに亡くなったから、農民運動に明け暮れる親父の愚痴とか、僕は一切聞いたことがないんです。

小学校一年のときに親父が再婚して、継母が来ました。戦争（第二次世界大戦）が終わると、田舎にいてもしょうがないから姉に東京に出てこいと言われて。僕も中学を卒業して何もあてがなかったんで、上京したんですね。品川に姉が持っていた家でしばらく一緒に暮らして、新宿西口のそば屋を手伝いました。鮮明に覚えているのは、やくざが店に来て短刀を畳に突き刺して、自分の舎弟を馬鹿にしたって怒鳴り込んできたとき。姉が全く動じなかったことです。自負心なのかな。

今の東大久保の店でも、やくざがいちゃもんつけてきたときがあって、『ここはあなたたちが来るところじゃない』って、帰した場面に僕は偶然居合わせたことがありました。やくざを目の前に毅然とした態度がとれるのは、信念かな。そういうところは親父に似ているのかも。多分、兄弟の中で姉が一番、思考的に親父に近いと思います。

親父は正義感が強かった。でも、だまされやすかったというか、人を信じてしまうタイプの人間で、僕のすぐ上の兄貴が『また親父がだまされた』ってよく言ってました。親父が山を買ったときなんか、目分量でここからここまでって、言われたことを鵜呑みにして、大損したことがありました。親父がお金の工面に困って、東京にいる姉を頼ってきたことがあったとも聞いてます。

木崎争議に親父が関わったのは、見て見ぬふりができなかったんでしょうね。損得を考えれば、小作人の悲惨な状況を助ける運動には深入りしないほうがよかったんだろうけど。

小作争議をやめさせようと親父を大金で買収しようとした人がいたんだけど、断ったという話を姉が教えてくれました。そのこともあって、親父が村会議員選挙に立候補したとき、村の人が助けてくれて。親父は議員に当選したんです。

姉は僕より十七歳も年上で、僕にとっては親代わりみたいで、感謝してることもたくさんありますけど、やっぱり僕は姉に振り回されたわけで。褒められたことじゃないんですけど、恥部は恥部ということで、なしにはしたくないんです。

姉に似ているところですか。口はばったいから言えません」(若槻秀英)

秀英と菊枝のやり取りを見てきた登美雄には、姉と弟はどんなふうに見えたのか。

「菊枝は自分がいいと思ったことはするし、相手にもそうさせるんで、秀さんとしては反発するところもあったんでしょうね。でも私は結果としてはよかったと思っています」

一九三三年生まれの秀英は、一九三五年生まれの登美雄とは、二歳しか違わない。

**義母**

「菊枝はね、本当に私のお袋を大事にしてくれたんだ」

登美雄が心から感謝していることの一つは、登美雄の母親、関きみのことを、菊枝が愛情をもって接してくれたことだった。そんな菊枝のことを、きみは当初、息子の結婚相手として受け入れようとはしなかった。

「なにしろ、お袋にしてみれば、自分よりたった七歳年下の菊枝が、息子の妻になるというのが許せなかったんですね。菊枝は私より十九歳も年上ですから、お袋は猛反対しました。隣近所の手前もあるから絶対に青森に連れて来るなって」

菊枝との結婚を認めようとしなかったきみだが、登美雄から東京見物に誘われると上京し、菊枝たちの家に泊まっていくようになった。上京のたびに、きみの菊枝に対する態度は少しずつだが変わっていった。

「菊枝はお袋をいろんなところに連れていって、洋服なんかを買ってあげるんだ。そうすると、お袋は人から物を買ってもらったことがないから、すごく恐縮してね」

戦争で夫を失ったきみは、五人の子どもを一人で育てた。女手一人で五人の子どもを育てたと聞けば、義母の苦労は菊枝にもよくわかった。「菊枝自身が小さい弟を背負いながら小学校に通ったくらいですからね」

きみは、姉を連れて上京することもあった。

「お袋の姉は頭がよくてね、地元の県立病院の婦長をやっていたような人なんで、お袋は、ずっと姉に引け目を感じて生きてきたんです。

ところがお袋ったら、東京に姉を連れてきたら、『あんた、私のおかげで東京に来ることができたんだよ』って誇らしげにいうんです。自分には菊枝っていう家族がいることが自慢のようでね」

つねに自分のことを卑下して生きてきた母親の、晴れ晴れとした表情を、登美雄はこのとき初めて見た。

きみは戦死した夫の巡礼で硫黄島に行って以来、認知症を悪化させた。登美雄が母親に付き添って、青森から夜行寝台列車で上野まで上京したときなど、朝目覚めると「ここは、硫黄島に向かう船の中かしら」と勘違いしたり、予定もないのに上京し、二カ月以上泊まっていくこともあった。青森に帰る日に、「菊枝さん、大変お世話になりました。ところで何日ぐらいいたべえ」と聞いてくるので、菊枝が「七十日くらい」とこたえると、信じられないといった顔をすることもあった。きみはほんの十日ほどのことだと思っていたのである。

菊枝は根気よく、きみの辻褄の合わない話に付き合った。

〈朝おきて、義母の室をのぞく。相手が目を覚している場合、
「おはようございます母上様」
とか何とか冗談を言う。そして着物の世話をしながら、抱きしめて
「お義母さん好きよ」
という。そして
「お義母さんはだれを一番好きなの」
というと先ず孫が一番、その次が菊枝さん、その次がわたしの夫といったぐあいで[226]〉

義母が眠れないと、菊枝は自分のベッドに義母を横にさせて、少々芝居じみたことをした。

「どうぞ神様、お義母さんを眠らせて上げてくださいお願いします。今迄さんざん苦労ばかりしてきたんです。子どもも五人育ててきたんです。お父さんのいない家をお義母さんが一人で守ってきて身体がくたびれて心もつかれて眠れないんです。どうぞどうぞお願いします。菊枝からお願いします」

と、神様に願った。

「お義母さんは神様を率直に信じなければ眠らせてくれませんよ、さあさあ眼をつぶってね」

と義母の目の上に菊枝は両手を広げておく。すると、寝息がスースーと聞こえてくるのだった。まるで赤ん坊を安心させるために子守歌を枕もとで歌うかのように、菊枝は母親のごとくふるまった。

〈義母は、わたしが心から心配しているのだと思うと、安心して、それで眠れるらしい[227]〉

義母が求めていることを、自然にしてあげられるほど、菊枝は義母を愛おしく思っていた。もちろん遠慮もあったが、それ以上に何に対しても子どものような素直な反応を見せる義母は、菊枝にとって愛すべき存在になっていった。だからこそ、義母が青森に帰ってしまうと、「大風が吹いたあとのようで、すっかり淋しくなって、三、四日は手持ちぶさたでボーッと」してしまったという。

菊枝は義母と伯母が置いていった歯ブラシを、躊躇なく使った。他人である義母たちが、これほどまでに自分のことを信じてくれているのだから、歯ブラシが無条件で使えるし、それが愛だと考えていた[228]。

義母の最期は、自分の子どもが目の前にいてもわからないほど認知症を悪化させていた。

登美雄が菊枝を連れて青森に見舞いに行ったときには、「お袋」と声をかけても、息子が会いにきたことはわかってもらえなかった。菊枝をベッドの脇に呼び寄せ、「お袋、菊枝が来たよ」と呼びかけると、義母は「菊枝さんなの！」と声をあげたという。息子たちのことも、日常的に世話をしていた登美雄の兄嫁のことも、きみは最期まで認識することはなかった。

# 第七章　晩年　続く水俣への思い

## 土本典昭からの手紙

東村山に隠居してからは、ノアノアのお客と会うことは少なくなったが、年賀状や、手紙のやり取りは続いていた。土本典昭もそうした一人だった。

土本が菊枝に出した手紙やハガキはかなりの数になるが、ここでは、一九七七年頃に書かれたものを中心に紹介したい。この時期土本は、水俣の対岸に位置する天草諸島での水俣映画の上映を目論んでいた。その理由は、菊枝に宛てた手紙を読み進めていくと明らかになる。菊枝の水俣への関りは、隠居後も続いていた。

一九七七年に土本から菊枝に書かれた手紙を紹介する前に、土本と水俣病事件との関わりについて触れておきたい。

土本が水俣病の存在を知ったのは、熊本日日新聞に掲載された胎児性水俣病患者の記事が目に止まった一九六四年だった[229]。このときすでに水俣病は公式確認から九年を経ていたが、少なくとも九年間、土本は水俣病の存在を知らなかった。このことについて土本自身「私の不勉強もあるが、初めの数年、水俣病のミの字も聞かなかった。事件は新聞にもあまり報道されなかったし、テレビもまだ黎明期、〝公害〟の言葉すらなかった時代だったからだ」と述べている[230]。

土本に水俣病の存在を教えたその記事は、熊本短大（現在の熊本学園大学）の学生サークルが胎児性患者の支援活動をしていると伝えるものだった。この記事を読んで土本は、患者に対する支援・救済の内容が乏しいことを知り、その年に、『水俣の子は生きている』（一九六五年、日本テレビ）という胎児性水俣病患者を記録した番組を作った。これが、土本にとって初めて水俣病を取り上げた作品になった[231]。

六年後の一九七一年には、初めての水俣映画として『水俣——患者さんとその世界』を発表した。七一年といえば、菊枝が『苦海浄土』に衝撃を受けて、土本の勧めで水俣を訪問した年でもある。
土本は取材先からこまめに菊枝に手紙を出した。一九七四年二月に書いた手紙では、水俣病裁判に勝訴した渡辺栄蔵の一家が、賠償金で豪華な家を建てたことで、地域から浮いた存在として見られていることに触れている。渡辺家は、一家七人、全員が水俣病だった。栄蔵と妻、息子の保と妻、その子どもたち二男一女の七人である。裁判の賠償金八人分を合計すると、およそ一億円が、この一家に入ったことになる。土本は、この金で「豪邸」を建てることにした渡辺保の心境に迫り、菊枝に次のように書いた。

〈これまでつくれば部落からは浮き上がります。他の患者とのつくりあい（「つりあい」のことだろうか＝筆者注）もとれません。それは保さんには百も承知です。彼の頭には「細く長くという考えはありません。太く短く『金をさいなんでつかう』といったすざまじい大消費があります。あとでだんだんと買いたすといったおもむきではなく、思いついた欲しいものはすべて最高のもので買い残すことなく買って揃えるといった風です。（略）彼は一家が死にたえるまでのものをつんで海に出た『難破船』の首長のようです。全員水俣病で息子にヨメはとれぬならば死にたえる外ありません。限りある金と見限ることのできる一家一族の展望。それの中で、彼は豪気な出帆計画をたてて無謀といえる舟出をしているのです。それは希望のように見えて、実は深い絶望の果てのような気がしてなりません。あらゆる助け人や隣人との交渉を絶っての余生の設計です。そこに見えるのは死期を早めつつある保さんのすごみが形をなしているようです〉

手紙の後半には、天草諸島の一つ、御所浦町牧島の椛ノ木《かばのき》の住民で、「九二〇ＰＰＭ」という異様に高い毛髪水銀値をもつ故人の家族に会ったことが書かれていた。「毛髪中五〇ＰＰＭ以上あれば患者になる、一〇〇ＰＰ

Mでは重症もしくは死と計算されているのに、その島には九二〇ＰＰＭの記録をもって十年前に死んだ人の一族が」いたと驚きを伝えている。これほどの毛髪水銀値を持ちながらも、「離れ島では依然としてウソ病、仮病あつかい」であること、「毒に侵されている人が（水俣病認定から＝筆者注）漏れつづける」事実を目の当たりにして、気の遠くなるような驚きと怒りを菊枝に吐露している。

〈金をうけとって生まれる地獄と金すらもらえず、天下にみとめられずに疲れはてて死んでゆく人々の地獄とが一見、明暗を分かちながら軒をならべている始末です〉

土本は「ボクは少々しつこいので、そのあとをみてみる気になりましたが、これから生まれる地獄はかつてぼくの知らなかった種類のものです」と天草で見たことについて、これで終わりにしないという覚悟をほのめかしている。

〈砂のように流れて葦の上に何も遺らぬというような暗澹(「忸怩《じくじ》」か。判別できず＝筆者注)たる思いのする日々の中で、形をとどめるものに想いをよせるのは当然でしょう。だからぼくは又、映画をつくるのです〉

この手紙を書いたあと土本は、『不知火海』（一九七五年）、『医学としての水俣病―三部作』（一九七四〜五年）、『水俣病――その二十年』（一九七六年）を発表していく。

『水俣病――その二十年』は四十三分と短く、水俣病を知らない人にも理解してもらうことを目的に作られた作品だった。この作品は、水俣病に苦しむカナダの先住民に映画を見せた経験をもとにして、「説明のいきとどいた構成」で作ったものだった。この作品を手にしたことで、土本は、映画を見せながら天草諸島を巡回していくイメージを得た。このイメージは一九七七年に、「海辺の映画会」という水俣病映画の巡回上映運動に形を変えていくことになる。

一九七七年三月二十五日（消印日付）、土本から菊枝に「親展」と書かれた手紙が届いた。

「私のいまの心をじわじわと支配しているのは、水俣からいつも眺めていた対岸の貧しい漁村のことです」と始まるB５縦書きの便箋に書かれた手紙には、天草の島々に取り残されている水俣病患者への思いと、何としても映画上映会を実現させたい熱意とがみなぎっていた。

〈天草、御所浦、長島、獅子島等のかくれた人々をどうするか、です。川本さんと折をみては話しているのですが、川本さんは「一万人申請運動」をおこして、広く人々に健康診断と、そしてその上でオカシイ人は進んで申請するようによびかけ、水俣病を国家としてとり上げなければならぬように組みあげようという構想をあためています。私もまったく同様です。

いま私が尻に火のつく思いでいるのは、この初夏になったら、一番最近つくった短いフィルム「水俣病その二十年」（四十二分《（原文ママ）》）とそえものに、ぼくのキカン車の映画「ある機関助士」とできればマンガ映画を一本もって、野宿しながらでも、津々浦々の対岸の部落を野外映写して歩きたいことです。

というのは、いくら活動家や患者さんがいきり立っても、対岸では「よく来たね、どうぞ」と上映場所をかしてくれる所ばかりではありません。むしろ忌みきらって公民館もかさず、場合によっては石をぶつけられかねません。

私はその点、映画をつくった当事者の〝文化人〟ですから、「まずぼくの映画をみて下さい」といって、お登りの屋台店のように上映をすることがオカシクはありません。こうしてみせて歩きながら、いまは気づかずにねこんでいる人や、父母を失った人や、あるいはおかしい子供を発見するかも知れません。この上映の旅は、一、二カ月かかるでしょうが、人口二・三〇人いれば、そこで浜辺で上映して歩き、川本さんの一万人申請運動を映画運動で支えたいのです。こうしたことは人生四・五〇年生きてきた私でなければ出来ません。水俣狂《原文ママ》いというだけではできません。つらつら考えるに私のしごとと思います。そしてその旅のすべてをフィルムにとりたいとも思っています。

水俣はいま春のまっさかりです。私は不知大調サ団《原文ママ》の一員として四月一日から十日間程水俣にいき、その足で対岸をじっとみつめてこようと思っています。

この計画のため、生活費だけは作りました。行脚ヒ〔費〕も作るべくCM会議やTV会社にも仕事を求めにいきますが、何故かぼくは寸法の合わぬ人間らしく、「芸術祭参加」のときとか、特別に頑張る作品のときにはぜ・ひなどといって、一見「大物視」しつつ、糧道につながる仕事はくれません。やはりまたゼロからの出発です。とりあえず水俣にいって最近の情勢をつかみつつ、胸につかえているプランをどう進めるかみつけてくるつもりです。「お金をいくらでもいいから下さい」といいたい気持ちですが、そういうのも自分に抵抗があり、何とも困っています。

四月に帰ってからどんな仕事でも金のためになりふりかまわずみつけるつもりです。珍妙な近況報告になりましたが、やってみます。どうかみまもってやって下さい。御体呉々も御自愛の程を――。

土本典昭

若槻菊枝様〉

手紙に出てきた「不知大《（原文ママ）》調サ団」とは、色川大吉（東京経済大学教授・当時）が調査団長を務める「不知火海総合学術調査団」のことで、一九七六年から八〇年にかけて現地調査を十回行っている。天草諸島も調査の対象で、島の住民と交流のあった土本が案内役を務めたことは、調査団にとってありがたいことだった[232]。

天草諸島から戻ると、土本は菊枝と登美雄に次のようなハガキを出している。

〈前略、此のところ桜も全く散りました。そちらはまだ残花の候と思います。
昨日離島より帰りましたところ御送金うけとりました。有難く存じます。
ことしで映画生活も卅（三十＝筆者注）年になりますが、いつも人の情でフィルムを感光させていたようで空恐ろしい限りです。
同輩の停年だ、第二のお勤めだと聞いたり活字の便りをきくたびに〝青年老い易く……〟と思うことしきりですが、当方一向に書生気とそれにつきものの貧乏の中にあるせいかピンときません。
映画馬鹿と思いますが、これで野垂死できれば男子の本懐です
勝手なことのみ申し恐縮です　くれぐれもお体御大切に
（一九七七年）四月十五日　土本典昭
若槻登美雄様
若槻菊枝様〉

ハガキの文面から土本が、菊枝からカンパを受け取ったことがわかる。

天草諸島での映画上映会を実現するためには、「要する資力、知力を、理解ある人にあおぐ以外にないと思う。この計画が、いま事態の核心を衝く力をもっているか否か、いま私たちは問われるであろう。しかし何としても進行したく、大方に、応分の協力を心よりお願いする次第である」と土本は内輪向けの資料に書いている[233]。

五月十日付けの「『不知火海巡海映画班』活動計画書」には、映画上映を「海辺の映画会」と名づけること。入場料大人二百円、小人百円とし、対象となる地域の三万人の住民のうち最低で十パーセントの三千人に見てもらい、現地収入で四十から五十万円を見込んでいること。これを当てにして、二百五十万円（のちに四百五十万円に修正）をカンパの目標額としていると伝えている[234]。

六月二十日付けの記録では、活動準備金の募金を開始したこと。菊枝の二十五万円の寄付の他、十万円の寄付が一人、一万円の寄付が二人からあったと報告している。

〈幸い今日まで、予備調査を含め自分達の力でやってきました。すでに三十五万円のカンパがあつまり、上映フィルムも八割方そろい、映写機、テント、車なども安く、あるいは提供貸与の形で目鼻がつきはじめました。どうか実行できるように目標二百五十万に近づけるようご支援の程お願い申し上げる次第です[235]〉

七月二十一日に東京で行われた、映画班主催、色川大吉が企画に関わった「不知火海を語る夕べ」という集会では、石牟礼道子の講演、熊本大学の原田正純の医学報告、後藤孝典弁護士による「川本控訴審・公訴棄却判決の意義」といった講演を用意した。参加費は一人五千円。約三百人の聴衆が日本学士会館ホールにつめかけ、百三十万円ほどのカンパを巡海映画班は集めることに成功した。

七月二十七日、巡海映画班は、川崎埠頭から出港する「たかちほ丸」に乗り込んだ。映画班のメンバーは四十八歳の土本の他に、小池征人、一之瀬正史、西山正啓の四人。三十歳前後の若いスタッフだった。

水俣から半径三十キロメートル以内の対岸の天草諸島、七十カ所で映画を上映する計画である。半径三十キロメートル以内に該当するのは、天草諸島の上島、下島、長島、獅子島、御所浦島だった。これらの地域を、「どさ号」と呼ばれる色川大吉が提供したフォルクスワーゲン（キャンピングカー仕様車）の他に、自動車二台で移動していくのである。

八月一日、映画班が最初に訪れたのは上島の姫戸町（当時の人口四千三百九十五人）の北部、牟田だった。土本によれば牟田は「やっと海ぞいの自動車幅の切り通しができて町とつながった離れ部落」だった。

フォルクスワーゲンの側面に「海辺の映画会」と書かれたどさ号が、「おしどり道中」や「妻恋道中」といった演歌を流しながら細道を進んでいった。演歌をバックに、映画会の宣伝をする女性の声を吹き込んだカセットテープを流した。

映画班が天草に入り込んでいく様を、土本は次のように書いている。

〈これが古色ゆかしい天草の浜辺に登場し、むくつけき四人の中年を先頭とする映画屋が呼びこみをはじめるのだから、異形である。テレビはあっても、映画に触れるのは三、四年ぶり、一六ミリ映写機の実物すら見ものののうち、といった文化の恵まれないところ…[236]〉

姫戸町での上映には百二十人ほどが集まった。この人数は、映画班が目標としていた住人の一割の動員を上回る客入りだった。鉄道のない天草では、子ども向けに上映した『ある機関助士』は、あまり受けないことがわかった。水俣病の映画が始まると、大人たちは「おんなじ熊本になあ……」と、水俣で起こった出来事をまるで「対岸の悲劇」であるかのように受け止めた。この反応に土本は、水俣病の情報がほとんど届いていない現実を突きつけられた。何も知らされていないということは、不知火海の魚を食べるリスクについても知らされていないということをうかがわせたからである。

水俣病を他人事のように受け取りつつ、その半面、地域には「水俣病らしい」と噂されている寝たきりの老人がいること、その家族が「水俣病のなんのっち言わずに死んでもらう」と口にしているという話も耳にした。

映画班は上映が決まった地区の、ほぼ全戸にチラシを配った。「すいません」と一軒ごとに声をかけて、出て来た人にチラシを手渡すと、受け取るその手が震えているのに気付いたり、暗い部屋の奥の方に、寝たきりの老人がじっとしているのが見えることがあった。手の震えは、水俣病特有の症状ではないか。あの寝たきりの老人は水俣病ではないのかという考えが頭をよぎることは多かった。

住民の口から「水俣病」という言葉が発せられなくても、チラシ配りは、もの言わぬ地域に埋もれている患者の存在を土本たちに教えた。

子ども向けのアニメ映画は、赤塚不二夫の協力による『おそ松くん』三本と、アニメーション作家の月岡貞夫から提供のあった『ピンポンパン・メドレー』を用意した。子ども向け映画の効果は抜群だった。子どもたちは映画上映会があることを学校で話題にし、それが口コミになった。また、映画を観に来る子どもの付き添いとして、大人を上映会場に連れて来ることにも役立った。

水俣病の映画をやることを知っている子どもたちは、入場料を払う前に、映画班のスタッフをつかまえて「水俣病の映画だけじゃなかよね！　漫画もやってくるると？」と確かめてから、握りしめた手のひらの体温で生温くなった百円硬貨を手渡すのだった。

巡海映画班は、不知火海沿岸の町を、姫戸町、龍ヶ岳町と下島方面に移動していった。

天草上陸から一カ月になる八月下旬には、上島の倉岳にいる土本から菊枝と登美雄にハガキが届いた。

〈暑中御見舞い申し上げます。
早いもので東京を出て一カ月近くになります。巡海上映はまさに的中の事業でした。上映地点での反応、反響はじかに返ってきます。もう潜在患者と数ケース接触しましたが、地域のしがらみは十重廿重で大変です。行政がもっと早くから水俣病の実態と調査、公報活動をやっていたらこんな無残な水俣病かくしにはならなかったでしょう。
よそものばかりの巡海映画班ですから、何事も門付のような乞食のようなココロで各村の各戸をたづねてビラ入れをしています。その時かいまみる生活のつつましさと魚の美味に酔う人々を前に水俣病映画をやるのは勇気のいることです〉

土本が出会った五十五歳だという漁師は、「廃人一歩手前」にしか見えなかった。ここ二、三年で脊椎が曲がり、心臓の病気と高血圧もあってか体重は二十キロほど減ったと、舌がもつれて思うように話ができない口で語った。隣の部屋には、彼の年老いた父親が寝たきりでいると聞かされたが、漁師は父親を土本に会わせようとはしなかった。フスマ一枚でへだてられたこちらと、あちらの空間の隔たりは、そのまま、土本と漁師の間の埋められない溝として、土本の気持ちを重くした。

九月になると、下島の河浦町まで移動した土本からハガキが届いた。

〈前略、当地も朝夕は少しは涼しくなりました。朝にさしみ茶づけ、昼やき魚、夜はさしみと、不知火海の魚によって生きています。「水銀中毒」の説法に来ながら、くいいじのいやしさにわれながらあきれています。

映画会はやはりバスも通わぬ忘れられた村ではひとつの〝事件〟的ニュースバリューがあり、夜毎ＴＶを友としてひとりでひっそりと生きている老婆が必ずといっていいほどきます。棄てられた人々のさみしさを思うと心中涙ぐみます。日本はひどいことになっていますね。いよいよ四、五日したら薩摩領の長島に入ります。御元気で〉

網元一族を水俣病に侵されたという老女は、誰にも打ち明けられずに秘めていた思いを、「これが愚痴をいう最後のチャンスかと思うて……聞いて下さるだけで結構じゃばってん」と、地元民でない土本たちにこぼしに来たという[237]。

下島と上島の両方に近い横島という小さな島でも上映会をした。土本によると横島には当時、二十三戸、八十人が住んでいた。島までの往復貸切船の代金が四千五百円かかったので、上映による収入が三千五百円あっても、横島の上映会は千五百円の赤字になる。だが、こうした利益を考えない振舞いは、「あの映画上映会の人たちは儲けるためにやっているのではないらしい」ということを地元の人にさとらせたのである。実際には、上映会の入場料やカンパが予測していた以上に多く、離島での赤字分は、全体の収益で補てんできたので問題になることはなかった。

十月十八日の毎日新聞は「不知火海巡る映画班」「〝水俣病掘起し〟成果着々」という見出しで、土本たちの映画上映活動の中間報告的な記事を載せている。

〈不知火海沿岸漁民は、昭和三十四、三十五年〝第三水俣病〟騒ぎの四十八年と二度にわたって魚価暴落のパニックで、ひどい目に遭っている。それがやっと平静に戻り、息を吹き返そうとしている。当然のように「何でいまさらやるのか（映画を）。もう蒸し返さないでくれ」と拒絶する漁協幹部。中には､公然と「ここでは水俣病を出さないことにしている」とさえ言う区長もいる。いわゆる〝水俣病隠し〟である。

しかし、そういう地区を飛ばす訳にはいかない。むしろそうした地区こそ上映の必要があるからだ。粘り強い説得工作が続く。時間をかけ、ひざを交え、じっくり話し合う。中には非常な理解を示し、有線放送で全戸に上映のあることを流してくれたり、公民館を貸してくれたりといった便宜をはかってくれた町もある。

土本監督は言う。「とにかく、いきなり水俣病映画を上映することは難しい。映画をつくった私たちだからこそできると思う」。上映会は、こうした〝拒否反応〟との闘いでもある[238]〉

水俣病に対する拒否反応が強い地域だからこそ、映画を作った監督自らが、自分の映画を観てくれ、と呼びかける単純な働きかけは、住民の警戒心を解くのに貢献した。

アニメ映画なども上映するという映画班の試みは、地元のリーダー（漁協組合幹部や町長）にとって断りにくかった。正面から「水俣病の映画です」と言われれば、「うちは関係ない」と断れるところ、土本いわく、リーダーたちは､「正面切って断れない変な映画会がやってきた。どう対応すべきか決め手がない」ような素振りだったという[239]。一見、映画上映に難色を見せていた人物が、後で賛助金をカンパしてくれたり、宿泊場所を提供してくれるような懐の深さを見せてくれる。素朴な人間味に触れるほど、この地を確実に蝕んでいる水俣病の存在に、腹の底から込み上げてくる怒りを土本は感じた。

上映会の最終地は、御所浦町牧島の椛ノ木《かばのき》と決めていた。毛髪水銀値九二〇ＰＰＭを持ちながら、水俣病だと認定されることもなく亡くなった人物が眠る地である。土本にとってこの人物は、埋もれた患者の無念さの象徴であり、また、「海辺の映画会」の発想の原点だった。十一月九日、椛ノ木部落のほぼ全員が公民館に集まる中、最後の上映会が行われ、巡海映画班は全ての上映を終えた。

四カ月で漁家集落百三十三地点、六十五カ所を回り、七十六回の上映会を行い、八千四百六十一人が映画を観た。住民の十パーセントに見てもらうという当初の目標は、ふたを開けてみると、三十パーセントから、離島では六十、七十パーセントという高い割合の人たちを上映会に集める結果となったのである[240]。

その後土本は、巡海映画班の活動を『不知火海水俣病元年の記録』（雑誌『展望』一九七三年三月号）というタイトルの長編ルポにまとめ、掲載記事百部と、これを書籍にまとめた『わが映画発見の旅』（一九七九年）百四十冊を実名で登場する天草や離島の登場人物と、関係町村の長らに送った[241]。

御所浦島大浦住まいの「半ば失明」状態だった白倉幸男は、妻の代筆で手紙をよこした。

〈せめて印刷の香りだけでも匂わせて戴きたいと思い手さぐりで一枚一枚頁をめくってみました。そのうち家内が読み聞かせる事を楽しみにしております[242]〉

手紙には「いただきし著書の印刷匂いつつ目を病む吾の生命昂ぶる」という一首が添えられていた。

海辺の映画会の初回開催地、姫戸の久保則義区長は、二千円の切手とともに、「良くぞここまで調べが出来たものと感堪《原文ママ》するのみ……せめて一人でも多くの人びとに著書を回読させて、公害に対する理解を深めることが先決ではないかと……」と書かれた礼状を送ってきた。熊本県の沢田一精県知事や、水俣市の浮池一基市長からは返事はなかったが、天草や離島からは何十通ものハガキや手紙が土本に届いた。

この反応を確かめるため、土本は再び天草諸島へ行き、島の変化を目の当たりにする。

〈一番変ったと思ったのは、竜ヶ岳（龍ヶ岳町＝筆者注）町、姫戸町、鹿児島東町《（原文ママ）》などから、かつて七部会（不知火海漁協連絡会）の不文律であった「水俣病を出しちゃならん」というきめが崩れていることです。（略）御所浦町から六百二十名もの申請者が続出したことが大きいと思います。実人口六千人前後のこの町にとって十人にひとり、家族でいえば多分三世帯にひとりほどの最激甚汚染・申請者出現地になっています。（略）水俣病問題が漁師の生死を決めた時代はすぎたかに見えます。「病気は病気、さかなはさかな」と別建てに見るリーダーがふえています。（略）しかし漁民社会のトップの座が態度を変えても、一般の被害者・漁民の意識を、上からかえることは全くできないことは明らかです。地域社会への忠誠心、補償金への嫌悪、お上（国・県）への気がね等（略）固くなって萎縮している住民の水俣病観を変えるには（略）多くの人びとと天草とのつながりが出来なければ、不可能でしょう[243]〉

見殺しにされつつあった天草の島々の水俣病患者に、何がしかの情報を伝えようとしたのは、言うまでもなく映画班の功績であるが、そうした映画班の取り組みを支援した人たちの存在なしには海辺の映画会の開催は成し得なかった。そして支援者もまた、土本からの呼びかけがなければ、沈黙を強いられてきた被害者たちの認定申請を後押しすることはできなかったであろう。

土本は支援、協力をしてくれた人たちに次のように思いをはせていた。

〈その地の底から湧くような支援、協力の波頭を身にうけて、私は〝水俣病のある現代〟を同時代として生きている人びととの稀有な呼応と行動力が潜在的エネルギーとしていかに分厚いものとしてあったかを知らされた。

それは私たちにとって衝撃的ともいえた。私から公、個から集団への回路が貫通する瞬間をみたのである。その感動を感謝のことばに代えることすら困難であった[244]

土本から菊枝に宛てられた手紙の中に、次のような一文を見つけた。一九七四年二月の消印で、当時建設中だった水俣病センター相思社に、菊枝が寄付をしたことに対して、

〈ママさんの参加、そしてカンパの持続は大へんなものだったと思います。あなたのユニークな過去なしにはあんなこと出来なかったと思います〉

と記している。土本はこの手紙を書いた三年後、菊枝からのカンパを含む支援金を集めて、海辺の映画会をやり遂げたのだった。

## 老い

残りの人生は絵を描いて過ごしたいと六十歳で隠居生活に入った菊枝は、デッサン教室へ通ったり、絵の展覧会に出展するなど、絵を中心とした日々を過ごしていた。スペインに登美雄とスケッチ旅行に行ったのは六十九歳のときだった。こうした生活が送れるのはノアノアのおかげだと考えていた菊枝は、感謝の気持ちを忘れることはなかった。

「お客様にもうけさせてもらい、家を建て、アパートを建て、日頃絵を描かせてもらい、みなさんにいわせれば

夫と二人、遊んで暮らしているって思われてますけど。私としては遊んでいるんじゃなくて勉強しているんです。死ぬまでなんでも勉強だと思います。金儲けより大切なことです。

新潟から東京に出て来るときに、絵や文学に接したいと思ってました。まさか自分が描く（書く）とは思っていませんでしたけど、そういうものに囲まれた世界にいたいと思ってました。今、そういうものをやらせてもらえて、感謝の気持ちでいっぱいです。

私はいつも、目にみえない誰かに感謝しています。

とりわけ感謝しているのはノアノアのお客様です。ありがとう。ありがとう[245]」（菊枝）

いつも「私たち幸せだから、足をどっちに向けて寝ていいかわからないわね」と登美雄と話していたという。

そんななか、唯一の心配は、菊枝の体調だった。

六十歳のころから気になりだした糖尿病については、〈よほど悪くなければ一日一日良くなっていくのであるが、それもうれしいことである[246]〉と、快復への希望を抱きつつ、食事制限で食べたいものを我慢しなければならないことは、相当つらかったようで、それが我慢ができたときには、目の前の山を一つ制覇したような充実感とともに、自分の病気に勝ったような気持ちになった。

それでも、肉類など、タンパク質が採れないことで、〈生活にインパクトがなくなり、集中力がなくなった。文章を書くときも絵を描くときにも以前ほどの胸のわくわくするようなよろこびを感じなくなった[247]〉という心の変化は否定できなかった。このとき菊枝は七十五歳。展覧会に向けて絵を描き始めても、〈どうしたのでしょう、自らの力の無さ、あんまりのスタミナの無さにびっくりするやら改めて驚いてしまう[248]〉根気と集中力不足は年齢のせいかと夫に愚痴をこぼすと、「あんまり歳のことばかり云うな、たいした歳でもないのに」と叱られて、九十歳を超えて現役で活動している画家の顔を思い浮かべては、〈わたしはまだ七十五才だ[249]〉と、自らを奮い立たせたりしている。

ところが七十八歳のときに受けた白内障の手術が上手くいかず、両目ともに見えにくくなると、どこかで踏張っていた菊枝の気持ちは崩れ出した。いくら気持ちを立て直そうと思っても、絵を描いたり、本を読むことが長時間続けられなくなってしまうと、身体機能の低下とともに、気力も低下していく。「この状態では、はやくボケルのではないだろうか[250]」不安ばかりが大きくなる。

シャンソンを聴きながら、菊枝は若かった頃を思い返していた。

〈ダミアの「暗い日曜日」「人の気も知らないで」。それはほろ苦くもあり、甘く切ないやり切れなさを感じる。（略）鼻にかかったダミアの声が懐かしい。それは二度と戻らない青春である。もうじき、いつの日か、わたしはこの世からいなくなるのだろうと思うと、過ぎ去ったそれらの事がいとしくって、いとしくってたまらない[251]〉

目の手術を受けるまでは、生きる時間はまだ残っていると考えていた菊枝だったが、よほど白内障の手術が上手くいかなかったことがショックだったのだろう。〈年齢的にも、もうそれ程長くは生きられない七十八才[252]〉と、悲観的に変わっていた。

東村山に引っ越してから始めた日曜日の裸婦デッサンは、八十歳にもなると、視力が落ちてモデルがはっきり見えなくなってきた。仕方なく、これまでの記憶と想像力を総動員して、ぼんやりとしか見えないモデルをデッサンしてみたものの、やはり見えないことには描けない。欠席が続くようになった。

文章を書くことも難しくなったが、ノートやスケッチブックに走り書きのように綴った文章を登美雄が原稿用紙に清書することで、八十二歳になるまで同人誌に書き続けた。

不整脈で入院した七十七歳のときの体験は、退院後、同人雑誌『婦人文芸』六七号（一九九五年）に『病院にて』のタイトルで次のように精力的に書いている。

〈病院での生活の中で、わたしはいろいろの人を見て、いろんなことを知った。七十八才のこの歳になって非常に大切な勉強をさせてもらった〉

入院は、驚きと発見の連続だったようだ。

同じ病室の一人、八十歳の患者が、トイレのドアを閉めずに、尻丸出しの状態で用を足していたのを見て、びっくりしたことがあった。尻が丸見えなのは恥ずかしいだろうけど、八十にもなれば、立っているだけでも大変なのだろうと考えて、「カーテンを閉めましょうか」と声をかけてみたら、相手はむっとした顔で「結構です」と断ってきたそうだ。

〈そのときは驚いたが、わたしも生きていて同じような年令になれば、そうなるかも知れない。別にわるい事をしているわけでもないし、無理もないと思った〉

同じ病室の別の一人は、菊枝がバーの経営者だったとは知らず、別の患者を指さして、「あの人は、きっと水商売をしていたに違いないわ」と菊枝にヒソヒソと話をしてくる。相撲中継のテレビに観客席の着物姿の女性が映ると、「あれは水商売の女よ」と批判する。この人は、「水商売」という職業の人たちのことを、「別世界の、品のない、普通の人より下のランクの人たち」だと思っているようだった。菊枝はその女性に向かって、「わたしは水商売を何十年もやっていたのよ。老舗なのよ。今もやっているのよ」と言わずにはいられなかった。言い終わると、相手は黙ってしまった。

〈わたしだって、現在はささやかだがアパート経営して生活しているが、以前は長い間〝水商売〟をして生きてきたのだ。ちっとも、見下げられるような仕事ではない。その日常に流されないで信念をもってやってきた〉

〈水商売をしてきたおかげで、家も建ったし、いい夫もみつかったし、水商売のおかげでいろいろのことを教わって勉強させてもらったし、わたしは育ててもらったと思っている。

いま大好きな絵を描いたり、文章を書いたりしていられるのだって、みんなお客様や働いてもらった従業員のおかげ。水商売をやってきたからだ。水商売、ありがとう。と私は云いたい〉

朝、菊枝は病室のある五階の廊下で車椅子の人たちを見かけると、「おはようございます」と大きな声で挨拶をする。驚いた相手は、小声で「おはようございます」と言いながらすれ違っていく。その姿は〈なんともいえず、いじらしく、かわい〉く、その背中に向けてもう一度「今日はお天気がよくて、いいですね」と声をかけるのが菊枝の日課だった。

リハビリの装置が身体にフィットしなかったときに、やり直してくれるよう頼んだところ、「あんたのためにリハビリはあるんじゃないですよ」と、待っている患者が誰もいないのに職員に断られたり、高齢の女性患者に対して職員が、「あんたはもう女じゃないんだよ。わかったかい。女だと思っているのか」と大声で叱っているところを目撃したりと、淋しい経験もした。

〈歳をとって老人と云われるようになると、それだけで心細く、不安感が生まれてくる。耳が聞こえにくくなってきたり、物がよく見えなくなってくると、それだけで周囲に迷惑をかけまいとして、小さくなって生活をしている場合が多いのだ。

聞こえない、見えないということで自分自身がたよりなくなり、心細くなるのだ。まして老人のための医療センターなのに、どうして患者に対して絶望的な云い方をしたり、そっけない態度をするドクターがいるのだろう〉

一九九四年から九五年にかけて掲載された随筆には、菊枝の老いと死に対する気持ちがよく表れている。

七十八歳のときに発表した『生きとして生けるもの』（一九九四年『婦人文芸』六五号）では、庭にやってくるカマキリの寿命について考えこんだり、これまでに飼ってきた愛犬やガマガエル、猫たちへの愛おしい気持ちを綴っている。また、庭師になるという第二のキャリアを楽しみにしていた近所の夫妻の夫が、定年を一カ月後に控える中、亡くなってしまったこと、そして美しく手入れされていたその夫妻の庭が今は荒れてしまったことなどが記述されている。

六六号『水の想いで』（一九九四年）は、「年齢を重ねるにしたがって生まれ故郷の新潟の松崎が恋しくなる」と、故郷新潟、松崎を流れる通船川を中心に、水にまつわる思い出話に花を咲かせている。

〈子供の頃さんざん遊んだ懐かしい川であり、弟大吉郎が死んだ、うらみ深い川でもあり、友人の姉さんが歳老いて自殺した川でもあり、なによりも村の田んぼに流す農業用水のための川でもある通船川。小舟が行き帰りし、田んぼに行く父母を、川の反対側から泣きながら「オラもいぐ、オラもいぐ」と土手の上を後追いした、切ない幼い頃の思いでがいっぱいの川。（略） この通船川は、一キロ程度先の大きな川に流れ込む。その川は、あの新潟水俣病が発生した阿賀野川である〉

幼少期の故郷の思い出から、五十代になって深く関わるようになった水俣病。故郷に発生した新潟水俣病にも、七十八歳の菊枝は思い巡らせている。

六七号の『病院にて』（一九九五年）は入院中の考察を記し、六八号は『人生の終わりはこの辺《あた》りで』（一九九五年）と意味深なタイトルをつけている。通船川で自殺をした老女について語り、〈自ら死を選ばなければならない程の情熱を内に秘めていた老女に、私は驚くとともに、大変に心を動かされた〉としつつ、自分の人生にひきつけて、〈生きていればこそ、のことだと思うと、現世に生きることの凄まじさを考えさせられた。生きていればこその悩み、自分との闘いであった〉と、老いていく自分に対する不安な気持ちに負けないよう、言い聞かせている。

〈生きていればこその苦労は、常のことと思えばよい。

苦労を常と思えば不足なし。

私はいつも自分に対して、そう言い聞かせているのだが、現実の私は、常に不足ばかり言っている。

おとなしい夫に、甘えた気持で何だかんだと言ってはこぼす。若い時分から病気知らずで、人一倍元気がよかっただけに、歳とともに衰え、不自由になっていく自分の身体のことばかりこぼす。あんなことも出来なくなった、

これくらいの事も出来ない、若い時はこんなではなかった等々〉

そして、こうしたボヤキを聞いてくれる登美雄がそばにいてくれて、自分は恵まれているとも。

退院後、菊枝は病院での寝たきり生活ですっかり動かなくなってしまった体を元に戻そうと、リハビリのために病院通いを続けた。絵描き仲間が紹介してくれた別の病院に二年間、ほぼ毎日通った。登美雄が車を運転し、菊枝の送迎に付き添った。菊枝より十九歳若い登美雄は、このとき六十代になったばかりだった。

家で食事をとった後、登美雄は必ず、菊枝を車いすに乗せて散歩に連れて行った。老人ホームが近くにあるので、朝の散歩では、菊枝と同世代の高齢者たちともすれ違うことも多く、そのつど菊枝は「おはようございます」「こんにちは」と声をかけた。

声をかけられたほうは、きょとんとした顔を下にしたまま何も言わなかったり、「知り合いでしたっけ?」と聞いてくる人や、中には気持ちよく挨拶を返す人もいて、散歩に連れ添う登美雄の気持ちを明るくした。

何らかの事情があって老人ホームで生活をしている高齢者の姿に、菊枝は彼らの人生を思い巡らした。自分に残された時間がわずかだと感じるようになってみると、見知らぬ人とすれ違うことすら愛おしいと感じるのだった。

『婦人文芸』と平行して、『小説芸術』にも執筆を続けていた菊枝は、一九九三年から一九九八年にかけて、自伝の続編にあたる連載を『再び太陽がいっぱい』として書き続けた。

九五年に発行された二一号では、五十三歳のときの欧州旅行について、昔の文章をほぼ引用するかたちで掲載し、その後に「過ぎ去った昔のことながら、今にして思えば、これ迄の生き方を否定的になる昨今である」(原文ママ)と、書いている。

〈今更ということになるが、その時はこれでも一生懸命であったつもりなのだが、まるでドン・キホーテである。本当に時間を無駄にして来たように思う。自分が書いたものを読んでみて、その感が深い。私はいままで何を考えて生きて来たのだろうかと。私だけでなく他の人もそのように考えるのだろうか？　傲慢でなくそう思うのだが、やはりそれぞれの人なりに考えるのであろう。それはとても辛い苦しいことだ。

世の中を要領よく、するりするりとうまい泳ぎ方をしてこなかったつもりだが、自分の考えた通りに、辛くとも、こんな生き方しか出来ないと精一杯生きて来た私である。

実にぶざまであったし、またこれからもそうであるだろう。自分が生きることは、何かしら他人様に迷惑をかけることかも知れないとも考えられる。

私はあまりにも仕事にばかり熱中して、何んだか一生を無意味に過しているのではないだろうか〉

七十九歳の菊枝が書く「何だか一生を無意味に過しているのではないだろうか」という言葉はむなしく響く。この文章に続く最後の段落は、こう結んでいる。

〈店は次々と手ばなした。他人は、こんなに賑っている店を何故やめるのかというが、文学や絵画に憬れて、十八才の時に新潟から飛び出して来た私である。うまくはないが絵だけが私の生きがいである〉

自分の人生について、無意味に過ごしているのかもしれないととらえつつ、欧州旅行の後、思うところがあって、いくつかの店を手放した菊枝。そう決めたのは、仕事ばかりに熱中していては、仕事に振り回されて、大好きな絵を描くこともできなくなるのでは、と考えたからである。生きるということは、何を大切にして生きることなのか、菊枝はこのとき問われたのだった。

店の数を減らしていった先で、菊枝を待っていたのは水俣病事件だった。水俣病事件以外にも、菊枝の支援がなければ、成し遂げられなかったことはいくつもある。日の目を見ないような活動であっても、大切なことだと思えば、菊枝はそっと支援金を渡すことがあった。

それでも、人は自分の人生を振り返ったとき、否定的にとらえてしまう性なのであろうか。

菊枝が隠居してから二十年ほど後のことだから、八十歳を過ぎた頃だろうか。落語家の立川談四楼がノアノアに来たときのことを次のように書いている。

〈行きつけの店が諸般の事情で次々と閉める中、その店「ノアノア」は、確かにそこに存在したのだ。現マスターの関登代雄氏には昔の面影を見出したが、名物若槻菊枝ママの姿が見えない。聞けば米寿（還暦＝筆者注）を機に引退したのだという。四半世紀ぶりであるからそれも納得したのだが、ママと電話で話ができたのは幸いで、いや実にカクシャクとしておられた[253]〉

「現マスターの関登代雄」とは、六〇年代からノアノアで働いていた登美雄の弟で、立川は見覚えがあったのだろう。登美雄はこのコラムが書かれた二〇〇二年頃には、店の経営から引退し、菊枝の身の回りの世話に忙しくしていた。

菊枝の食事制限はあいかわらず続いていた。登美雄が隣にいてもわからないくらい視野は狭くなり、耳も遠くなると、菊枝の毎日は刺激のないものになっていった。家の中でつまずき右脚を骨折してからは、ベッドに横になって過ごすことが多くなった。

寝たきりになった菊枝の見舞いに堀傑《すぐる》夫妻が来たことがあった。堀は土本映画のスタッフをしていた二十代の頃に、ノアノアに出入りするようになって以来、菊枝たちとは夫婦ぐるみの付き合いをしてきた仲だった。登美雄の手料理でもてなされたことを今でもよく覚えていると堀は言う。

「これだけの食事を僕たちのために作るのもすごいけど、ママのために食事を長い間作り続けて、食べさせている関さんって、すごいじゃんって夫婦で話していたの。これだけのことやってもらっているんなら、ママも、何も言うことないはずだなって思ったよ」（堀）

確かに、菊枝が台所に立てなくなってからは、食事の支度を含め、家事の全てが登美雄の役目になったことは事実だった。ただ、食事づくりについては、以前から登美雄が中心になって作っていたので、介護が始まるタイミングで、登美雄の役割になったわけではなかった。

「菊枝がまったく料理をやらなかったわけじゃなくて、私が料理をするの好きなんでね」（登美雄）

入浴の世話を登美雄がすると、

「そうするとあの人、こうやって（胸の前で手を合わせて）ね。ありがとうって。いつもそうしていましたよ」

浴槽につかったまま菊枝は、声に出さず、両手を合わせることで、登美雄に感謝の気持ちを伝えていた。

土本典昭夫妻が見舞に行った日のことを、基子夫人はこう語る。

「このとき土本はなぜか、若槻さんがお元気で美しいうちに、お葬式のときの写真を撮影したいと思ったらしく、そんな流れになりまして。撮影したいと話したら、口紅をぬられて、準備をしてくださった。若槻さんは、とても美しかった。土本が何枚も何枚も写真を撮りました。どれもよく撮れていました」

帰りに菊枝から絵を何枚かプレゼントされた土本は、いたく感動していたという。

## 杉本栄子

二〇〇三年三月二十八日、熊本駅。東京に向かう夜行寝台列車ブルートレインはやぶさに、杉本栄子・雄《たけし》と加藤タケ子は乗りこんだ。行先は東京の市ヶ谷。菊枝の米寿を祝う祝賀会に出席するためだった。

水俣病患者であり、第一次訴訟原告だった栄子と雄。神奈川から水俣に移り住み、胎児性・小児性水俣病患者の通所施設を運営している加藤タケ子。この三人が一緒に若槻菊枝の米寿祝いの祝賀会に行くことになったのは、偶然の賜物であり、水俣病患者を思う気持ちがつなげたといっていい。

一連の動きは、堀傑の元に届いた、次のような案内状から始まった。

〈〝若槻菊枝作品集〟の出版と〝米寿〟を祝うパーティへのお誘い

たまには胸の膨らむようなたのしい思いに会ってみたいものと思っていたら、六十年ばかりの間に画いた自分勝手な絵ができ上がっていた。これこそおさない時からの無邪気な絵だった。

今年八十七歳になったわたし、いつの間にかもうこの年齢になっていた。

やっと生きてきた。たのしさと自分の馬鹿ぶりと向き合ってきたが、これがわたしのたのしみであった。近々画集の出版をしてくれることになった。これこそ最後のパーティになるらしい。うれしいんだか悲しいんだか自分のことのように思えない。

皆様に心からお礼申し上げます。ありがとうございました。

二〇〇三年二月

若槻菊枝〉

東京で招待状を受け取った堀は、菊枝の米寿祝いは、水俣で胎児性患者の通所施設「ほっとはうす」を運営している加藤と菊枝を引き合わせるのにちょうどいい機会だと考えた。

堀から菊枝のパーティに誘われた加藤は、菊枝のことはよく知らなかった。加藤が東京で水俣病患者支援に関わっていた七〇年代初め、ノアノアという店の名前は聞いたことはあったが、店に行ったことも、菊枝に会ったこともなかった。だが、堀からの強い勧めもあって、加藤は菊枝のパーティに出席することにした。

数日間水俣を留守にすることを、加藤は杉本栄子に話した。このころ栄子と加藤は、「二〇〇一水俣ハイヤ節」という踊りの練習で度々顔を会わせる間柄だった。栄子は水俣・茂道の漁師で、踊りの師匠でもあった。

「若槻菊枝さんの米寿祝いのパーティに行くことになりまして」と、加藤が菊枝の名前を口にした途端、栄子の表情が変わった。加藤に向かって、

「ちょっと待て。その人は水俣病の裁判でいちばん大変だったときに応援してくれた若槻さんだ。私たちにとっては命の恩人だ」と言ってくる。驚いている加藤に栄子は続けて、「うちに（菊枝からの）手紙があるから」と言って、仏壇の引き出しに保管されていた手紙を持ってきて、その場で加藤に読ませた。それは、一九七〇年代に菊枝が栄子たちに送った手紙だった。

栄子は続けた。裁判の最も苦しかったとき、菊枝からのカンパは何より心強かった。だが、お礼をするにも、何も返せるものがなかった。唯一できたのは、夫である雄が真珠貝の貝殻に絵を添えた飾り物を送ることだけだったと。

その貝殻を受け取った菊枝はノアノアのお客に「水俣で患者さんががんばっているから、誰かこの真珠貝を買ってくれないかしら」と呼びかけ、貝殻の売上を患者支援のカンパに加えていた。

雄は覚えている。「土本さんが私たちに東京の話をするときはね、マダムの話をしよったです。カンパはこう

いう貯金箱を店に置いてね」といったように、土本から聞く東京話のなかには、度々菊枝の名前が出てきたという。言うまでもないが、雄のいうマダムとは菊枝のことで、貯金箱というのは、ノアノアに置かれていた「苦海浄土基金」と書かれたカンパ箱のことである。

七〇年代、栄子たちをはじめとする訴訟派や自主交渉派の水俣病患者の元には全国からカンパが送られてきた。その中でも、栄子と雄が菊枝のことを忘れなかったのは、ノアノアからのカンパが一度や二度ではなく、継続してあったからだった。

「マダムへの恩義はずっともっとってね。だけど、まさかマダムに会えるってことは考えてないし、あいにく会える手だてもないし。それでも本当にお世話になったねって気持ちは持ち続けていたから、突然、加藤さんの口から、若槻さんの名前がでてきて、ええって驚いてね」（雄）

栄子と雄にとって、菊枝は命の恩人といっていいほど世話になった人だった。だから加藤が菊枝に会いに東京に行くと報告に来たとき、栄子たちの心は決まっていた。栄子は、「あんたがそこに行くなら私たちも行く。御礼にいかんばな、なあ、父ちゃん」と雄に向かってきっぱり言った。

三人で乗り込んだ東京行きの夜行列車で、栄子は菊枝の自伝を読み直し、「偉い人だな」とつぶやいた。栄子のそんな姿を見て加藤は、この東京行きの主役は栄子たちであり、自分は二人の付き添いでしかないことに気付いた。が、同時に、妙にそのことに納得した。結果的には、栄子と雄が菊枝に会いに行ったことで、ほっとはうすに寄せる菊枝の関心は、より印象深いものになったのである。

祝賀会の告知記事は共同通信社の配信により、全国のいくつかの新聞に掲載された。中でも東北、宮城、仙台の地方紙・河北新報の記事（二〇〇三年三月二十四日）は、菊枝やノアノアの常連について、他紙よりも長い記事を掲載した。

〈新宿の名物ママ　米寿に初の画集
亜星さんら29日に祝賀会

東京・新宿のバー「ノアノア」の名物ママだった若槻菊枝さんが、米寿を控えて初めての画集を出版。店の常連だった画家や文学者らが二十九日に東京に集まり、お祝いの会を開く。

若槻さんは日本美術家連盟会員。「太陽がいっぱい」と題された画集には、二科展に初出品入選した一九五〇年代から、現在までの約百六十点の作品が収められている。

新潟生まれの若槻さんは、十代で上京。戦後の五〇年に新宿駅東口の通称ハモニカ横丁に「ノアノア」を開店。画家、彫刻家など文化人のたまり場になり、自身でも絵を描き始めた。

店はその後、歌舞伎町、新宿六丁目に移転。七〇年代には店の客だった映画監督の土本典昭さんを通じて水俣病患者を支援、店でもカンパを集めるなどの活動で知られ、六十歳で店から引退した。画集には土本さんらが文章を寄せ、パーティの発起人には作曲家の小林亜星さんや元参議院議員の紀平悌子さんらが名を連ねている。

「若槻菊枝作品集の出版と〝米寿〟を祝うパーティ」は、二十九日午後四時から……〉

記事には触れられていないが、祝う会には小林亜星や土本典昭ら十七人の発起人がいた[254]。祝賀会案内状には、「それぞれの酒量でお店を支えてきた私たちノアノアの仲間、水俣病支援の仲間たち、絵画・文学の仲間」の同窓会のような歓談の夕べになるだろうと書かれていた。実際、会場にはノアノアの仲間はもちろんのこと、杉本夫妻や加藤タケ子、土本典昭夫妻、堀傑夫妻ら水俣関係者、画家や彫刻家つながり、菊枝が会員になっている同人誌の仲間たちが集い、賑やかな祝いの会になった。

菊枝がノアノアの仕事から離れて二十七年が経っても、いまだに菊枝のことを「ママ」と慕ってくる人は多く、菊枝の紹介で結婚に至った何組かの夫婦も会場に姿を見せた。菊枝が仲をとりもったカップルはどれも、離婚話とは無縁な良縁に恵まれた。

都会育ちの加藤にとっても、菊枝のパーティは目を見張るもてなしだった。来ている人たちの顔ぶれ、出てくる食事。何をとっても洗練されていて、「まさに、大人の大人による本物のパーティ」という印象だったという。「会場にいらっしゃる人たちを見て、若槻さんが呼びかけた水俣病患者支援は、こういう人たちに裏打ちされたところがあったのだと見せてもらった気がしました」（加藤）

真っ赤な帽子、背中がV字に大きく開いた黒いドレス姿で登場した菊枝は、栄子を魅了した。加藤はこのとき栄子が口にした「私も米寿のときは、あのドレスを借りる。私もあのドレスを絶対に着る」という強い決意のようなつぶやきを聞いている。加藤は菊枝の登場に「まさに女傑とは菊枝さんのこと」と確信し、雄は菊枝の存在感に圧倒された。

その日の菊枝は杖をついての登場だった。車いすのほうが身体への負担は少なかったのだが、懐かしい人たちとの再会を兼ねたハレの舞台である。菊枝の隣には常に登美雄が寄り添い、介助した。

栄子はこの日のために、「二〇〇一水俣ハイヤ節」を踊る心づもりで、法被やら大漁旗などを水俣から持ってきていた。「二〇〇一水俣ハイヤ節」は、天草に伝わる牛深ハイヤ節を元にした創作踊りで、東京の民族歌舞団「荒馬座」が、牛深ハイヤ節を踊る栄子たちを見て感動したのが発端で生まれたものである。

水俣の海や山を丁寧に見てまわった荒馬座の面々は、「水俣の」ハイヤ節をつくりあげた。このころ栄子は水俣病資料館の語り部をしていたが、踊りを通して水俣病を伝えることはできないものかと考えていた。そんな栄子と荒馬座が一緒に創作し、完成したのが「二〇〇一水俣ハイヤ節」だった。

栄子からハイヤ節の指導を受けていた加藤は、栄子の踊りに対する視線は厳しかったと話す。「ただ踊るのではなく、魂を込めて踊れ」「誰も見ていなくても、魂ばみとるけん、一生懸命踊れ」

栄子の言葉に、身体も魂も引き寄せられるようにして、ハイヤ節の踊り手は少しずつ増えていった。加藤もそうした一人だった。

菊枝の前で、これからハイヤ節を踊るという直前、栄子は加藤に「あんた本当に踊るんだな」と覚悟を確かめたという。栄子の気迫に圧倒された加藤は「はい、踊ります」と言うしかない。もともと踊るつもりではいたが、加藤はこのとき改めて、栄子のハイヤ節への思い入れの深さを感じ、気持ちを引き締めた。

栄子と加藤、半被姿に着替えた二人はハイヤ節を踊った。踊る二人の後ろで東京・水俣病を告発する会のメンバーが杉本水産の大漁旗を掲げ、華やかに舞う栄子と加藤の姿を、土本が撮影した。

祝賀会から半年後の二〇〇三年十月一日、加藤は任意団体だったほっとはうすを「社会福祉法人さかえの杜《もり》」にし、栄子は初代理事長になることを引き受けた。

法人としての新たな門出を祝うため、土本を介して菊枝の絵がほっとはうすに届けられたのは、それから間もなくのことだった。魚を描いた油絵三点は、ほっとはうすに通う胎児性水俣病患者を温

米寿祝いのパーティで「2001水俣ハイヤ節」を踊る法被姿の杉本栄子(中央奥)と加藤タケ子（中央手前）。右手前の帽子姿が菊枝

かく見守り続けられるようにと、ほっとはうすの喫茶コーナーに飾られた。熊本日日新聞（二〇〇三年十二月十二日）は、菊枝の「患者さんたちに喜んでもらえたのが何より。これからも少しずつでも応援したい」というコメントを紹介している。同じ記事では、施設長の加藤が、「たくさんの人に若槻さんの絵を見てもらうとともに、私たちが水俣病を伝える中で患者を支援し続けてきた若槻さんの姿も紹介していきたい」と語っている。菊枝とほっとはうすの付き合いの始まりだった。

菊枝の絵をほっとはうすに手渡した日のことを、土本は菊枝宛ての手紙で「記念すべき日をもつことができました」と報告し、菊枝の絵について次のように書いた。

〈この絵は客をよぶ力があります。心のある人たちのいこいの場となるだけでなく、魚の好きな人ならフット息をのむことでしょう。新水俣名所になるに違いありません。石牟礼さんも観にいきたいワといってました[255]〉

菊枝の絵が水俣に届けられるまでには、連綿と続く水俣病事件に対する思いを持つ人たちの存在があった。堀が、加藤の関わる胎児性・小児性患者の行く末を考えていたこと。杉本夫妻が菊枝を「命の恩人」として忘れず

米寿祝いのパーティに集まった水俣関係の人たちと菊枝
（前列右から三人目）

にいたこと。菊枝がほっとはうすの法人化を祝福して、絵を寄付したこと。土本がその間を取り持ったこと——。それぞれの思いがつながり、事を成し得るということ。

水俣病患者支援に関わる者たちの、互いに響き合う関係のあり方に気付かされたと加藤は言う。

「なんていうんですかね。堀さん、若槻さんも、杉本栄子さんご夫妻も、土本さんもですが、水俣病に関わる人たちの思いの深さを見た気がしました。こちらが打てば響くような、互いに響き合う関係というのでしょうか。こういう流れの中で、水俣の運動は支えられてきたんだなって教えられました。

栄子さんも雄さんも、ご自身のなかに水俣病を受け止めて、半端じゃない生き方をしておられます。同じようなものを、若槻さんの生き方の中に見た気がしました」（加藤）

## 新潟絵屋

二〇一二年、筆者が取材のため東村山の登美雄の自宅を訪問したときのことである。「これ、あなたに見せましたっけ？」とＤＶＤを手にした登美雄は、新潟で二〇〇七年に行われた菊枝の個展に、ＮＨＫが取材に来たのだと話してきた。手にしているディスクに、そのときの映像が入っているので見せてくれるという。

ＤＶＤをセットする登美雄の顔はどこか嬉しそうだった。映像の準備をしながら「新潟の旗野さんがいろいろ動いてくれて個展が実現したんですよ」と続ける。

「新潟の旗野さん」とは、阿賀野川流域の一つ、安田町（現在の阿賀野市）で水俣病患者の掘り起しや、支援活動をしてきた旗野秀人のことである。

菊枝と旗野は、東京で二〇〇七年四月に開かれた堀傑の退職祝いの集いで初めて顔を合わせた。新潟つながりで意気投合した旗野は、「若槻さんの故郷・新潟で個展をやりましょう」とその場で提案し、本当にその年の六月に、新潟市にある画廊「新潟絵屋」で「太陽がいっぱい　若槻菊枝展」を実現させたのだった。

画廊の運営委員でもある旗野の若槻菊枝展に懸けた意気込みが、ニュースレター『絵屋便』（二〇〇七年六月一日）に次のように掲載されている。


〈三十五年前、私が水俣病事件に出会った頃、新宿のバー『ノアノア』のママの噂を耳にしたことがある。お客の請求書に『水俣カンパ代』を書き加えて、患者や支援者に何百万円も寄付を寄せ自宅まで開放している新潟出身の凄い女がいるらしいと。

まさかその「ノアノア」のママだった若槻菊枝さんの展覧会を絵屋でやれるとは…。

運命の赤い糸を感じつつ、嬉しい限りである。一昨年の夏、水俣の胎児性患者施設『ほっとはうす』を訪ねた時はじめて若槻さんの作品と出会った。魚をモチーフにした多彩な色使いで生命力溢れる油絵だった。

この春、共通の知人のお祝いの席でお会いした若槻さんは車椅子ではあったものの、まるでご自分の作品から抜け出てきたような真っ赤なジャケットに真っ赤な帽子をかぶり、その存在感は健在だった。（略）

絵屋の和風建築の空間で日本人離れしたその天衣無縫の作品たちに出会えることを今からドキドキして心まちにしている[256]〉

旗野が水俣のほっとはうすで見たという菊枝の魚の絵は、土本が仲介して、ほっとはうすに寄贈されたあの絵のことである。

故郷新潟で個展開催が決まったとき、菊枝は九十一歳。旗野は同じ九十一歳の水俣病未認定患者・渡辺参治に声をかけ、オープニングレセプションの特別ゲストとして、菊枝と顔を合わせる場を設けた。

渡辺は旗野が事務局を務める「安田患者の会」のメンバーだ。歌好きとして知られる渡辺は、「安田患者の会専属の民謡歌手」と旗野に紹介されることも多い。菊枝は米寿のときに画集を出版したが、渡辺は得意の歌で『うたは百薬の長』という民謡のカバーアルバムを米寿記念に作っている。

「参治さんは九十歳になっても元気に歌っているんだから、水俣病患者じゃないって、本当によく言われるんですよ」と旗野は渡辺を紹介するが、そこには「患者だって歌を楽しんでいいじゃないか」「患者だから、元気な姿を見せちゃいけないのか」といった世間一般の「水俣病患者」に期待するイメージへの挑戦がある。

渡辺の場合、水俣病「未」認定患者であり、行政が認めた「水俣病患者」ではないが、渡辺の日常生活をよく知る旗野からすれば、「参治さんは水俣病」である。行政は被害者を線引きし、枠内に入る人を「水俣病患者」とし、そこから漏れた人を「未認定患者」と区別しているが、旗野が渡辺について、「水俣病未認定患者」とあえて説明するのは、水俣病被害の現実に沿わない線引きに対する皮肉だと筆者は見ている。

さて、登美雄がセットしたDVDが再生されると——。個展会場でNHKの記者の質問に答える菊枝が映し出された。絵に赤い色が多く使われている理由を聞かれて、

「自分の心が赤いから」

「いつも燃えている」

と照れることなく答える菊枝がいる。

絵を描くことが今でも好きかという質問には、

「好きです。死ぬまで好きです。命だもん」

と堂々と言い切っている。

バーミリオン（朱色）をふんだんに使った裸婦や魚などの油絵十七点と、個展会場となった大正時代の建物を再生した絵屋について、読売新聞は、「赤や青を大胆に用いた絵は生命力に満ちた印象を与える一方、和風の建物の雰囲気に溶け込んでいる[257]」と伝えた。

ＮＨＫが番組で取り上げたこともあって、菊枝の個展は、二週間弱で二百人を超える人が立ち寄るほどの大入りだった。特に、九十一歳同士の菊枝と渡辺が会するレセプション当日は、渡辺が得意の歌を披露すると、踊りの輪が生れ「ノアノアが復活したみたい」――だったと、朝日新聞は書いた[258]。

絵屋の運営委員・井上美雪は、個展会場で見た菊枝の印象を次のように記憶している。

「華やかさがあり、ボランティア精神や、支援活動への懐深さを感じさせる温かいお人柄でした。車いすでいらっしゃいましたが、堂々とされていたのも印象的で、絵を見に来る人で賑わう会場の雰囲気を、喜ばれていたようでした」

井上にとって菊枝は「絵を描いている遠い親戚」にあたる。清衛（菊枝の兄）の妻・芳野の姉が井上の祖母なのだという。親戚の間では、「松崎に住む若槻さんのところの菊枝さん」として知られていた菊枝だが、このときは「画家の菊枝さん」という印象が強かったという。菊枝にとっても、いつもとは別の顔を親戚に見せる機会になったため、「嬉しさと恥ずかしさ」があったのではないか――とのこと。

「それから菊枝さんは、とっても女っぽかった。いくつになってもさびない女性という感じでしょうか。もしかしたら、バーを経営していたときの雰囲気があったのかもしれないですね」とも。

菊枝の絵について美術評論家の瀬木慎一は、菊枝の画集『太陽がいっぱい――その人生の軌跡』（二〇〇二年）に次のようにコメントを寄せている。

〈一九五七年ころから、二科展や女流画家展に出品しだし、主として幻想性のある抽象作品で、この人らしい味わいのある叙情を表現した。一時、中断したが、二科展には九十五年くらいまで長く出品を続け、この間に、作風を、花、魚介、野菜などの身近なもの、そして人物に関してはこれも自分に親しい女性を題材にした華麗なものに変えて、現在に至っている。

後半において目立つのは、「ノアノア」の店内で歌い踊る男女の姿が盛んに描かれた時期を経て、近作では、それが女だけの楽しむ情景へと推移していることで、彼女が思い描く地上楽園が、遠く少女時代に発していることを思わせる。

数年前の年賀状に刷られた「地中海の朝」と題する夫と共に海辺に立つ自画像を見ると、それはどう見ても五十年ほど前の容姿であり、青春の彼女がしきりに憧憬した世界がまざまざとそこに現れ出ている。彼女の絵画上の青春は今後も永く続くことだろう〉

瀬木のコメントを読んで、菊枝が描いた「女だけの楽しむ情景」を改めて見ると、絵に込められた菊枝の心理が見えてくる気がする。そして少女を描いた絵といえば、「祈り」という作品が思い浮かぶ。水彩絵の具で描かれたこの作品は、石牟礼道子が「たいそう好きだ」と選んだ作品である。その絵に「自由な世界」を感じ取った石牟礼は、「生きるということへのおそれを抱いた都会の女たちが、それでも表情いっぱいに愛らしさをたたえているのに向きあっていると、それはそのまんま、若槻菊枝という女性の一代記であることに気づかされる」と述べている[259]。

土本典昭は、次のような言葉を画集に寄せている。

〈画家・若槻菊枝さんと私の出会いは岩波映画に入って間もなくの一九五六年ごろに遡る。今も盟友といえる黒木和雄が連れて行ってくれたのは歌舞伎町時代のトリスバー『ノアノア』である。かれの言うように文化人の溜まり場であったが、ママは友達感覚で客をあしらうので、すぐに旧知のように打解けることができた。関根弘や工藤幸雄さんなどとは毎日のように顔を合わせた。酒乱の気味のある私は時に取っ組み合いに近いこともやった。それでも気に入った客のひとりにしてくれたのか、いろいろな頼みを引き受けてくれた。

そのママとさらに深い付き合いになったのは、水俣病運動の夜の溜まり場にノアノアを解放し、さらに、捨身で上京して戦った川本輝夫さんらの自主交渉闘争に彼女が宿舎を提供してくれた七十年代前半からだ。その宿舎から川本さんらは丸の内の本社前の座り込みテントに通い、二年余の永い闘争を持続することができた。また、この家で患者の炊事、洗濯など生活を支えたのは（東京・水俣病を＝筆者注）告発する会の女子学生たちであった。その生活費稼ぎに夜はノアノアでアルバイトさせた。また、敬愛する石牟礼さんのために、自宅にその部屋まで常時用意するなどその肩入れぶりは尋常ではない。石牟礼さんは感謝して泊まった。だからといってお馴染み客は離れなかったし、お互いに気兼ねもしなかった。しばしば水俣病の支援者や水俣映画スタッフの結婚式もこの店でやらせて貰った。水俣に移住する活動家の壮行会、患者らの慰労会などに自由に使わせてもらい、ママは慕われていた。

当時の患者にとっては東京は外国ほど遠い存在、憧れの都だった。口にはしないが、新宿に水俣病びいきのママがいるということは知られていた〉

画家としての菊枝について語るというよりも、土本にとって菊枝がどんな存在であるのかが語られている。水俣の人にとって外国のように遠かった東京は、物理的な距離だけでなく、言葉も、景色も、何もかもが異国のように見えたのであろう。そんな時代に、たった一人でも「水俣病びいき」のママが新宿にいるという事実は、上京してくる患者たちにとって、どれほど心強かったことか。

水俣と東京を行き来していた土本は、水俣の患者たちが、菊枝のことを気にかけ、感謝の気持ちを常に持っていることを感じ取っていた。そして、それはそのまま、土本の菊枝に対する気持ちに通じるものでもあった。

土本の取り計らいで、ほっとはうすに菊枝の絵を寄付したことはすでに書いたが、新潟絵屋に続いて、水俣のほっとはうすでも菊枝の個展は行われた。

## みんなの家

ほっとはうすで菊枝の個展が行われたのは、新潟の個展の翌年、二〇〇八年十一月のことだった。

新潟の個展には登美雄が運転するフォルクスワーゲンで菊枝を連れて行ったが、水俣行きは、そうはいかなかった。菊枝の体調を考えて、登美雄だけが水俣入りをした。登美雄の留守中菊枝は、自宅近くの病院にショートステイ入院をし、東京から個展の成功を祈るしかなかった。

水俣で登美雄は、約三十年ぶりに懐かしい顔と再会を果たした。小児性水俣病患者の渡辺栄一である。

栄一は、第一次水俣病裁判が行われていたころ、原告団長の祖父、渡辺栄蔵に連れられて、何度か上京、ノアにも来たことがあった。二十代の青年だった栄一は五十六歳になり、栄蔵に似た風貌の中年になっていた。

予想外だったのは、栄一が杖を使って歩行していることだった。このとき登美雄は七十三歳。「自分よりずっと若い栄一君が――」登美雄は口には出さなかったが、栄一の苦労を見てしまったことに、驚くばかりだった。

『水俣病支援に情熱をそそいだ画家　若槻菊枝展』は、その年に完成したばかりの、ほっとはうすの新築の木造平屋「みんなの家」で行われた。新しいこの家には、ほっとはうすの理事、三人が寄贈した三本のヒノキ柱が使われている。

大黒柱は、元水俣市長の吉井正澄が寄贈した長さ七メートル、直径四十五センチほどの樹齢八十年もの。台風などの悪条件下でも生き延び、真っ直ぐ伸びたこの木について吉井は「世の嵐の中で生き抜いてきた患者さんと同じ境遇と考えた。この木のようにしっかり生き抜けよと思いを込めた[260]」とのこと。

玄関両脇の高さ三メートルはある二本のヒノキ柱の一つは、山口保彦（元水俣市福祉環境部）が提供したもの。山口が生まれた六十七年前、曾祖父が記念に植えた特別なものだ。

もう一本のヒノキ柱は、杉本栄子が父親の形見の山から切り出したもの。こちらも樹齢は六十年を超える。栄子はこの木の提供を決めたとき、自身がガンに侵されていることを知っていた。ほっとはうすの理事長として胎児性水俣病患者たちの働く場と、短期宿泊施設を兼ね備えた「みんなの家」建設計画を公に発表したとき、地域の中で「一緒に働き生活したいという胎児性患者たちの念願がかなった。皆さんの力を借りて今後も進んでいきたい」と語っていた[261]。しかし、四月十一日の落成式を待たずに、二月二十八日、六十九歳で亡くなった。

「この家には物語がある」と語ったのは石牟礼道子だが、多くの人の意思がみんなの家には注がれている。

みんなの家の設計を引き受けた建築家の白木力は、バリアフリー建築にいち早くから取り組んできた人物である。その白木も、栄子に続くようにして五十五歳で亡くなった。熊本日日新聞（二〇〇八年三月四日）は白木について、「地元水俣の建築士と連携し、資材の調達や体に優しい材質などまでも目を配った」と書いた[262]。加藤は、故人となった栄子や白木のことを念頭に「『魂の入った建物づくり』を実現してくれました」と、みんなの家の完成について記者に語っている[263]。

その「みんなの家」が完成した年の秋に、若槻菊枝展は行われた。栄子の姿はなくとも、栄子のヒノキ柱が、絵を見に来た人たちを温かく迎えていたことだろう。

## 最後の入院

八十代中頃で脳梗塞を発症した菊枝は、その後遺症で、意思疎通がとれないほど話すことが難しい時期もあったが、登美雄の呼びかけにうなずくことができるくらいの回復を見せていた。だが、九十歳を超えて足を骨折してからは、入院生活をせざるを得なくなった。この日以来、菊枝が自宅に戻ることはなかった。

登美雄は毎日病室に通い、会話ができない代わりに、ベッドに横たわる菊枝の姿をスケッチした。四人部屋の病室で、登美雄は手のひらサイズのスケッチブックに、ボールペンやサインペンを走らせた。

鼻にチューブをつながれ、ベッドに横たわる菊枝には、絵を描く術は残されていなかった。自宅の寝室に絵が置いていないと落ち着かなかった菊枝である。登美雄が病室でするスケッチは、「あたし、描けないから、あなた描いて」という菊枝の希望が登美雄にそうさせたのだろうか。

ベッドに寝たきりの自分。だが傍らには愛する夫がいて、自分をモデルにスケッチをしている。紙とペンがすれる音だけが聞こえる。目を閉じながら菊枝は、自分がキャンバスに絵を描いている夢をみていたのかもしれない。同じように見える毎日の繰り返しのなかで、登美雄は菊枝との別れが近いことに気付いていた。

「毎日、朝十時すぎには、病室に顔を出していたんですけど、明日は危ないかもしれないから早めに来てくださいって先生に言われて、次の日は早めに行ったんです。

翌日、私が病室に現れると、先生たちは旦那さんが来てくれたからって退出して、私と菊枝と二人きりになったんです。で、来たよって声をかけたけど、眠っていてね。そばで見ていたら、大きく二回、深呼吸をして――。亡くなっちゃったんです」

菊枝の呼吸が止まったことを、登美雄は素直に受け入れた。いつも、何事にも一生懸命だった菊枝に、「ごくろうさん」と言葉をかけた。

二〇一〇年三月二日午前十時一分、菊枝は永遠の眠りについた。享年九十四歳だった。

もし、菊枝が夢を見ていたとしたら、それは誰の夢だったのだろう。

菊枝に最も長く寄り添った登美雄だろうか。先に逝った両親や兄弟たちだったか。あるいは、ノアノアのお客たちだったか――。

菊枝は、ある時期、寝る前に、ノアノアのお客一人一人について、覚えていることを書き留めていたことがあった。

「今日はここまで、とペンを置いてベッドに横になると、先ほどまで頭のなかにあったノアノアのお客様たちがひょっこり私の目の前に現れて、めいめいが私に何か叫んでいるんです。お客様たちに囲まれながら、私は、自分が眠っているのか起きているのか、分からないんですね。

お客様たちが私のところに押し寄せてくるので、もう閉店ですよ、と伝えたら、今まで夢中で騒いでいた人たちが、名残惜しそうに勘定をして帰っていくんです。みんな私のほうを振り向きながら、ママまた来るぜっていいながら帰っていく。

私は、できることなら、夜通し店をあけて、みんなに騒ぐだけ騒がしてあげたいなって、後ろ髪引かれるような気持になってね。

みんな帰っていくんですけど、帰っていないんですよ。みんなの声が頭のなかに残っているんですよ[264]」

この夢の内容を下敷きにして想像した。菊枝は最期の瞬間、次のような夢を見ていたのではないだろうか。

馴染みの客に閉店時間だと告げると、名残惜しそうにしているお客が、一人、また一人と店を出て行く。最後のお客の背中を見送ると、店には菊枝一人。長い間、菊枝が切り盛りしてきた店。多くのお客との出会いをくれた店。菊枝は思い出のつまった店内を見渡し、客が出て行ったドアのところまでゆっくり歩いていく。店は本当に今日で終わりなんだと覚悟を決めて、二度、深呼吸をする。そして、店のドアの鍵を閉める――。ドアに鍵をかけた後、菊枝の耳に聞こえてきたのは、いつもそばにいてくれた登美雄の「ごくろうさん」という声だった。

## 石牟礼道子の弔辞

春になると、菊枝の家の玄関先はチューリップで満開になる。「菊枝がチューリップ、大好きだったから、毎年必ず植えているんです」という登美雄は、菊枝がいたころと同じように、庭に季節の花を植え、家から少し離れたところに借りている畑で野菜づくりに励んでいる。庭に面した一階の一番日当たりのいい部屋は、菊枝が入院直前まで過ごした部屋である。菊枝が使っていたベッドは、そのまま登美雄の寝床になった。

菊枝の仏壇が置かれたこの部屋には、横幅およそ三メートルはある額縁が飾られている。飾られているのは、石牟礼道子直筆の詩である。

「生死のあわいにあれば　なつかしく候」で始まる詩は、「若槻菊枝様」で始まり、詩の最後の一行の後には「一九七一年五月二十七日　詩篇　苦海浄土より　石牟礼道子」と署名がある。さらに石牟礼が菊枝に宛てた個人的な文面が続く。何もお返しができないので、未完の詩稿を送ったとあり、登美雄の旧姓である「関さま」にもよろしくといった内容である。
この詩と向き合うように置かれている菊枝の仏壇の左側には、額縁に入った石牟礼道子直筆の弔辞が飾られている。原稿用紙には次のようにしたためられている。

〈ママ　感慨無量です
あなたの愛らしさ　ひたむきさ
大らかさ　他に似た者は誰もいない
ママだけの　人間に対する　心からのつつましさ
そして人間に対する悲しみを抱いたあなたの愛の行為は
小作争議の父上ゆずりで　あなたのおこった時の新潟弁のべらんめいは　絶品でした
それがもう　聞けないのが残念です
しっかり者で　ぴかぴかの無邪気さに引き寄せられて　一種の菩薩行《ぼさつぎょう》に　人はついてゆくのですが　そこは
光のようで　花のようで　それらすべてが登美雄さんの大きな慈愛につつまれて
ママがしあわせだったことが　水俣の者たちの慰めでした
これから先は水俣の言葉でいう「よかところ」に行かれますよう　いずれ私たちも参ることですが　つもる話もたくさんございます。
ではノアノアのわたしたちのママ　ひとまずさようなら
二〇一〇年三月六日　　石牟礼道子〉

菊枝が亡くなる七年前のことだが、石牟礼が菊枝について熊本日日新聞に書いている。菊枝が出版した画集について寄せた文章で、菊枝が石牟礼に話しただろう新潟の暮らしのことや、父親の小作争議のこと、菊枝が水俣のために策を尽くしてくれたことにふれている。

〈若槻菊枝さんといえば、ただもう懐かしい。

水俣のことで上京を余儀なくされた患者や支援者の宿舎にご自宅を提供していただいたり、どれほどこの方のお世話になったことだろうか。わたしなどは私宅に招《よ》ばれ、ほとんど、東京での常宿にさせてもらっていた。彼女は〝ノアノアのママ〟と称《よ》ばれて、界隈《かいわい》に知られた大きな酒場をもち、そこは詩人たちや芸能界の人たちの憩いの場でもあった。

わたしよりも十歳上だったけれど、大きな瞳をもった童女顔で、話をするとき、その瞳が瞬《まばた》きもせず見つめてきて、男の人ならきっと、胸がときめいたことだろう。

当時から色彩ゆたかな絵の才能を持った人とは思っていたけれど、今度まとめられた『太陽がいっぱい』（画集=筆者注）をめくってみて、あらためてその真髄にふれる思いがする。やっぱりまぶしい色彩の画家である。ひょっとすると日本人ばなれしているのではあるまいか。それが少しもいやでなく天衣無縫で、じつに愛らしい女性たちが描き出されている。現代の、文明のはざまから出てきた聖女たちかもしれない。

彼女の家に泊めてもらっているとき、よく故郷の新潟なまりで、お父さんの話をしてくれた。有名な木崎村小作争議の指導者だったとか。生まれた村のこと、幼時のこともよく語ってくれた。たいそう華麗なノアノアのママの新潟弁はじつに魅力的で、水俣弁はよくわかるのだと言ってくれた。故郷への想《おも》いが深い分を、水俣のことにつくしてくれたのだろうと、わたしは思ってきた。有り難いことである[265]〉

百姓の家に生まれた菊枝の感性は、どこか石牟礼の世界観と通じるものがあったのではないだろうか。自然がすぐそばにある環境で育ち、貧しい暮らしがどんなものであるか知っていた二人。社会的、経済的に強い者の生活が、貧しい者の生活を蝕むことで成り立っていることが骨身に染みていた菊枝は、水俣病患者の苦しみを我が身に起こったことのように感受し、悶え加勢してきた石牟礼とは、心の深いところでつながり合えたのではないだろうか。

石牟礼の弔辞は、菊枝の葬儀の日にＦＡＸで届いたものを、登美雄が後日、直筆の弔辞を送ってほしいとお願いをして譲り受けたものだった。送られてきたのは、清書された原稿用紙と、推敲を重ねた筆跡の残る下書き用の原稿用紙だった。

下書きの原稿を見て登美雄は息をのんだ。そこには最終版には書かれていなかった「しっかり計算された無邪気さ」という菊枝の性格を述べた一文があったからだった。

「もう、これ見つけたとき、えぇって驚きました。石牟礼さん、菊枝のこと、よく見ている。すごいなって」

登美雄が思うに菊枝は、直感力がずば抜けて鋭かったそうだ。なんでも直感で決める菊枝は、理屈ではなく、感じたまま行動する。そういうときの菊枝の姿は、傍から見れば「計算している」と思われてもおかしくないという。ただし、菊枝自身はいたって自分の直感に素直なだけで、まさか自分が計算して行動しているとは気付いていない。つまり、登美雄が言わんとしていることは、菊枝は「無邪気」さを失わずに「計算」ができる人だったということになる。

石牟礼が菊枝のことをそこまでわかってくれていたことが、登美雄は嬉しかった。

## メゾン・ノアノア

登美雄の一日は、仏壇に手を合わせることから始まる。

「おはようございます、若槻菊枝さん。今日も始まるよ。元気だしてがんばるからね」

と呼びかける。お供えには菊枝の好きだった納豆を毎朝忘れない。

続いて、

「土本さん、原田先生、川本さん、渡辺栄蔵さん、田上《たのうえ》義春さん、佐藤武春さん、砂田明先輩、栄子さん、雄さん、皆々様、おはようございます。今日もよろしくお願いします」

と、先に逝ってしまった人たちにも朝の挨拶をする。

七十八歳（二〇一四年取材当時）になる登美雄は、背筋も伸び、腹も出ておらず、動きにも機敏さがあり、八十歳を目前に控えた人とは思えない。若さの秘訣は、外出先でエスカレーターを使わず階段を使うこと。そして、週に何回か、自治体がやっている太極拳や体操教室に通っていることだろうか。

夕方になると、近くの立ち飲み屋で人間ウォッチングをしながら静かに飲む。この時間がたまらなく好きだという。バスで十分ちょっとの距離を歩くこともある。老いていく体を甘やかさないよう心掛けているからか、酒の量については寛大で、減らす気配はない。

外で軽く一杯飲んでから家に帰ると、「家飲み」が始まる。数年前に近所で保護した迷い犬のポメラニアンは、そのまま登美雄のところに住み着き、「チー坊」と呼ばれる登美雄の話し相手になった。

一人家で酒を飲みながら、仏壇の菊枝の写真に向かって話しかけるのも日常の一コマだ。水俣病や石牟礼道子に関する新聞記事を見つけては切り抜き、菊枝に読んであげる。仏壇そばの机に置かれた新聞記事の切り抜きと虫眼鏡は、そのためである。

菊枝の葬式の日。祭壇はチューリップで囲んだ。「あの人は、菊の花みたいに落ち着いた感じじゃないですからね。彼女らしいチューリップでよかったんです」。白黒写真の遺影と、赤やピンク、黄色のチューリップのコントラストは、「とってもマッチしていてよかったんですよ」

愛する人の死を、淡々と受け入れたように見えた登美雄は、葬儀の喪主も難なく務めた。人前で感情を乱すこともなく、参列した人たちに頭を下げる登美雄に、ただ一人、買物袋いっぱいの弁当やおにぎりを差し入れたのは彫刻家の池田宗弘だった。

現在長野県に住んでいる池田は、かつて東村山に住んでいたときに、デッサン旅行で訪れたスペインについて講演をしたことがあった。講演会場で菊枝と登美雄は、池田が見せてくれた写真や絵に感動し、すぐさま二人でスペインにデッサン旅行に行っている。池田との付き合いはそのとき以来、続いていた。

登美雄と同じように妻に先立たれていた池田は、自分の経験から、「こういうとき食欲がなくなって、何もしたくなくなるから、これでも食べて」といって、弁当などを買い込んできたのだった。

菊枝亡き後も、落ち込むことなくふだん通りの生活に戻れるだろうと考えていた登美雄だったが、葬儀が終わり、一人になると、何もする気になれなかった。「自分だけは、そうならないと思っていた」という登美雄は、気が付くと、池田の差し入れた弁当を平らげていた。「あの差し入れがなかったら、どうなっていたのかって、思います」

菊枝の九十四年間の人生のうち、登美雄は、その約半分の年月を共に過ごしたことになる。

二人には子どもはいない。付き合い始めたころ、菊枝のほうから、「子ども、いなくていい？」と確かめるように登美雄は聞かれたことがあったが、深く考えずに「いいよ」と返事をしてきた。「当時は、先のことなんか考えて答えていないですからね。そのときは子どもはいらないって思っていたんです」

菊枝は六十歳のときに出演したテレビ番組で、子どもがいないことについて次のように語っていた。

「私自身が子どもだから、子どもと一緒にいても共倒れみたくなっちゃうから。やっぱり大人の人が自分をひっぱってくれないと困る。子どものときに苦労したせいもあるんでしょうけど、子どもの精神生活の保障が（私には＝筆者注）できないという感じが以前からしていました。自分の苦労だけでもたくさん」（『三時のあなた』一九七六年）

自分の苦労だけでたくさんだと菊枝は言っているが、親子ほど年齢の離れた弟たちの学費や、生活費の面倒を見てきたのは菊枝だった。

子どもがいない二人には、その代わりといってはなんだが、菊枝の二十代のころからの夢を実現したアパート「メゾン・ノアノア」があった。東村山に引っ越した後、中落合の自宅をアパートに建て替えて始めたアパート経営である。

子どもの代わりにアパート経営、というのはいささか比較対象としては適切ではないかもしれないが、メゾン・ノアノアは菊枝の夢であり希望だった。二人はこのアパート経営を通じて、日本に来てもなかなか部屋を借りることができない外国人や、生活保護を受けている人たちに、良心的な家賃で部屋を貸した。

こうした気持ちの原点は、菊枝が上京してから耳にした、「自分たちは外国人だから、大家が部屋を貸してくれない」という台湾や中国から来ている人たちが直面している現実を知ったことだった。困っている彼らのために、外国人が暮らせるアパートがあったらどんなにいいかと心底思った。だが、それだけのことを実現する財力が当時の菊枝にはなかった。「いつかアパートを建てたい」という夢を持ち続けながら、二十代のころの菊枝は彼らの代わりに不動産屋を走り回っていたのである。

〈留学のため、来日しても住むにも下宿がない。アパートはあっても高いし、たいていは三国人《(原文ママ)》というだけで入れてくれない。私は彼らのために一生懸命に走りまわり、ようやく（部屋を＝筆者注）見つけることができた。でも結果は「お住みになるのは貴女ですか」ときくのでうそもつけず、朝鮮の学生さんなんですというが早いか、「実はもうきまりかけているのですが」と断わられてしまった[266]〉

　この朝鮮の学生の場合、菊枝が事情を話した近所の人が、快く部屋を貸してくれることになって一件落着したのだが、まもなくその学生は、日本軍に徴兵され、中国に出征していったという。戦地からのハガキには、コオロギの鳴き声に日本を懐かしく思うと書いてあった。その青年は、戦死したそうだ。

　六十歳になって実現したメゾン・ノアノアには、中国人、韓国人、日本人、カザフスタン人など、アジアを中心に様々な国の人たちが暮らしている（二〇一三年取材時）。日本語がまったく話せない住人もいるが、菊枝も登美雄もそういうことは気にしなかった。

「今でも、外国人はお断りっていう大家さんは多いみたいで、そういうケースは全部、うちに声がかかります。うちは断らないからね」

　たった一軒だけでも、断らない大家がいるということは何と心強いことだろう。メゾン・ノアノアは、外国人のみならず、生活保護を受けている人たちにも借りてもらいやすい家賃にしたのが特徴だった。礼金、更新料はとらず、三回目の更新時には家賃を下げたという。「だって、長く住んでもらったほうが、私達も楽ですからね」

こうしたポリシーを守りながら、登美雄はアパートを経営してきた。定期的にアパートに通い、障子を張り替えたり、共有スペースの掃除をしたり、建物のメインテナンスに励んだ。

「菊枝は東村山に引っ越してからは、身体のほうがだめだったんで、アパートの管理は私がやってましたけど、こうして菊枝がやりたかった外国人のためのアパート経営が続いているのは嬉しいことです」

だが、菊枝の夢だったメゾン・ノアノアも、二〇一四年八月には、登美雄の手を離れた。

「私も七十八歳だし（二〇一四年当時）、いつまでもアパートの管理ができるわけじゃないからね。それに、アパートを誰かに相続させるとか、そういうのはまったく考えていないから、元気なうちに手放そうと思ってね」

新しいアパートのオーナーには、現在入居中の住人と登美雄が交わした契約内容だけは今後も変えないことを約束してもらった。それが、登美雄が入居者にできる最大限の配慮だった。

## 若槻登美雄

登美雄が「関登美雄」から「若槻登美雄」になったのは、菊枝と付き合い始めてから十五年ほど後のこと、東村山に引っ越してから二年後のことだった。菊枝の姓を名乗ることは、登美雄にとって特別なことではなかった。

「まったく違和感なく『若槻』になりました。だって、彼女が何もかも主体的にやってきたわけだし。僕が自分の名字を引き継ぎたいっていう考えもないですし」

婚姻届けを出すことを提案してきたのは菊枝だった。そんな菊枝も一九七五年に受けた新聞の取材には、「籍は入れないことにしているの。あまりチョクチョク変わるから（笑い）。籍は二回入れたことがあるけど[267]」と答えている。新宿の中落合で登美雄と暮らしていたころは、事実婚状態だった。

菊枝がこれまでに婚姻届けを出した相手というのは、新潟の小田と、東京で出会った宮田である。その後の交際相手である黒田と朝倉とは籍を入れないまま別れている。憶測の域を出ないが、黒田と朝倉との付き合いが続かなかったこともあるが、二度の離婚を経験して、世の中のこともいろいろ見えてくると、形式にしばられない交際もありだと考えるようになったのかもしれない。

では、十五年ほどの交際期間を経てから、菊枝が登美雄と婚姻届けを出すことにしたのはなぜか。その理由はわからないと登美雄は言うが、一つには、菊枝がノアノアの仕事を引退し、東村山に引っ越して落ち着いた暮らしをする中で、残りの人生は、登美雄とともにあるという確信が持てたからではないだろうか。

とはいえ、東村山に引っ越してから、一度だけ、深刻な別れ話が菊枝から切り出されたことがあった。原因は、後に述べる菊枝の登美雄に対する猜疑心だったようだが、菊枝から別れを切り出された登美雄は、素直に家を出て行くつもりだったという。

「まあ、別れたとしても、近くに住んで、菊枝のことを見守るつもりだったんですけどね」（登美雄）

菊枝は、こうと思い込んだら、そのまま突き進む性格だということを登美雄は誰よりもよく理解していた。だから、菊枝が別れると言い出したら、何を言っても無駄だということは百も承知だった。したがって、菊枝の決断通りにするしか登美雄には選択肢はなかったのだが、このときの別れ話は、菊枝が撤回してあっさり消えた。

長年連れ添った登美雄との交際について、菊枝はあまり書き残していない。同人誌に掲載された随筆には、「夫」である登美雄が登場する作品もあるが、それは、キノコ採りや、スペイン旅行の同伴者として紹介される夫であり、菊枝が登美雄のどういうところに惚れたのか、あるいは、菊枝が登美雄を口説き落とすまでの心境といったものについては、ほとんど何も残っていない。

菊枝が自伝や同人誌で明らかにしている恋人とのエピソードは、どれも相手のほうから菊枝に近づき始まった関係だったが、登美雄との交際は、菊枝のいじらしいほど懸命なアプローチがきっかけだった。ひょっとすると、菊枝は、このときの自分についてては、書きづらかったのだろうか。
そんな中、菊枝が残した原稿の下書きの中に、登美雄との別れを考えたときの気持ちではないかと思える文章が紛れ込んでいた。執筆日時は不明だが、「もうだいぶ永い間生きてきた」「わたしにはもう　少しの時間しかない」と、残りの人生が短いことを気にかけているもので、前後に残されたメモから時代背景を推測すると、おそらく七十歳前後に書かれたものと思われる。「今さら気づくのは遅すぎるのだが、大切なこの時間は、一刻千金とはこのことだ」と、残された時間が貴重であることを記している。そして次のように続く。

〈誰だ　この幸せな時を盗む者は
夫　あなただ
どうぞ　私の幸せをなくさないで
大切な一時（いっとき）なのだから
できるだけ　さからわないでいる　私なのだから〉

菊枝から幸せな時間を盗んでいるのは夫だといい、大切な時間を盗まれないよう、菊枝はできるだけ、夫に逆らわないでいる——と言っている。菊枝と登美雄の間に、何らかの意見の相違が生まれ、そのことで菊枝は楽しくない時間を過ごしていたのだろうか。自分に残された時間がそれほどないと考えると、意見をぶつけあうより

菊枝と登美雄。友人宅にて

も、夫に逆らわないでいるほうがいいんじゃないか、と思ってはみたものの、それは菊枝にとって幸せな時間ではなく、満たされない気持ちが、この下書きの原稿に吐き出されたとは考えられないだろうか。

このあと菊枝はトーンを変えて、こう続けている。

〈私はつきつめて考える
幸せを失わせたのは　私だった
そして　彼の二度と返らない時間も
私と同じ時間だ
幸せの時間は　カチカチと音をさせながら　失われていく〉

幸せな時間を失わせたのは自分であったと。また、自分だけでなく、夫の人生も、巻き戻すことはできず、刻々と過ぎていくだけ。

誰もが時間の前では平等であるということを、菊枝は改めて意識した。そして、夫との衝突で幸せな時間を失った原因は自分にあるということ。夫も同じように、幸せな時間を奪われたのだという考えに行き着いたのではないか。

菊枝は高齢になるにつれて、登美雄に対して疑い深くなったと登美雄は言う。「きっと菊枝は、こんな歳になってから、僕に裏切られたらどうしようって考えちゃうんでしょうね」と、菊枝の深い懐疑心の理由を代弁する。

菊枝の気持ちの繊細な変化が、登美雄には手に取るように理解できたのだと言う。

若かった頃には感じることのなかった不安に菊枝は怯えていた。それは少し妄想じみていて、登美雄が近所の女性と立ち話をしているだけで浮気だと疑ってしまうような根拠のないものだった。口げんかをして登美雄が車で出て行ってしまうと、決まって登美雄の友達のところに電話をかけ、登美雄が浮気をしていないか確かめた。そんなとき登美雄をよく知る友人たちは、「登美雄はそんな男じゃない」と、逆に菊枝を叱るように諭した。

新潟にいる菊枝の親戚は、登美雄に会うたびに、「(菊枝のことで)いろいろ大変だったでしょう」と労いの言葉をかけてくれるが、登美雄にとっては特別なことではなかった。「だって、菊枝がどういう性格かよく知っていましたから、別に大変なことなんてなかったです」

年齢でいえば、登美雄は菊枝より十九歳年下だが、精神的には登美雄のほうが菊枝よりもずっと大人だった。二人が衝突しても、登美雄には菊枝がなぜ、そう振舞ってしまうのか、よくわかるのだった。

菊枝の身体が徐々に不自由になっていくにつれて、これまで菊枝がやっていた銀行やアパート経営の手続は、登美雄が代わりにするようになった。もし菊枝が、これから先のこと、自分が死んだ後のことを考えていたとしたら、すべてを任す人物は、「事実婚の夫」よりも、婚姻届に署名した相手である「夫」のほうがスムーズである。この点を考慮して、婚姻届を出すことにしたとは考えられないかと登美雄に聞いてみると、「そういう考えもあったのかもしれないですね」とうなずいた。

菊枝が亡くなってからしばらくして、登美雄は一枚の原稿用紙を見つけた。

「ほとんど菊枝が書いたものは私が管理していたんですけどね。こういうの書いていたなんて知らなかったなあ」

筆ペンで、走り書きのように書き残されていた四行のメッセージには、誰の名前も出てこない。菊枝が同人誌に散文や詩を書いていたことから察すると、四行の走り書きは、創作メモの一部なのかもしれない。あるいは、具体的な誰か、例えば登美雄に宛てたメッセージなのだろうか。

〈過ぎた日
長くもない一生の幾としかの時間でしたが
ふだん着のつきあいで
ほんとうにすきでした〉

# 第八章　おるげ・のあ

二〇一四年七月、登美雄の水俣行きに筆者は同行した。水俣のあらせ会館で行われるケアホームの落成式を祝うパーティに出席するためだった。ケアホームの名前は「おるげ・のあ」。運営母体は、ほっとはうすの運営母体でもある社会福祉法人さかえの杜である。

ケアホーム建設費は、国と熊本県の助成金で四分の三をまかない、残りの四分の一と土地代は、社会福祉法人が融資を受けたり寄付でまかなった。登美雄は、これに寄付をしている。

「全部、菊枝の意志ですから」とあくまでも、菊枝の意志を登美雄は代行したに過ぎないと話す。

ケアホームの名前が「おるげ・のあ」に決まったのは二〇一四年の春だった。「おるげ」というのは水俣の茂道地区の言葉で「わたしの家」という意味だ。「のあ」は、旧約聖書に出てくる「ノアの箱舟」の「ノア」からとったというのが建前だが、「ノアノア」の「ノア」という意味も兼ねている。登美雄の大口の寄付を受けて、いっそのことケアホームを「ノアノア」と名付けてはどうかという意見も出たほどだ。

登美雄にとって「おるげ・のあ」というネーミングは、菊枝の思いが今後も、水俣で活かされていくことが約束されたとも受け取れるメッセージだった。水俣に出発する日の朝、仏壇の前で登美雄は「菊枝の代わりに、おるげ・のあを見てくるからね」と手をあわせた。

四月にオープンしたおるげ・のあで生活を始めたのは、ほっとはうすに通う五十代後半にさしかかった胎児性水俣病患者たちである（二〇一四年当時）。彼らの両親は八十代。家で子どもの介護を続けるのは難しい。親元を離れ自立した暮らしがしたいという胎児性患者の長年の思いもあって、介護付きのケアホームをつくることは、ほっとはうす設立時からの具体的な目標の一つだった。

完成した木造一部二階建てのおるげ・のあには、登美雄が寄贈した菊枝の絵が何枚も飾られている。一階の廊下には、菊枝と登美雄がスペインへデッサン旅行に行ったときの絵が飾られ、二階に通じる階段の踊り場には、イカと魚の絵が。入居者の共同スペースである二階のリビングには、ひまわりの絵が飾ってある。ケアホームを訪れる人の中には少なからず、これらの絵の前で足をとめ、しばし絵について質問をしたり、「素敵ね」と感想をもらす人がいる。それはまるで、知らないうちに、若槻菊枝の絵画展に迷い込んでしまった人たちのようである。

落成式で、おるげ・のあの建設に多大な貢献をした登美雄に感謝状が贈られる姿を見ていた筆者は、ステージに上がった登美雄の姿に菊枝の存在を重ねた。

おるげ・のあの住人で、最年長の渡辺栄一（六十二歳・二〇一四年当時）は、長年暮らした湯堂の実家から、ここに生活の場を移し、好きな演歌を聞いたり、電子ピアノを気兼ねなく弾ける暮らしを手にした。それは栄一にとって長年の夢でもあった。

栄一の居室を筆者が訪れると、栄一は好きな演歌を、楽譜も見ずに電子ピアノで弾いてくれた。しばし雑談を交わしたあと、筆者はベッドの脇に置かれた小さな仏壇に手を合わせた。仏壇は、渡辺家の菩提寺の住職に拝んでもらって設置したもので、栄一は毎朝この仏壇に向かい、水俣病で失った両親、祖父母、姉と弟に手を合わせている。家族の中で栄一だけが今も、命を紡ぎ続けている。

栄一の居室を出て廊下に出ると、ピアノの音が聞こえてきた。栄一が再び、鍵盤に向かい出したのだ。ピアノの音色とともに栄一の気配を感じながら、廊下に飾られている菊枝の絵の前で足を止めた。スペインにデッサン旅行に行ったときの菊枝と登美雄を描いた絵だ。改めて、おるげ・のあの建設費の一部に、菊枝と登美雄からの寄付金が充てられていることをかみしめた。

「菊枝さん、患者さんの支援に一生懸命だった菊枝さんの思いが、おるげ・のあになりましたよ。その建物で、栄一さんは暮らしています。これからも見守っていてくださいね」

そう心のなかで念じた。菊枝の思いが形あるものとして、おるげ・のあとなり、筆者である私は今、その空間の中に包まれているのだ——という事実を、深呼吸するように全身に浴びさせた。

栄一のピアノ演奏は続いている。ピアノの演奏といえば、二十代の栄一は、ノアノアにあった黒いグランドピアノを弾いていた。

栄一のピアノと、ノアノアと、菊枝の絵画——。私の頭におりてきたのは、歌ったり、踊ったりすることが好きな人たちが集うノアノアの風景だった。無論、私は、菊枝が現役のママだった時代を見たことはない。だが、朗らかな笑い声が聞こえてくるような店の雰囲気を、私はおるげ・のあの廊下や玄関ホールの空間に重ねるようにして思い描いた。

壁に飾られた菊枝の油絵の筆跡の一つ一つを見ているだけで、たくましく生き抜いた菊枝の生涯が私の頭の中を駆け巡る。そして、菊枝の絵はそのまま、菊枝がこちらを見つめている視線に思えてくる。あたかも、おるげ・のあに暮らす人たちの安息を、いつもここから見守ってくれているような、暖かくて、どっしりと腰を据えてそこにいてくれるような、なんともいえない安心感である。

私は、再び若槻菊枝の人生を振り返った。

音楽に合わせ、優雅に踊り出した菊枝が、おるげ・のあのホールに現れて、ステップを踏み始めたような、そんなシーンが私の瞼の奥に広がっていく。同時に、言葉が湧いて出てきた。

ノアノア
それはゴーギャンの本のタイトル
ノアノア
それはタヒチ語で、香《かぐわ》しいという意味
ノアノア
それは絵を描くのが好きな、新潟生まれのママが始めた店
ノアノア
それは人が集い、お酒と歌を楽しむバー
ノアノア
そこはママの無邪気な笑顔に会える場所
ノアノア　ノアノア
「さあ、踊りましょう。歌いましょう」
ママが手招きしている
ノアノア　ノアノア
「恥ずかしがらないで」
「人生を謳歌しましょう」とママがいう
ノアノア　ノアノア
フロアで踊る愛しき人たちを、ママはいつも見つめている

# おわりに

「それで、あなたは菊枝さんに会ったことはあるの?」

私が若槻菊枝さんについて本を書いていると知った相手は、たいていこう聞いてくる。私は「一度だけあります」と答えている。菊枝さんにお会いしたのは二〇〇七年四月。本書にも出てくる、堀傑さんの退職祝いの会だった。

そもそも私と堀さんが知り合ったきっかけは、水俣病に関する何らかの集まりだったと思う。そうした場に私が行くようになったのは、米国で暮らしていた時期に、人権や環境問題と向き合い行動する人たちと出会い、日本の公害の現場を見てみたいと考えるようになったからだった。日本に帰国後、水俣を訪れ、都内で行われる講演会や学習会に通うなかで、私は堀さんと知り合った。この出会いがなければ、菊枝さんと私が顔を合わせることはなかったかもしれない。

堀さんの退職祝いの会場にいらしていた菊枝さんは、このとき九十一歳。登美雄さんの押す車椅子で来られていた。菊枝さんと話をした記憶はないが、私が手にしていた買ったばかりの絵本『阿賀のお地蔵さん』に、突然私の似顔絵かと思われる女性の顔を描きだしたのである。これが私と菊枝さんの最初で最後の交流だった。

そのとき、菊枝さんが新宿に何店舗も店を持っていたやり手の経営者だったこと、水俣の患者さんたちを熱心に支援していたことを耳にした。お金儲けと患者支援——。意外な組み合わせに、私は菊枝さんに興味を持った。

菊枝さんが談笑されている様子を写真に残したいと思いカメラを構えると、どういうわけか、それまで問題なく撮影ができていたカメラのシャッターが下りない。何度やっても写真を撮ることができない。私は、カメラではなく、自分の記憶に菊枝さんの姿を焼き付けようと気持ちを切り替え、菊枝さんを見つめたのだった。

それから三年後、菊枝さんの訃報が届いた。ノアノア東大久保店で菊枝さんを偲ぶ会が行われると聞き、私は初めてノアノアに行く機会を得た。店の一角に設けられた菊枝さんを偲ぶコーナーには、遺影を囲むようにして、石牟礼道子さん直筆の弔辞、土本典昭さんと一緒に写っている写真、「苦海浄土基金」と書かれたカンパ箱などが置かれていた。山積みにされていた菊枝さんの自伝『太陽がいっぱい』を、このとき購入した。

菊枝さんの半生を書いた『太陽がいっぱい』には、水俣との交流が始まった五十代後半までのことがつづられている。それ以降の菊枝さんの暮らしぶりについても知りたいと思った私は、登美雄さんにお話をうかがうため、東村山に通い始めた。登美雄さんから話を聞けば聞くほど、菊枝さんならではのユニークなやり方で、水俣の患者さんたちを支えていたことを知り、菊枝さんの生涯を本にして後世に遺したいという思いを強くした。

登美雄さんからは、菊枝さんに関する様々なもの――店の紹介記事、寄稿していた同人雑誌、文章をつづった大学ノート等――をお借りさせていただいた。菊枝さんのことを「すごい人なんです」と尊敬してやまない登美雄さんが、大切に保管されていたものである。これらの資料がなければ、本書を書くことはできなかった。

あるとき登美雄さんが「菊枝は自伝の書き出しを、好きだった外国の小説に似せて書いたのだけど、何て小説だったかな」と何となしに言われたのを聞いて、私は宝ものを見つけたようにこの話に飛びついた。その小説が何であるのか知りたい一心で、菊枝さんの文章に出てくる外国作品を手当たり次第に読んだ。フランスの作家・モーパッサンの「女の一生」であることを突き止めるのに、それほど時間はかからなかった。

確かに菊枝さんの自伝の書き出しの雰囲気は、モーパッサンのその小説の書き出しに通じるものがあった。どちらも十七歳の少女の旅立ちのシーンから始まっている。だが、その後に展開する話の内容は全く違った。モーパッサンの「女の一生」は、自由な世界を夢見ていた少女が、現実社会に翻弄されるがまま、年老いていく話であるのに対して、菊枝さんの自伝は、同じく自由な世界に憧れていた少女が、騙されたり傷ついたりしつつも、事あるごとに、自分で進む道を選び取ってきた半生を書いている。人生を人任せにしない。これが、菊枝さんの生き方だった。

本書のタイトルを『若槻菊枝 女の一生』としたのは、言うまでもなく、モーパッサンの『女の一生』を意識してのことである。人間のたくましさと可能性を教えてくれる菊枝さんの生涯を通じて、もう一つの「女の一生」という物語を知ってもらいたいと思ったからである。

最後になりましたが、この本の出版には、多くの方々からご協力をいただきました。ここでお一人お一人のお名前を挙げることはいたしませんが、心からお礼申し上げます。

二〇一七年六月

奥田みのり

この本の執筆中には、ノアノア東大久保店のオーナーチェンジがあり、二〇一六年六月末で、菊枝さんの代から三代続いたノアノアは閉店しました。新宿駅東口のハモニカ横丁にバー「ノアノア」を開店してから六十六年間の営業でした。店で使われていた苦海浄土基金と書かれたカンパ箱は、水俣のほっとはうすに寄贈されました。

# 若槻菊枝年譜

一九一六年　生誕
一九二二年　大形村尋常小学校入学（三年で不登校に）
一九三〇年　紡績工場勤務。寄宿舎生活
一九三二年　カーバイド工場勤務
一九三三年　小田と結婚。夫に黙って上京。
〜三四年　離婚後、二度目の上京。茨城県の別荘勤務
一九三五年　東京小石川でカフェの女給。編集者・宮田と交際
〜三七年　宮田と結婚
一九四四年　新潟の実家に疎開。闇商売を開始
一九四五年　夫の復員。東京に戻る
〜四六年　新宿駅西口闇市で、中国人と共同経営の中日物産公司を設立
一九四八年　中日物産公司解散。新宿駅西口にそば屋「菊や」を開店
一九四九年　宮田と離婚
一九五〇年　そば屋を乗っ取られる。ハモニカ横丁にバー「ノアノア」開店。学生・黒田と交際
一九五五年　絵描き・朝倉と交際
一九五六年　ノアノア歌舞伎町に移転
一九五七年　二科展絵画部門初出品入選（六五年頃まで毎年入選）

一九六一年　「劇団行動」の『現場を見た人』に出演
一九六三年　ノアノア開店十三周年記念パーティ
〜六四年　関登美雄と交際
一九六六年　お茶漬けの店「お菊」、「ノアノア柏木店」開店
一九六七年　「サパークラブ・ノアノア本店」開店
一九六八年　「スナック喫茶ノアノア」、「レストラン ノアノア」開店。小冊子「ノアノア」創刊
一九六九年　自伝『太陽がいっぱい』出版。ヨーロッパ旅行へ。同人誌『婦人文芸』に参加（九七年まで）
一九七〇年　この頃までに、ノアノア本店と柏木店以外の店を閉める
一九七一年　水俣訪問。店で患者支援のカンパを開始
一九七二年　中落合の自宅を水俣病患者支援の宿舎に提供
〜七三年　患者支援の宿舎として荻窪に家を借り上げ提供
一九七四年　水俣病センター落成式に出席
一九七五年　ノアノア開店二十五周年記念パーティ開催
一九七六年　東村山に転居。ノアノアの経営から引退
一九七八年　ノアノア柏木店を閉め、本店（東大久保店）一店に。登美雄との婚姻届を提出
一九七九年　同人誌　第二次『宴』に参加（八八年まで）
一九八三年　二科展に再入選（九六年頃まで毎年入選）
一九八五年　約四十日間、登美雄とスペインへスケッチ旅行へ
一九八六年　社団法人日本美術家連盟会員に

一九九三年　同人誌『小説芸術』に参加（九八年まで）
二〇〇二年　画集『太陽がいっぱい―その人生の軌跡』を出版
二〇〇三年　画集出版記念と米寿を祝うパーティ開催
二〇〇七年　新潟絵屋で個展
二〇〇八年　水俣ほっとはうすで個展
二〇一〇年　永眠。九十四歳

# 若槻菊枝年譜

# 主な参考文献


若槻菊枝『太陽がいっぱい』（自費出版　一九六九年、一九八一年、一九八六年）
若槻菊枝『太陽がいっぱい』（金剛出版　一九七五年）
若槻菊枝『太陽がいっぱい　その人生の軌跡』（自費出版　二〇〇二年）
『小説芸術』一七号～二七号（小説芸術社　一九九三年～九八年）
『婦人文芸』四六号～七一号（婦人文芸の会　一九七六年～九七年）
合田新介『木崎農民小学校の人びと』（思想の科学社　一九七九年）
池見哲司『水俣病闘争の軌跡』（緑風出版　一九九六年）
石牟礼道子編『わが死民』（現代評論社　一九七二年）
川本輝夫『水俣病誌』（世織書房　二〇〇六年）
川本裁判資料集編集委員会編『水俣病自主交渉川本裁判資料集』（川本裁判資料集編集委員会　一九八一年）
榧根勇『越後平野の一、〇〇〇年』（新潟日報事業社　一九八五年）
後藤孝典『沈黙と爆発』（集英社　一九九五年）
佐藤洋一、ぶよう堂編集部『あの日の新宿』（武揚堂　二〇〇八年）
土本典昭『わが映画発見の旅』（筑摩書房　一九七九年）
東京空襲を記録する会　復刻『コンサイス東京都35区区分地図帳　戦災焼失区域表示』（日地出版　一九八五年）
東京・水俣病を告発する会編『縮刷版　告発』（『告発』縮刷版刊行委員会　一九七一年）
東京・水俣病を告発する会編『縮刷版続編　告発』（『告発』縮刷版刊行委員会　一九七四年）

豊栄市史調査会編『豊栄市史　通史編』（豊栄市　一九九八年）
中野区企画部広報課編『中野の戦災記録写真集』（中野区　一九八五年）
新潟市合併町村史編集室編『新潟市合併町村の歴史』第三巻、第四巻、史料編二、基礎史料集五（新潟市合併町村史編集室　一九八一年〜八五）
新潟市歴史博物館編『絵図が語るみなと新潟』（新潟市歴史博物館　二〇〇八年）
新潟日報社編『庶民の歩んだ新潟県50年史』（新潟日報事業社　一九七五年）
新潟女性史クラブ『雪華の刻をきざむ—新潟近代の女たち』（ユック舎　一九八九年）
松平誠『ヤミ市　幻のガイドブック』（筑摩書房　一九九五年）
山岸一章『発掘　木崎争議』（新日本出版社　一九八九年）
渡辺英綱『新宿ゴールデン街』（晶文社　一九八六年）
渡辺正男『小作争議の時代』（みくに書房　一九八二年）

**ウェブサイト**

土本典昭　文書データベース　http://tutimoto.inaba.ws

# 脚注

1 『大辞林』第二版（三省堂　一九九九年）

2 菊枝の戸籍上の名前表記は「キクイ」だが、越後人は「い」を「え」と発音するので、「キクイ」は「キクエ」と発音される。漢字表記の「菊枝」は、絵画や自伝の発表の際に使われ、公的な書類以外は「菊枝」としていたため、本書でも「菊枝」と表記する。本書では菊枝の生年を満年齢で示している。菊枝の自伝をはじめとする参考文献には、数え年なのか満年齢なのか判断が難しい個所があり、年齢の特定が困難なところは、前後の出来事等を考慮し、最も可能性が高いと筆者が考えた年齢を採用した。実際の年齢とズレがあったとしても、その差は一歳程度である。

3 『太陽がいっぱい』母親の死後、父親と再婚相手の間に、二人の子どもが生まれていることから（共に幼少期に亡くなっている）、菊枝のことを「十人きょうだい」だったと書いている記事もある。

4 菊枝の先祖について。『大形史』（皆川博編、新潟市大形自治振興会　一九五三年）によれば、松崎の草創に携わった「松崎十二軒衆」の中には、若槻間右衛門、若槻勘次郎、若槻作助からなる若槻三家がいたとのこと。この若槻三家は、出雲国（現在の島根県東部）から享保十五年（一七三〇年・江戸時代）に松崎に移住してきた一族とあり、菊枝が生まれる約二百年前だったことがわかる。阿賀野川の掘割工事が成功したと聞きつけ、越後へ行けば耕地が手に入ると信じ、移住してきたようだ。ところが、移住の翌年、掘割は決壊。蒲原平野を東から西へ横断し、信濃川に合流していた阿賀野川が直接日本海に流れこむようになってしまい、若槻三家は移住後まもなく、このような地理的な変化に遭遇したと思われる。阿賀野川の本流が変わったことで、漁場や農作地の移動が生じ、松崎の住民は移住を繰り返し、最終的には、通船川北側に位置する土地に住み着いた。松林が広がる砂丘があり、川沿いには、ところどころ砂崩れした崎《みさき》があったことが、「松崎」という地名の由来である。

若槻三家の末裔が、若槻菊枝の祖父・若槻己作とつながっていることを記した資料は確認できていないが、菊枝の弟（七男）・秀英に「松崎の旧家の家号」リスト（『新潟市合併町村の歴史　第三巻』）を見せたところ、「伊平次」という家号をもつ若槻伊十司が本家で、清作は分家したということだった。菊枝の兄・清衛の次女・美江《よしえ》（菊枝の姪）によれば、清作は若槻家の五代目で、清衛が六代目、美江が七代目とのこと。

5 『都民美術』№62（東京都民美術展運営会　一九九二年二月二十五日）

6 若槻菊枝「越後平野」『宴』復刊第一号 vol.1 No.1　宴の会（一九七九年十月十日）

7 『庶民の歩んだ新潟県50年史』

8 若槻菊枝「水の想いで」『婦人文芸』六六号（一九九四年）、および「甘口辛口・冷たい思い出」若槻菊枝『新潟日報』一九八一年十二月二日

9 『婦人文芸』六六号

10 大学ノートに残された菊枝のメモ。以下「菊枝ノート」と記す。内容を損なわない範囲で読みやすく編集した。

11 『婦人文芸』六六号

12 『婦人文芸』六六号

13 『太陽がいっぱい』

14 『庶民の歩んだ新潟県50年史』

15 『太陽がいっぱい』

16 「はさ木のうた・風雪の群像5」『朝日新聞』新潟版　一九八一年一月十一日

17 『雪華の刻をきざむ―新潟近代の女たち』

18 継米は税金の対象外で、そのまま地主のもうけになり、地主は蔵を建てたり、役人のワイロにした。佐藤国雄『信濃川人間紀行』（朝日新聞社　一九九五年）参照

19 『太陽がいっぱい』

20 『太陽がいっぱい』

21 『太陽がいっぱい』

22 『太陽がいっぱい』

23 『太陽がいっぱい』

24 菊枝ノート

25 『太陽がいっぱい』菊枝は父・清作が亡くなったときの年齢を自伝に七十三歳と書いているが、本書では、他文献における清作についての記述や、満年齢と数え年による違いを考慮して、亡くなった時の年齢を七十歳とした。母・キヨノの年齢も、何歳か若い可能性がある。

26 『庶民の歩んだ新潟県50年史』

27 『太陽がいっぱい』

28 『庶民の歩んだ新潟県50年史』

29 『太陽がいっぱい』

30 『太陽がいっぱい』

31 『太陽がいっぱい』

32 『太陽がいっぱい』

33 『太陽がいっぱい』

34 『太陽がいっぱい』
35 『太陽がいっぱい』
36 『太陽がいっぱい』
37 『太陽がいっぱい』
38 『太陽がいっぱい』
39 「再び、太陽がいっぱい」若槻菊枝『小説芸術』一七号（一九九三年）角筈一丁目は現在の新宿区歌舞伎町一丁目あたり。
40 岡田啓介『岡田啓介回顧録』（岡田貞寛編　中央公論新社　二〇〇一年）
41 『小説芸術』一七号
42 『太陽がいっぱい』
43 『太陽がいっぱい』
44 『太陽がいっぱい』
45 『太陽がいっぱい』
46 『太陽がいっぱい』
47 比島派遣野戦自動車廠戦友会編『比島に散った野戦自動車廠の記録』（開発社　一九八九年）
48 福山琢磨編『孫たちへの証言　第一三集』（新風書房　二〇〇〇年）
49 『小説芸術』一七号
50 『小説芸術』一七号
51 『太陽がいっぱい』

52 『太陽がいっぱい』
53 『小説芸術』一七号
54 『小説芸術』一七号
55 『小説芸術』一七号
56 『太陽がいっぱい』
57 『太陽がいっぱい』
58 戸沼幸市ほか『新宿学』(紀伊國屋書店　二〇一三年)
59 『新宿学』、野村敏雄『新宿うら町おもてまち』(朝日新聞社　一九九三年)、渡辺英綱『新宿ゴールデン街』(晶文社　一九八六年)
60 『ヤミ市　幻のガイドブック』
61 安田朝信『都会の風雪』(東京書房　一九六四年)
62 『小説芸術』一七号
63 菊枝の語りが録音されたテープ。以下「菊枝テープ」と記す。発言内容を損なわない範囲で読みやすく編集した。
64 そば屋の開店資金を、作家の角田喜久雄が出してくれた件は、「菊枝テープ」が情報源である。自伝と同人誌『婦人文芸』五九号にも開店資金に関する記述はあるが、テープの内容とは一致しない点がある。本書では、登美雄の記憶に最も近い「菊枝テープ」の内容を採用した。
65 若槻菊枝「新宿界隈」『婦人文芸』五九号(一九九〇年)
66 『太陽がいっぱい』
67 菊枝テープ

68 菊枝テープ
69 菊枝テープ
70 菊枝テープ
71 『小説芸術』一七号
72 『小説芸術』一七号
73 若槻菊枝「再び太陽がいっぱい（続）」『小説芸術』一八号（一九九三年）
74 草野心平「太陽的女性」小冊子『太陽がいっぱい』（一九六九年）この小冊子は、菊枝の自伝出版に合わせて二十五人から寄せられたメッセージを掲載したもの。自伝と一緒に配布された。
75 『小説芸術』一八号
76 若槻菊枝「第三回再び太陽がいっぱい」『小説芸術』一九号（一九九四年）
77 若槻菊枝「新宿今昔」季刊『うまいもん』No.17夏　うまいもの社　一九八三年
78 『小説芸術』一八号
79 『太陽がいっぱい』
80 菊枝テープ
81 菊枝テープ
82 菊枝テープ
83 『太陽がいっぱい』
84 『太陽がいっぱい』
85 『太陽がいっぱい』

86 『都民美術』No.62（東京都民美術展運営会　一九九二年二月二十五日）
87 『小説芸術』一九号
88 工藤幸雄「ママ、ぼくはいまでも焼酎だよ」、若槻菊枝『太陽がいっぱい―その人生の軌跡』（自費出版二〇〇二年）
89 歌詞の抜粋（カギカッコの部分）は、工藤の文章からの引用。歌詞から判断すると、順番に、『小さな竹の橋』（ディック・ミネ）、『私を叱らないでママ』（ダークダックス）、『聖者の行進』（ルイ・アームストロング）と思われる。
90 戸板康二「存る夜の歌手」、関根弘編　小冊子『ノアノア』創刊号（一九六八年）
91 松川事件は、戦後の国鉄をめぐる三大事件の一つ。一九四九年八月十七日、福島県の松川駅付近で発生した列車脱線事件。国鉄や東芝の組合関係者二十人が一審で全員有罪（うち五人は死刑判決）となるが、最高裁で全員の無罪が確定した。事件当日、現場で人影を目撃した男は、三年後に怪死している。この男をモデルにした小説が山田清三郎の『現場を見た人』で、これを劇化したのが「劇団行動」の『現場を見た人』である。朝日新聞夕刊（一九六一年七月四日）は、『松川事件』を「ウラ側からながめて描いた」作品と紹介している。
92 父親の名前は　関岱三《たいぞう》。登美雄の弟・登代雄は昭和十九年九月生まれ。
93 文化座創立十五周年記念公演に上演された『ちぎられた縄』は火野が文化座のために書きおろしたもの。同名の小説が翌年（一九五七年）小壷天書房から出版されている。
94 大笹吉雄『女優二代・鈴木光枝と佐々木愛』（集英社　二〇〇七年）
95 「赤裸々に沖縄を描く　文化座『ちぎられた縄』公演」『朝日新聞』一九五六年十月十七日
96 火野葦平『火野葦平選集第六巻』（創元社　一九五八年）

97 「私たちの劇団⑯群像座」『朝日新聞』一九六四年四月十九日、「高校巡演に励む新劇の若手たち」『読売新聞』夕刊　一九六五年八月十八日
98 「異色作に立ち向う　中小劇団の活発な公演」『読売新聞』夕刊　一九六六年一月二十五日
99 『太陽がいっぱい』
100 大和書房　一九六四年
101 財界展望新社　一九六九年
102 若槻菊枝「第四回再び太陽がいっぱい」『小説芸術』二〇号（一九九四年）
103 土曜美術社　一九七四年
104 若槻菊枝「第五回再び太陽がいっぱい」『小説芸術』二一号（一九九五年）
105 『機械的散策』
106 『小説芸術』二一号
107 『小説芸術』二一号
108 『小説芸術』二一号
109 三島一「喜びの花束」小冊子『太陽がいっぱい』（一九六九年）
110 『太陽がいっぱい』
111 奥野には『定本坂口安吾全集』（冬樹社　一九六七年）の解説、単著に『坂口安吾』（文藝春秋　一九七二年）がある。
112 『太陽がいっぱい』
113 大木晴子・鈴木一誌編『一九六九新宿西口地下広場』（新宿書房　二〇一四年）

114 広場の事業主体は、財団法人 新宿副都心建設公社

115 若槻菊枝「第六回再び太陽がいっぱい」『小説芸術』二二二号（一九九五年）。同人誌には、欧州旅行について「初めての海外旅行であった」と書いてあるが、その前年に発行された小冊子「ノアノア」に、香港旅行のことを書いているので、欧州は初めての海外旅行ではなかったと考えられる。

116 『太陽がいっぱい』

117 『太陽がいっぱい』

118 『小説芸術』二二一号

119 菊枝テープ

120 『小説芸術』二二一号

121 若槻菊枝「第七回再び太陽がいっぱい」『小説芸術』二二三号（一九九六年）

122 小林元雄『らくらく描ける　はがき絵日記』（日貿出版社　一九九〇年）

123 山下毅雄「私のアジト」『報知新聞』一九七八年六月二十七日

124 『小説芸術』二二三号

125 『小説芸術』二二三号

126 『小説芸術』二二三号

127 浜元二徳は、一九七二年にストックホルムで行われた国連環境会議に原田正純医師らとともに出席し、国際社会に自らの身をもって、水俣病を知らしめた水俣病患者。

128 『小説芸術』二二三号

129 若槻菊枝「ノアノアママさん水俣訪問記」『苦海』第六号（東京・水俣病を告発する会　一九七一年三月一日）

130 『小説芸術』一二三号

131 『太陽がいっぱい』

132 一九六八年の政府による水俣病公害認定以前に、チッソ工場が原因だと疑われていた根拠
五八年七月　厚生省公衆衛生局長が、「水俣工場の廃棄物が水俣湾を汚染し、魚介類を有毒化。多量摂取で発病」と通産省に通達
五九年十月　チッソ　工場排水を投与する猫実験で、猫四〇〇号が発症
六二年六月　熊大入鹿山教授が水俣工場の沈殿物からメチル水銀を検出

133 川本輝夫「憤怒こめてわれわれは坐込む」『縮刷版続編告発』三〇号（一九七一年十一月二十五日）

134 『わが死民』

135 『水俣病誌』『わが死民』『水俣病闘争の軌跡』を参考にした。

136 『小説芸術』一二三号

137 志村ふくみ、石牟礼道子『遺言』（筑摩書房　二〇一四年）

138 『小説芸術』一二三号

139 『小説芸術』一二三号

140 『小説芸術』一二三号

141 『小説芸術』一二三号

142 訴訟派の患者は、チッソに上訴権を放棄させるために上京している。（上訴権は一九七三年三月十八日、チッソの島田社長が放棄を発表）

143 『水俣病誌』掲載の年表より。東京高裁判決では検察が川本を被告に提訴すること自体を「公訴権の乱用」と

したが、最高裁はこの部分については退け、「公訴棄却」の部分だけを確定させた。
川本刑事裁判の流れ
一九七二年十二月二十七日　提訴。原告は東京地検。被告は川本輝夫。東京交渉でチッソ社員に暴行したとして傷害罪で起訴
七五年一月十三日　一審判決・有罪・罰金五万。被告控訴へ
七七年六月十四日　二審判決・原判決破棄・公訴棄却（起訴することと自体が違法。注：控訴棄却とは違う）検察が上告し最高裁へ
八〇年十二月十七日　最高裁判決・上告棄却。高裁判決の「公訴棄却」が確定
144　富樫貞夫『水俣病事件と法』（石風社　一九九五年）
145　大石武一の環境庁長官在任期間は、七一年から七二年にかけて。菊枝の大石についての印象は、「それ迄の環境庁長官と違い水俣問題に理解を示してわりと好意的であった」（『小説芸術』二三号）
146　『小説芸術』二三号
147　『水俣病闘争の軌跡』
148　『小説芸術』二三号
149　若槻菊枝「お客さんごめんなさい」『縮刷版続編告発』四一号（一九七二年十月二十五日）
150　『太陽がいっぱい』
151　土本典昭「水俣病患者にとって東京の記憶はママだった」、若槻菊枝『太陽がいっぱい　その人生の軌跡』（二〇〇二年）
152　若槻菊枝「第八回再び太陽がいっぱい」『小説芸術』二四号（一九九六年）亀は実際には鳴かないが、空気を

吐きだす音が鳴き声に聞こえることがある。

153 『小説芸術』二三号。原文は一部不完全なため、読みやすく加筆修正した。

154 『小説芸術』二四号

155 若槻菊枝「第九回再び太陽がいっぱい」『小説芸術』二五号（一九九七年）

156 『小説芸術』二三号

157 『発掘　木崎争議』

158 稲村隆一記念出版委員会編『稲村隆一の軌跡』（稲村隆一記念出版委員会　一九九二年）

159 『発掘　木崎争議』

160 「大正十五年五月の仮執行について」（青木運動史より）新潟県農地課編『新潟県農民改革史　資料三』（新潟県農地改革史刊行会　一九五九年）

161 「東京朝日新聞」大正十五年五月三日『新潟県農民改革史　資料三』

162 「小作人の手記」（掲載紙名不明）『新潟県農民改革史　資料三』

163 「小作人の手記」（掲載紙名不明）『新潟県農民改革史　資料三』

164 『雪華の刻をきざむ―新潟近代の女たち』より。商品名については諸説あり。

165 『新潟時事』大正十五年六月一日『新潟県農民改革史』

166 『雪華の刻をきざむ―新潟近代の女たち』

167 「新潟日報」大正十五年十一月二十九日『新潟県農民改革史　資料三』

168 『木崎農民小学校の人びと』より。他にも、木崎尋常小学校校長は、地主や有力者の子どもが多く通う木崎校舎にばかり、師範学校を卒業している教員を配置するなど差別的だったとあり。

169 『木崎農民小学校の人びと』

170 黒田松雄「農民学校の教壇に立ちて」『新潟県農民改革史　資料三』

171 「農民学校の教壇に立ちて」読みやすさを考慮し、句読点を編集した。

172 『木崎農民小学校の人びと』

173 川崎俊夫の発言。浜田陽太郎ほか編『近代日本教育の記録 下』（日本放送出版協会　一九七八年）

174 保は姉の菊枝が文章を書いているのに影響されてか、子ども時代にイジメられた体験を便箋五枚に書き残していた。

175 川瀬新蔵『木崎村農民運動史』（木崎村小作争議五〇周年記念事業推進委員会　一九七二年）

176 検挙者数は諸説あり。本書では『豊栄市史』（豊栄市史調査会編　一九九八年）を参照した。

177 『木崎農民小学校の人々』

178 『木崎農民小学校の人々』

179 ここでいう組合幹部のなかに、若槻清作は含まれていない。

180 『木崎農民小学校の人々』

181 『信濃川人間紀行』

182 鹿地亘『自伝的な文学史』（三一新書　一九五九年）鹿地は「松ヶ崎村」の農夫と飲んだと書いているが、「松ヶ崎浜村」のことだと思われる。

183 『信濃川人間紀行』

184 法政大学大原社会問題研究所蔵「第二木崎事件記録（3）」一九二六年

185 『発掘　木崎争議』

186 若槻菊枝「お客さんごめんなさい」『縮刷版続編告発』四一号（一九七二年十月二十五日）

187 『望海の灯』（新潟県解放運動戦士顕彰実行委員会　一九九二年）第十五回慰霊祭を記念して発行された。

188 我妻栄編『日本政治裁判史録　昭和・前』（第一法規出版　一九七〇年）

189 「あすへの軌跡第二部　土と人の旋律九回」『新潟日報』一九七五年二月二十日

190 『風雪越佐』合本（一号〜三十六号）（解放運動新潟旧友会　一九六八―八六年）

191 一九二五年に成立した普通選挙法により、満二十五歳以上の男子に選挙権が与えられた初の選挙で、選挙権を手にした労働者と農民の利益を代表するのが無産政党だった。一九二五年には治安維持法も成立している。『日本政治裁判史録　昭和前』参照

192 『日本政治裁判史録　昭和・前』

193 奥平康弘『治安維持法小史』（岩波書店　二〇〇六年）

194 『日本政治裁判史録　昭和・前』より。検挙者数について『治安維持法小史』は、「約一六〇〇名にのぼるといわれるが『検挙』という概念はあいまいだから、各地の捜査当局の理解の仕方で算出数はちがい、正確なところはわからない」と指摘している。

195 新潟県『新潟県史　通史編八　近代三』（新潟県　一九八八年）

196 『日本政治裁判史録　昭和・前』

197 『治安維持法小史』

198 『治安維持法小史』

199 『小説芸術』一七号

200 『太陽がいっぱい』

201 『木崎農民小学校の人びと』
202 稲村隆一「情熱の人」小冊子『太陽がいっぱい』（一九六九年）
203 若槻菊枝「わが家の野菜は無農薬」『婦人文芸』六〇号（一九九〇年）
204 土本典昭「お化けの女　ママのこと」小冊子『太陽がいっぱい』
205 土本典昭「お化けの女　ママのこと」小冊子『太陽がいっぱい』
206 土本典昭「お化けの女　ママのこと」小冊子『太陽がいっぱい』
207 『庶民の歩んだ新潟県50年史』
208 招待状の冒頭に添えられた自伝からの引用部分は、一部省略して転記した。
209 若槻菊枝「第九回再び太陽がいっぱい」『小説芸術』二五号（一九九七年）
210 『黒の試走車』がテレビドラマ化されたときには、ノアノア柏木店で撮影が行なわれたこと、また、梶山の『赤いダイヤ』（一九六三年）がテレビドラマ化された際、菊枝は横浜中華街の中国人役として出演したと『小説芸術』二〇号に書いている。
211 入院時に執筆していた件は、『別冊新評　梶山季之の世界』追悼号（新評社　一九七五年）より。白桃の件は、『小説芸術』二〇号より。
212 田辺茂一「わが町　新宿」産経新聞　一九七五年九月二一日
213 『週刊朝日』一九七六年十二月二十四日号
214 「バー請求書に水俣カンパ代」『読売新聞』一九七五年八月九日
215 菊枝テープ
216 若槻菊枝「紅葉する季節になれば」『婦人文芸』四七号（一九七六年）

217 若槻菊枝「紅葉する季節になれば」『婦人文芸』四七号（一九七六年）
218 菊枝ノート
219 若槻菊枝「苦あれば楽あり」『婦人文芸』六二号（一九九一年）
220 『小説芸術』二〇号
221 石牟礼道子「若槻菊枝作品集『太陽がいっぱい』に寄せて」『熊本日日新聞』二〇〇三年四月十一日
222 『太陽がいっぱい』
223 若槻菊枝「スペインの想い出」『婦人文芸』五六号（一九八七年）
224 若槻菊枝「わが家の野菜は無農薬」『婦人文芸』六〇号（一九九〇年）
225 若槻菊枝「ああ、弟たちよ」『婦人文芸』四八号（一九七八年）
226 若槻菊枝「人生の冬をむかえて」『婦人文芸』五四号（一九八五年）
227 若槻菊枝「人生の冬をむかえて」『婦人文芸』五四号（一九八五年）
228 若槻菊枝「人生の冬をむかえて」『婦人文芸』五四号（一九八五年）
229 土本典昭「明暗こもごもの水俣病五十年」『水俣病の50年』（海鳥社　二〇〇六年）
230 土本典昭「明暗こもごもの水俣病五十年」『水俣病の50年』（海鳥社　二〇〇六年）
231 『水俣の子は生きている』（一九六五年、二十五分、演出：土本典昭、制作：日本テレビ）
232 色川大吉編『水俣の啓示』（上）（筑摩書房　一九八三年）
233 不知火海・巡海映画班　活動計画書（内部検討用資料）。土本典昭データベース
234 『わが映画発見の旅』
235 「『不知火海　巡海映画活動』計画趣意書」土本典昭データベース

236 土本典昭「天草漁民の壁は厚い」『アサヒグラフ』朝日新聞社　一九七七年九月十六日号
237 土本典昭「不知火海・巡海の旅から」『日本読書新聞』一九七八年一月一日
238 『毎日新聞』一九七七年十月十八日
239 土本典昭「天草漁民の壁は厚い」『アサヒグラフ』朝日新聞社　一九七七年九月十六日号
240 土本典昭「不知火海巡海映画百十日間の旅・その心」『公明新聞』一九七七年十二月二七日
241 土本典昭「不知火海水俣病元年の記録―第二部・二」『暗河』冬季号暗河の会　一九七九年
242 土本典昭「天草からの手紙」『水俣』一一六号　一九七九年七月二五日
243 土本典昭「天草の死者とあって」『水俣』一一七号　一九七九年九月二五日
244 『日本読書新聞』一九七八年一月一日
245 菊枝テープ
246 『婦人文芸』六二号
247 『婦人文芸』六二号
248 『婦人文芸』六二号
249 『婦人文芸』六二号
250 若槻菊枝「生きとし生けるもの」『婦人文芸』六五号（一九九四年）
251 『婦人文芸』六五号
252 『婦人文芸』六五号
253 立川談四楼「シャレ見たことか」『日刊現代』二〇〇二年八月十四日
254 発起人は以下の通り。石川英夫、江川晴、大歳克衛、大橋逸郎、川村光郎、紀平悌子、工藤幸雄、小林亜星、

255 小林元雄、瀬木慎一、竹森仁之介、長賀一哉、土本典昭、長島寛吉、古谷誠、堀傑、米倉正弘
二〇〇三年十一月十八日に書かれた手紙
256 『絵屋便』vol.80 NPO法人新潟絵屋 二〇〇七年六月一日
257 「画廊『新潟絵屋』新装オープン」『読売新聞』二〇〇七年七月六日
258 「91歳、水俣病へ思い新た」『朝日新聞』二〇〇七年七月五日
259 石牟礼道子「若槻菊枝作品集『太陽がいっぱい』に寄せて」『熊本日日新聞』二〇〇三年四月十一日
260 「火の国をゆく ほっとはうす・みんなの家」『朝日新聞』二〇〇八年八月十日
261 「胎児性水俣病患者ら通う『ほっとはうす』」『熊本日日新聞』二〇〇七年十月十四日
262 「新生面」『熊本日日新聞』二〇〇八年三月四日
263 「新生面」『熊本日日新聞』二〇〇八年三月四日
264 菊枝テープ
265 『熊本日日新聞』二〇〇三年四月十一日
266 『太陽がいっぱい』
267 「ハモニカ横丁新宿の青春譜」『報知新聞』一九七五年八月十九日

＊掲載写真について
著者撮影は10、131、180、216頁。他は若槻登美雄氏提供。

奥田みのり

1970年、神奈川県生まれ。
米国サンフランシスコ州立大学卒業後、現地のＮＰＯに勤務。
帰国後、東京大学大学院新領域創成科学研究科修士課程修了。
専門紙記者を経てフリーライターに。

若槻菊枝　女の一生
新潟、新宿ノアノアから水俣へ

2017年７月28日　第１刷発行
2017年12月25日　第２刷発行

著　者　奥田みのり
発　行　熊本日日新聞社
制作・発売　熊日出版（熊日サービス開発株式会社 出版部）
〒860-0823
熊本市中央区世安町172
TEL 096-361-3274

装　丁　臺信《だいのぶ》美佐子
印　刷　中央印刷紙工株式会社


ISBN 978-4-87755-558-0 C0023